FUNDAMENTO DOS INTERDITOS POSSESSÓRIOS

INCLUINDO

SOBRE O CORPUS POSSESSIONIS
RUDOLF VON IHERING

EXAME CRÍTICO DA TEORIA POSSESSÓRIA DE IHERING
TEORIA OBJETIVA E TEORIA SUBJETIVA
JOSEPH DUQUESNE

EDITORA AFILIADA

"O livro é a porta que se abre para a realização do homem."
Jair Lot Vieira

RUDOLF VON IHERING

*Professor Catedrático de Direito Romano
na Faculdade de Direito de Berlim no século XIX*

FUNDAMENTO DOS INTERDITOS POSSESSÓRIOS

INCLUINDO

SOBRE O CORPUS POSSESSIONIS
RUDOLF VON IHERING

*EXAME CRÍTICO DA TEORIA POSSESSÓRIA DE IHERING
TEORIA OBJETIVA E TEORIA SUBJETIVA*
JOSEPH DUQUESNE

Tradução
Adherbal de Carvalho

FUNDAMENTO DOS INTERDITOS POSSESSÓRIOS

RUDOLF VON IHERING

1ª Edição 2007

Supervisão editorial: *Jair Lot Vieira*
Produção editorial: *Alexandre Rudyard Benevides ME*
Revisão técnica: *Valéria Maria Sant'Anna*
Tradução: *Adherbal de Carvalho*

Nº de Catálogo: 1265

**Dados de Catalogação na Fonte (CIP) Internacional
(Câmara Brasileira do Livro, SP, Brasil)**

Ihering, Rudolf von
 Fundamento dos interditos possessórios / Rudolf von Ihering ; tradução de Adherbal de Carvalho. – Bauru, SP : EDIPRO, 2007 (Clássicos Edipro).

Título original : *Interdictos Possessorios*

ISBN 978-85-7283-590-9

1. Interdito (Direito Civil) 2. Posse (Direito) I. Título

99-4453   CDU-347.251.037

Índices para catálogo sistemático:
1. Interditos possessórios : Direito Civil : 347.251.037

edições profissionais ltda.
São Paulo: Fone (11) 3107-4788 – Fax (11) 3107-0061
Bauru: Fone (14) 3234-1104 – Fax (14) 3234-4122
edipro@edipro.com.br

SUMÁRIO

PRÓLOGO – *Profa. Dra. Daisy Gogliano* 9

INTRODUÇÃO 17

I – VISTA DE CONJUNTO 19
   1. Teorias relativas 21
   2. Teorias absolutas 22

II – A INTERDIÇÃO DA VIOLÊNCIA COMO BASE DOS INTERDITOS POSSESSÓRIOS 25
   1. Falta de proteção da *detentio alieno nomine* 27
   2. Falta de proteção da posse das coisas não suscetíveis ou das pessoas incapazes de posse 30
   3. Proteção da posse do *injustus* ou *male fidei possessor* 32
   4. Inexistência de crime em todos os interditos possessórios 33
   5. Inutilidade dos interditos possessórios considerados como ações criminais especiais ao lado das que já existem 35
   6. Condições para a restituição da posse 35

III – OUTRAS TEORIAS RELATIVAS 37
   1. Teoria de Thibaut 37
   2. A opinião de Röder 39
   3. A posse é uma propriedade provável 40
   4. A opinião de Gans: o que se protege na posse é o "começo" da propriedade 42

IV – AS TEORIAS ABSOLUTAS 43
   1. A teoria da vontade 43

V – AINDA AS TEORIAS ABSOLUTAS 55
   2. A teoria de Stahl 55

VI – A POSSE É UMA POSIÇÃO AVANÇADA DA PROPRIEDADE 59
   1. Ineficácia da proteção da propriedade sem a proteção da posse 49

VII – MEIOS DE PROTEÇÃO DA POSSE 79
   1. Os interditos *retinendæ possessionis* 79

VIII – AINDA OS MEIOS DE PROTEÇÃO DA POSSE 97
   2. Os interditos *recuperandæ possessionis* 97

IX – A IDÉIA DA PROPRIEDADE NA TEORIA DO DIREITO DE POSSE MATERIAL 131
   1. Correlação extensiva da posse e da propriedade 131
      a) Onde não há propriedade não pode haver posse 133
      b) Onde a propriedade é possível, a posse também o é 140

X – AINDA A IDÉIA DA PROPRIEDADE NA TEORIA DO DIREITO DE POSSE MATERIAL 145
   2. A questão da aquisição e da perda da posse – Crítica da teoria de Savigny 145

XI – AINDA A IDÉIA DA PROPRIEDADE NA TEORIA DO DIREITO DE POSSE MATERIAL 159
   3. A posse é a exterioridade da propriedade 159

XII – AINDA A IDÉIA DA PROPRIEDADE NA TEORIA DO DIREITO DE POSSE MATERIAL 173
   4. Aplicação à aquisição da posse 173

XIII – AINDA A IDÉIA DA PROPRIEDADE NA TEORIA DO DIREITO DE POSSE MATERIAL 185
5. A aplicação à perda da posse 185

APÊNDICE 197

I – Sobre o corpus possessionis – Rudolf von Ihering 197

II – Exame crítico da teoria possessória de Ihering – Teoria objetiva e teoria subjetiva – Joseph Duquesne 205

A) Sob o ponto de vista da história do direito romano 205

    I – No âmbito da história do direito romano é somente admissível a teoria objetiva. Que julgar da teoria dos nossos antigos autores a este respeito? 205

    II – Forma positiva e forma negativa da teoria objetiva. Contradição entre a teoria de Ihering sobre a origem histórica e sua teoria sobre a origem histórica da distinção da posse e da detenção 206

    III – Conciliação possível 208

    IV – Conciliação habilíssima de Vermond 208

B) No âmbito da dogmática 209

    V – Não confundir a interpretação do direito romano com sua crítica 209

    VI – Divisão da discussão 209

    VII – 1º) O *animus* é um elemento normal mas não necessário da detenção 210

    VIII – 2º) A posse é uma noção jurídica, a detenção é um simples fato 213

    IX – 3º) A distinção da posse e da detenção recebe evidentemente a consagração do direito positivo romano, mas os jurisconsultos romanos fazem-na repousar teoricamente numa diversidade da vontade 215

    X – Discussão dos textos que, segundo Ihering, condenam a teoria subjetiva 228

    XI – Da *causa possessionis* 234

XII – Papel da vontade na distinção da posse e da detenção 235

XIII – Refutação da objeção que Ihering tira da história do direito romano contra a teoria subjetiva da *causa possessionis* 236

XIV – *Refutação da objeção tirada do processo* 238

PRÓLOGO

Um fenômeno que, certamente, não passa despercebido dos juristas, é a inflação das publicações ditas "jurídicas" que assolam as prateleiras das livrarias especializadas, muitas, por que não dizer, de cunho meramente jornalístico, que facilmente podem conduzir os estudantes do Direito a caminhos e meandros obscuros e perigosos na sua formação, diante da preocupação exclusivamente mercantilista de "produzir" livros no atendimento da sociedade de consumo ávida por adquirir o que encontra pela frente, desde que a obra possa a saciar o "como" das coisas, sem se preocupar com o fundamento das coisas mesmas, a sua razão e o seu porquê, da ausência de qualquer consistência ontológica.

Nessa falta de seriedade, a "obra", que na verdade não é obra, perde-se com facilidade no vazio, tornando-se descartável, como todo produto de consumo, quando a preocupação do editor é esgotar a edição o mais rapidamente possível, para que o produto não permaneça estocado, em nítido sinônimo de "prejuízo" financeiro.

Não cabe aqui discorrer sobre as causas remotas e profundas desse fluxo e refluxo de informações colocadas no mercado que estão sempre à mão para atender às paixões descontroladas daqueles que, perdidos em busca do saber, carecem de bússola e de toda a orientação adequada, que a paixão mesma embota, pela ausência de uma consciência ética, submergindo no *Deinos*, na forma degenerada e corruptível da *Pronesis*, de que nos fala Aristóteles.

No sentido de ultrapassar essas contingências, preocupada acima de tudo com o "outro", o leitor, notadamente aquele que perdeu o seu elo com o passado, com a supressão do ser em si, para a verdadeira compreensão do presente, bem como aquele que nunca se ocupou do passado, para que o "saber-fazer" possa efetivamente lançar-se ao devir, a EDIPRO realiza um empreendimento de real significado, de valor inestimável, ao nos brindar com o *FUNDAMENTO DOS INTERDITOS POSSESSÓRIOS* de Rudolf von Ihering na tradução do advogado Adherbal de Carvalho, editado há um século por Laemmert & C. Editores, Rio de Janeiro.

A obra traduzida por Adherbal de Carvalho traz dois apêndices, um do próprio Rudolf von Ihering, *"Sobre o Corpus Possessionis"*, o qual, segundo nota do tradutor, trata-se de um "notabilíssimo estudo" que foi extraído de um capítulo da obra cujo título integral é *Der Besitzwille – Zugleich eine Kritik der herrschenden juristischen Methode* (*A Vontade da Posse – Como uma Crítica do Método Jurídico Predominante*), publicada em 1889 (Gustav Fischer, Jena) em apêndice "ao recém promulgado Código Civil do Império Alemão"; e outro apêndice intitulado *"Exame Crítico da Teoria Possessória de Ihering – Teoria Objetiva e Teoria Subjetiva"*, do Dr. Joseph Duquesne, na verdade, como observa Adherbal de Carvalho, trata-se de um capítulo da tese que Duquesne sustentou na Universidade de Paris, em 23 de junho de 1898, sob o título *"Distinction de la possession et de la detention en Droit Romain – Son fondement historique et son criterium"* (Paris, Arthur Rousseau, 1898).

A tradução devidamente autorizada de Adherbal de Carvalho foi uma contribuição notável para os estudiosos do Direito, tanto que a obra teve uma segunda edição, pela Livraria Francisco Alves, do Rio de Janeiro, em 1908, quando foi adotada em todas as Faculdades de Direito do Brasil. Não é sem razão que a penetração da obra de Ihering em nosso país contribuiu com os trabalhos do nosso Código Civil.

Clóvis Beviláqua no seu Prefácio à tradução de *O Espírito do Direito Romano*, feita por Rafael Benaion, em 1942, assim se refere ao filósofo-romanista que revolucionou todo o pensamento jurídico de seu século:

"...Em suas mão o direito romano não é um simples corpo de leis preparado para um povo que possuía, como nenhum outro, a faculdade criadora da jurisprudência, porém que, há muitos séculos, deixou de existir. É um organismo cheio de vida, ou, antes um mundo onde as idéias continuam a viver, agitar-se, desenvolver-se, proliferar, com uma fecundidade assombrosa. O direito romano ensina-lhe a função de fenômeno jurídico em toda a sociedade, fornece-lhe os elementos de uma dinâmica social, com as famosas alavancas: o di-

reito, *a* moral, *a* remuneração *e o* amor. *O direito romano mostra-lhe as origens da vida social e a influência do* habitat *sobre a civilização dos povos. O direito romano revela a seus olhos percucientes os elementos que entram na composição das regras jurídicas e dos institutos.*"

Superando a Escola Histórica de Savigny e Puchta em que o direito romano era valorizado principalmente como um instrumental hermenêutico, na jurisprudência dos conceitos (*Begriffsjurisprudenz*) que cingia-se a um processo artificial e abstratizante assumido pela pandectística, no culto da lógica, Ihering vai além da dialética dos conceitos, na busca dos fins práticos do Direito, da verdadeira fonte das regras jurídicas, das causas reais e concretas, na interpretação dos fatos históricos.

A singular característica de Ihering, no seu gênio criativo, enérgico e combativo, resumindo nesta passagem o pensamento de A. Merkel, foi não só tornar acessível o conhecimento profundo do direito romano através de sua evolução histórica, como romper, com coragem, os vínculos que o prendiam a serviço exclusivo da dogmática civilística, em íntima conexão lógica com a vida econômica, política e cultural de sua época, ou seja, como o próprio Ihering chegou a expressar, na conhecida locução: "A tarefa no presente em relação ao direito romano consiste não só em construir, como tem sido até agora, mas em destruir", justamente para alcançar a almejada independência de um Direito Nacional, no abandono das velhas concepções enrijecidas, despidas de qualquer valor, significado e interesse prático.

Fazer a crítica do direito romano, penetrar em seu espírito, buscar a sua alma e determinar o seu valor, que não reside apenas no seu aspecto formal e técnico, é a tarefa a que se propõe Ihering, na sua visão universal.

Não podemos deixar de observar que a luta de Ihering para se apartar das idéias de seu tempo, impregnadas de romantismo, opondo-se ao cosmopolitismo e ao universalismo do Direito, torna a sua gloriosa obra cada vez mais atual, nos albores do século XXI, em que a idéia de "globalização" nos arrasta cada vez mais para uma "jurisprudência de conceitos", notadamente no "modismo" de extrair conceitos da *common law* e demais concepções alienígenas, para uma "jurisprudência de conceitos", abstrata e eidética, alheia ao nosso espírito, às nossas tradições, às nossas concretas necessidades, em suma, à nossa vida nacional.

Mas, é no estudo da Posse que a polêmica se acentua. Essa polêmica entre a *teoria subjetiva* e a *objetiva* sobre o *corpus possessionis* revela-se um marco importante para o Direito.

Contudo, Ihering não nega a Savigny a "glória de haver restaurado na dogmática do Direito Civil o espírito da jurisprudência romana, e qualquer que seja definitivamente o resultado prático que dele se obtenha, seu mérito incontestável não sofrerá detrimento algum", como diz na Introdução da presente monografia.

Na sua visão filosófica, indaga Ihering: "Porque se protege a posse? Ninguém formula semelhante pergunta com relação à propriedade, porque, pois se a faz com a posse?".

A teoria voluntarista, subjetiva, não pode responder à questão. A proteção dada à posse não deriva da vontade. Para Savigny, a posse reside em dois elementos constitutivos: o poder físico sobre a coisa (*corpus*) ou a detenção e a intenção de ter a coisa como sua (*animus*). Criticando a posição de Savigny, por ser a posse "uma posição avançada da propriedade, o exercício da propriedade", diz Ihering: "O exercício da propriedade mediante o gozo efetivo da coisa não está ligado, para uma porção de coisas, à necessidade de uma segurança pessoal ou real; seu destino econômico ou seu caráter natural fazem com que se ache constantemente desprovido de toda a proteção ou vigilância. O campônio não pode, para impedir a ingerência de um terceiro, cercar seus campos de muros, não pode fazer guardar por um sentinela seus trigais, nem o gado que haja em seus pastos. O pastor suíço abandona na primavera o seu pasto alpestre; o hoteleiro, estabelecido nos cumes dos morros abandona a sua hospedaria de verão, e nenhum deles deixa alguém para guardar a casa e a mobília que nela se acha.".

A idéia errônea de que só existe a posse quando se tem o poder físico sobre a coisa, em contato direto e imediato, e de se fundar a segurança da posse e com ela a própria posse no ponto de vista da segurança mecânica do poder físico é veementemente repelida por Ihering, justamente porque a segurança da posse descansa, essencialmente, no seu entender, na *proteção jurídica* concedida à relação de direito do homem sobre a coisa.

Não obstante a advertência de Ihering e o agasalho da teoria objetiva por parte de Clóvis Beviláqua no Código Civil de 1916 (art. 485) *"considera-se possuidor todo aquele que tem de fato o exercício pleno, ou não, de algum dos poderes inerentes ao domínio, ou propriedade"*, reafirmado no Código de 2002 (art. 1.196) *"considera-se possuidor todo aquele que tem de fato o exercício, pleno ou não, de alguns poderes inerentes à propriedade"*, não raro decisões de nossos Tribunais, ao arrepio da teoria objetiva, negam remédios possessórios àqueles que não se encontram em contato direto e imediato com a coisa. Assim, *v.g.*, o possuidor que mora em um velho e desgastado sobrado e leva toda a sua mobília para o andar superior para a segurança da família, aguardando a oportunidade de reforma do piso térreo, não perde a posse pela ausência de contato físico e poder físico sobre a coisa, no caso, o pavimento térreo. Possuir é agir como dono. Posse é a visibilidade do domínio. O possuidor entra e sai de seu sobrado, de sua casa, sem dar satisfações a quem quer que seja. Age como age o dono, na visibilidade do domínio. Não é concebível negar a proteção possessória a essa relação.

Como diz Ihering: "Quantos ramos da indústria não há que exigem precisamente que os objetos necessários para o seu exercício fiquem a descoberto e sem vigilância? O caçador deixa sem vigilância no bosque suas armadilhas e laços, o lenhador a lenha que cortou, o pescador deixa a pesca em suas redes, o canteiro deixa a pedra nas pedreiras, o mineiro a hulha na mina, o arquiteto os materiais de construção na obra, o barqueiro carrega seu barco de farinha, pedras e madeiras no lugar de embarque sem deixar então um vigilante. Quantos navios ficam vazios no porto, no inverno, enquanto os homens da sua tripulação vão para suas casas; quantos barcos estão amarrados a beira-mar de modo que qualquer um possa desatá-los? Na maioria dos casos, a necessidade de uma *custódia* especial, com o fim de manter a posse, conduziria indubitavelmente a esse resultado: que seria preferível renunciar completamente à proteção possessória, a procurá-la de um modo demasiado incômodo, custoso e até por vezes praticamente irrealizável. Porque razão o legislador negará proteção possessória a essas relações...? Unicamente por amor a essa idéia fixa de que a posse é a detenção corporal da coisa?".

Quanto ao *animus*, que, para Savigny é a intenção de ter a coisa como sua, na subjetividade de sua teoria, vale dizer, o *animus domini*, demonstrando tal contradição, sustenta Ihering: "Com efeito, se a posse é o poder físico sobre a coisa, porque a vontade de possuir não é determinada somente por esta noção, em lugar de ser determinada pela noção de propriedade? A inconseqüência em que cai Savigny prova que a lógica interna das coisas não permitiu desconhecer seu ponto de vista, nem evitá-lo.".

Sobre a vontade na posse, o *animus*, escreveu Ihering em *Der Besizwille*, "a desnecessidade de um *animus* especial para a proteção possessória, em face da proteção jurídica dada à posse, por si mesma, alheia à vontade dos interessados é de difícil indagação, porque demanda a perquirição do que vai no íntimo das pessoas". Para Ihering, o elemento subjetivo está sempre contido no elemento objetivo. "Se a posse é exterioridade da propriedade, devemos declará-la perdida quando a coisa se encontrar numa posição em desacordo com o modo e forma regulares, pelos quais o proprietário costuma servir-se dela."

Qual é o fundamento dos interditos? Se para Ihering foi "em atenção à propriedade que se introduziu a proteção da posse", a proteção da posse facilita e completa a proteção da propriedade. No Direito antigo, no caso em que a propriedade fosse violada ou contravertida entre as partes, por intermédio da *reivindicatio*, por se tratar de um *judicium duplex*, em sua fase inicial o pretor atribuía a um dos litigantes a detenção ou guarda da coisa objeto do litígio. Por se tratar de uma medida de caráter provisório, uma vez concedida a qualquer das partes o domínio, a parte vencida acabava por desinteressar-se da ação reivindicatória em face da impossibilidade de oferecer melhor prova. Só mais tarde, abolido o *judicium duplex*, o pretor concedia a detenção da coisa em litígio a quem oferecesse a melhor prova.

Ora, com o critério mais justo, o estado de fato que era objeto de poder discricionário do pretor, tornou-se, segundo Ihering, objeto de decisão na justiça regular, onde a posse não era simplesmente concedida, mas discutida, tornando-se, assim, um fato independente da propriedade.

Interdictum (plural *interdicta*), era a ordem emanada do magistrado *cum imperium*, geralmente o pretor (Gaius, 4, 138-170). É a ordem, o edito, o decreto, a sentença dita entre dois litigantes – *inter duos dictum* – cujo vocábulo, na sua etimologia se forma pelo prefixo *inter* com o particípio passado do verbo latino *dico, is, ixi, ictum, ere*, significando dizer, proclamar, decretar, interditar, proibir, privar de, etc.

O interdito, uma vez proclamado, não punha fim ao litígio, por se tratar de uma decisão provisória, dita entre duas pessoas, até a decisão definitiva ser prolatada por um processo normal.

Segundo os melhores doutrinadores, com a abolição do *judicium duplex* da ação reivindicatória, a fase preliminar transformou-se em nítida ação, dispensando-se a prova da propriedade, muitas vezes de difícil obtenção. Nesse passo, a ação reivindicatória distinguia-se por ser específica da propriedade, enquanto a fase precedente e preliminar transformou-se em ação declaratória de um estado de fato, melhor dizendo, deu azo ao aparecimento dos *Interditos Possessórios*, que modernamente são reconhecidos em nosso direito como: manutenção da posse, interdito de reintegração de posse e interdito proibitório.

Não comporta aqui trazer todo um esboço acerca dos interditos. O fato é que Ihering assegura com clareza que "a proteção da posse é um postulado da proteção da propriedade, é o complemento necessário do sistema da propriedade entre os romanos". Os seus fundamentos estão alinhados, tanto por motivos de ordem histórica, como a conexão dos interditos possessórios com a discussão sobre a propriedade, com base nas fontes, demonstrando, assim, que "a propriedade assume na posse uma forma visível, a posse é a propriedade em sua eficiência plena, em sua forma normal". Pois, "o que dá a posse sua importância prática", como diz Ihering, "não é este efeito subjetivo psicológico de que o possuidor sente e se reconhece possuidor". O que importa reconhecer é a importância da posse para a propriedade, como se vê, na usucapião.

Resumindo o resultado de seu trabalho, o romanista que permanece sempre vivo por ser tão universal como o próprio direito romano, nos mostra que "a posse das coisas não se deve a si própria, mas à propriedade, sua elevação à categoria das importantes relações jurídicas. Com o fim de conceder ao proprietário contra certos ataques um meio mais fácil do que a reivindicação, a prova de sua existência jurídica da propriedade foi substituída pela prova da existência de fato". E finaliza: "Chamar à posse das coisas exterioridade ou visibilidade da propriedade, é resumir em uma frase toda a teoria possessória".

É com júbilo gratificante que recebemos da EDIPRO a obra de Ihering sobre o fundamento dos interditos, da proteção possessória, de importância não é tão-somente histórica como social. Esse famoso livro *Ueber den Grund des Besitzschutzes* (1869), torna-se cada vez mais atual na proteção dos interesses e situações jurídicas que não podem ficar a mercê do destino e da própria sorte. A "Luta pelo Direito" se impõe cada vez mais, porque o interesse a ser protegido não é o interesse egoístico, individual. mas acima de tudo o ético e social, na concepção teleológica do Direito que informa a "Jurisprudência dos Interesses".

Nada mais oportuno do que ouvir Ihering, considerado *"o jurista do século e do porvir".*

São Paulo, maio de 2001

Profa. Dra. Daisy Gogliano

Professora da Faculdade de Direito
da Universidade de São Paulo

INTRODUÇÃO

Nenhuma monografia sobre o direito romano despertou tanta admiração e aplausos, e tanta oposição e doestos como a de Savigny sobre a posse e, a meu ver, com toda a razão.

Savigny terá eternamente a glória de haver restaurado na dogmática do direito civil o espírito da jurisprudência romana, e qualquer que seja definitivamente o resultado prático que dele se obtenha, seu mérito incontestável não sofrerá detrimento algum.

Todavia, o conhecimento desse mérito não deve e nem pode impedir a ciência de submeter as opiniões de Savigny a um novo exame, e nem mesmo reprimir na crítica o anátema lançado por Puchta num momento de mau humor e despeito produzido pela torrente avassaladora da literatura possessória, contra qualquer dúvida que se intentasse suscitar; a experiência demonstrou-o e demonstra-lo-á sempre.

Efetivamente a obra de Savigny, mais do que qualquer outra, provoca a crítica, não em seus detalhes, mas nos fundamentos mesmos das opiniões, e seria, a meu ver, um sintoma de agonia do sentimento e do espírito jurídico, uma prova de decrepitude, se a ciência, ante os enigmas que a teoria de Savigny sobre a posse provocou, se desse por satisfeita.

Desde o primeiro momento que pude formar juízo científico independente, achei-me em desacordo com esta teoria sobre pontos essenciais. Não obstante, julguei não dever expressar em público a minha opinião, se não depois de submetê-la a numerosas investigações.

Pratiquei tais investigações em larga escala e, sem querer pretender que nisso se veja uma garantia objetiva da verdade, posso pelo menos garantir que nada omiti para consegui-la.

A primeira dificuldade que deparei na teoria possessória de Savigny diz respeito à questão do *animus domini* e já em 1848 expus em minhas lições o fundo da opinião que se acha desenvolvida no Capítulo III.

Muitos outros pontos de divergência ocorreram-me em seguida, particularmente na doutrina do *constitutum possessorium* e na questão do fundamento da proteção concedida à posse.

Estes pontos foram objeto de estudos que se sucederão na ordem seguinte:

I – fundamento da proteção possessória;

II – natureza jurídica da posse;

III – o *animus domini;*

IV – o *constitutum possessorium.*

Capítulo I
Vista de Conjunto

Por que se protege a posse? Ninguém formula semelhante pergunta com relação à propriedade, por que, pois se faz com a posse? É porque a proteção dispensada à posse tem, à primeira vista, algo de estranho e contraditório. Efetivamente a proteção da posse implica outrossim, a proteção do salteador e do ladrão; ora como é que o direito, que incrimina o assalto e o roubo pode reconhecer e proteger seus frutos na pessoa de seus autores? Não será isso aprovar e sustentar com uma mão o que com a outra persegue e repele?

Quando uma instituição existe há muitos séculos, nenhum homem dotado de espírito imparcial pode subtrair-se à convicção de que ela se deve basear em motivos imperiosos e, de fato, a necessidade de proteger a posse nunca sofreu uma contestação séria. Todavia, ainda se está muito longe de um acordo unânime sobre os motivos dessa proteção.

Alguns autores, especialmente os antigos, evitam completamente o problema; conformam-se, como acontece sempre, com o fato consumado. Mas se algum fato existe que tenha necessidade de explicação sê-lo-á este, sem dúvida. Assim compreendeu-o Savigny e por essa razão procurou explicá-lo.

A sua solução, porém, não obstante o aplauso que logo mereceu, não se conseguiu manter e inúmeras tentativas fizeram-se para resolver a questão de outra maneira, e por minha vez, faço a tentativa de uma nova solução.

O problema não é do domínio exclusivo da filosofia ou da ciência da legislação, como à primeira vista parece, pois que tem uma grande importância dogmática e espero demonstrar que a sua exata solução é, não somente a primeira condição para a boa inteligência de toda a teoria possessória, como também conduz a importantes resultados práticos.

A circunstância de que as soluções dadas até aqui a esta questão não foram reunidas em um apanhado geral e submetidas a uma crítica rigorosa, obriga-me, antes de tudo, a empreender essa tarefa.[1]

Procurei classificar estas soluções, de modo análogo às teorias do direito penal, distinguindo assim as teorias *absolutas* e as teorias *relativas*.

As *teorias relativas* da posse procuram o alicerce de sua proteção, não na própria posse, mas em considerações, instituições e preceitos jurídicos estranhos a ela, que não é protegida senão para dar a outrem a plenitude de seu direito; a posse, por si mesma, é inconcebível.

As *teorias absolutas*, pelo contrário, tratam de conceber a posse em si e por si mesma. A posse não deve sua proteção e importância a considerações que lhe são estranhas; é por si mesma que ela se torna reconhecida juridicamente e o Direito não lhe pode recusar este reconhecimento.

Uma destas teorias encontra o fundamento jurídico da posse na *vontade*.[2] A posse é a vontade em si, o fato, pois, pelo qual a vontade humana se realiza sobre as coisas, o que deve ser reconhecido e respeitado pelo direito sem indagar se é útil ou perigoso; é um direito primordial da vontade de que a posse seja reconhecida quer pelo legislador *in abstracto*, como pelo juiz *in concreto* tantas vezes quantas dela se ocupem. Em suma, o possuidor pode reclamar o reconhecimento da proteção com o mesmo direito que o proprietário. A esta necessidade de proteção possessória, fundada no caráter *ético* da vontade, opõe-se outra teoria com a necessidade *econômica* da posse.

---

1. Deve-se, todavia, fazer menção especial a *Randa, Der Besitz nach österr Recht* (*A posse no direito austríaco*).
2. Ver do autor *Der Besitzwile* (*A vontade na posse*), complemento desta obra.

A posse é tão economicamente necessária como a propriedade; ambas não passam de formas jurídicas sob as quais realiza-se o destino econômico das coisas para satisfazer as necessidades da humanidade.

É sob estes dois pontos de vista diferentes, que em seguida agruparei as opiniões diversas, sem esquecer, contudo, que é impossível dar-lhes a precisão e a clareza que distinguem as teorias do direito penal.

Além disso, a diferença tem sido tão pouco acentuada até aqui, que às vezes acham-se em certos autores os ecos dos dois sistemas.[3] Quiçá este ensaio contribua, ao menos, para lançar alguma luz sobre este ponto, ainda um tanto obscuro.

1. TEORIAS RELATIVAS

A proteção possessória não tem o seu fundamento na própria posse, mas:

1º) Na interdição da *violência*:

a) Savigny esclarece especialmente a razão do *direito privado* que assiste ao *possuidor*. (A perturbação da posse é um delito contra o possuidor);

b) Rudorff, pelo contrário, fixa-se mais no motivo *jurídico-público* que assiste à *comunidade*. (A perturbação da posse é um *atentado à ordem jurídica*).

2º) No grande princípio de *direito* de que "ninguém pode juridicamente vencer a outrem, se não tem motivos preponderantes em que funde a sua prerrogativa" (Thibaut).

3º) Na prerrogativa *da probidade*, em virtude da qual deve-se supor, até prova em contrário, que o possuidor que pode ter um direito à posse tem na realidade esse direito (Röder).

4º) Na *propriedade*, a posse é protegida:

---

3. Puchta, *Vermischte Scriften (Miscelâneas)*, pág. 265; Trendelemburg, *Naturrecht auf dem Grunde der Ethik* (*O direito natural fundado na ética*), 2ª ed., Leipzig, 1868, § 95; Gans.

a) como propriedade *provável* (ou possível); tal é a opinião antiga;

b) como propriedade que *começa* (Gans);

c) como complemento necessário da proteção da propriedade, tal é minha opinião.

2. TEORIAS ABSOLUTAS

A posse é protegida por si mesma atendendo-se a que:

1º) Ela é a *vontade* em sua real encarnação (Gans, Puchta e Bruns);

2º) Em que "serve, como a propriedade, ao destino universal do patrimônio, à satisfação das necessidades da humanidade por meio das coisas e pelo poder livre que sobre ela se exerce. Seu fim é conservar o estado de fato das coisas" (Stahl).[4]

---

4. O Sr. Adolpho Posada anotando esta parte na edição espanhola deste livro assim se expressa: "Pode-se talvez afirmar que todas estas teorias, umas mais, outras menos, formulam-se sob a preocupação natural (pressão) do direito romano.

Suposta a idéia da posse, a dificuldade estriba-se para o direito positivo, em determinar adequadamente: *1º)* que as relações internas pressupõe a posse; *2º)* que dados do sentido bastam para que esta se revele, e de fato subjetivo pessoal, passe a ser reconhecida, declarada e protegida socialmente. A questão aqui está em saber se a posse consiste na mera possibilidade de dispor do objeto (detenção material se se trata de coisas físicas) em cujo caso todos os seres possuem, ou se se tem necessidade da vontade (*animus*) de deter o objeto como seu. Indubitavelmente quando a posse entra na esfera social, esta última condição é necessária, por mais que o alcance dessa intenção tenha sido apreciado de modo diverso pelas legislações e pelos autores, pelo que poderia implicar o *animus possidenti* ou *animus domini*, e contudo limitando a intenção ao *animus possidenti*, a intensidade pela qual ele se determina, deu lugar a critérios diversos, especialmente ao amplo *objetivo* da concepção germânica (a Gewere) e ao acanhado *objetivo* da concepção romana, e nesta a mera *detenção das coisas*, a posse *ad interdicta* e *ad usucapionem*.

Conforme nota Ernesto Lehr (*Tratado elementar de direito civil germânico*, Alemanha e Áustria), tomo 1º, pág. 142, edição de 1892, "entre os antigos jurisconsultos alemães a instituição correspondente, com mais ou menos exatidão, ao que chamamos hoje posse, designava-se com o nome de Gewere. Este nome do mesmo modo que a palavra francesa *possession* indicava três coisas distintas: *1º)* o poder de fato que se tinha sobre um imobiliário; *2º)* o direito que nascia desse poder de fato; e *3º)* o próprio imobiliário sobre o qual recaía esse poder ou esse direito. Como a posse, significava um poder, um direito e a própria coisa possuída". Levando-se em conta as exigências do Direito Romano, em virtude das quais a mera detenção não acusava posse e a Gewere sim, vê-se quão diferentemente chegou-se a entender o assunto.

Esta variedade no modo de entender a posse reflete-se também nas legislações positivas. Atualmente questiona-se entre os tratadistas sobre o alcance dos preceitos do Direito Romano, podendo ver-se em Van Wetter (*Traité de la possession en droit romain*) um resumo das diversas opiniões, e quanto as legislações que mais ou menos seguiram o Direito Romano, ora inspirando-se totalmente nele, ora sofrendo sua influência, nota-se muita diversidade de pareceres. Entre as legislações atuais vigentes na Alemanha é qualificada a posse *cum animo domini* pelo *Código Civil Austríaco* (art. 309) e pelo Saxão (art. 186) assim como pelo *Projeto do Código Civil Bávaro* (III, 1, art. 1º) e pelo primitivo projeto do *Código Civil alemão*. Em compreensão o Código Maximiliano, como diz o citado Lehr (pág. 144), chama posse a simples detenção de uma coisa "para si", em oposição à detenção sem ânimo algum. O mesmo acontece com o *Landrecht prussiano* que qualifica de possuidor aquele que tem uma coisa, com intenção de dispor dela "para si" distinguindo entre possuidor completo e incompleto. O *Landrecht* badense não exige do possuidor senão a intenção de dispor da coisa em seu próprio nome e para si. O Código Saxão, não obstante o que ficou dito, concede ações possessórias a quem quer que tenha a coisa para servir-se dela ou a título de garantias. Entre os principais Códigos Suíços, o de Berna (art. 349) e o de Zurique (art. 64) consideram como possuidor aquele que sem o *animus domini*, tem a coisa, como por exemplo, o usufrutuário, o colono, o arrendatário.

Procura-se nestes códigos distinguir a posse que podia implicar a propriedade de toda a coisa, o *domínio,* da posse de um direito, que não supõe domínio, mas tal ou qual aproveitamento daqueles que a plena propriedade(direta e útil) acarreta.

No Código Napoleônico (art. 2230), pretende-se ver na posse o *animus domini*, e Laurent rebatendo Troplong cita as seguintes palavras de Domat: "que a simples detenção de uma coisa não se chama propriamente posse; não basta para possuir ter a coisa, é preciso que a tenha em seu poder". Segundo o mesmo Laurent, os redatores do Código não reproduziram a distinção da posse natural e civil (*Principes de droit civil*, XXXII, 263). Em compensação da definição do Código Civil Italiano (art. 685), assim como da dos Códigos italianos anteriores (Parma, Nápoles, Albertino), na opinião do professor Lomonaco, podem distinguir três classes de posse: *natural, legítima e de boa-fé,* ou antes, simples detenção (garantida pelo interdito de recobrar), a posse com *animus domini* é a que serve de ponto de partida e fundamento à usucapião propriamente dita.

O Código Civil espanhol trata em primeiro lugar da posse como relação jurídica independente (*direito real*) logo após da propriedade (título 5º do livro 2º), e respondendo ao critério imposto pela base 11, distingue entre posse natural e civil por este modo (art. 430): "*Posse natural* é a detenção de uma coisa ou o gosto de um direito por uma pessoa. *Posse civil* é essa mesma detenção ou gozo unidos a intenção de haver a coisa ou direito como seus."

O direito civil brasileiro, *Ordenações Filipinas,* segue a classificação do direito romano já conhecida (Lafayette, Ribas, Teixeira de Freitas, Coelho da Rocha, etc). O *projeto do Código Civil Brasileiro* do Dr. Coelho Rodrigues, pretendendo afastar-se da teoria savignyana para adotar a de Ihering reproduziu insensivelmente a teoria de Savigny. "A aquisição normal da posse resulta, diz ele (art. 1325): § 1º da manifestação de um poder material sobre a coisa e, § 2º da *vontade* do detentor exercer esse poder no seu próprio interesse".

O luminoso projeto do *Código Civil Brasileiro* do egrégio Dr. Clóvis Bevilácqua, é o primeiro, ao que me consta, em que a teoria de Ihering é sustentada em sua totalidade, pois o Código Alemão somente em parte adotou-a segundo este Código o *corpus* da doutrina savignyana foi conservado e não o *animus possidendi*.

Se quiséssemos agora em breves termos sintetizar o modo porque o conceito romano da posse passou às legislações modernas, nada seria melhor do que estas palavras do Sr. Azcárate em sua importante *História del Derecho de Propiedad* (tomo 3º, pág. 111) "Elas conservam, diz ele, o conceito romano da posse: *detentio rei corporalis animo sibi habendi;* daí os dois requisitos: *curpus et animus domini*, isto é, a posse da coisa e sua retenção como dono. Mas afastam-se, por um lado; ao passo que o Direito Romano considera a posse como um poder absoluto análogo a propriedade, admitindo somente a que se chama *quase-posse*, com relação a determinados direitos reais, os códigos modernos que lhes acontece a mesma coisa que ao domínio; e por outro lado, em que o primeiro só protege a *posse civil* (a que conduz a usucapião) e a *posse* (a protegida pelos interditos), porém não a mera *posse*, ao passo que muitos dos segundos concedem esta proteção, se bem que passageira e provisória, afirmando o princípio de qualquer que seja a natureza da posse ninguém pode perturbá-la arbitrariamente.

Além disso note-se que uns códigos definem a posse em seu sentido mais lato, determinando logo suas várias espécies, entretanto que outros como o de Berna, seguindo os romanos, definem a que tem maior importância jurídica".

Acerca da diferença entre a *Gewere* germânica e a posse, veja-se Ahrens, *Encyclopédie Juridique*, vol. 2º. Ahrens cita a propósito Allrécht, *A posse (Gewere) como base do antigo direito real alemão*, e Sandhas, *Ensaios germanistas*.

Capítulo II
A INTERDIÇÃO DA VIOLÊNCIA COMO BASE DOS INTERDITOS POSSESSÓRIOS

A opinião de Savigny é tão conhecida, que julgo apenas necessário transcrever suas próprias palavras:[5] "Não constituindo a posse por si mesma um direito, a sua perturbação não é em rigor um ato contrário ao direito; não sê-lo-ia senão quando se violasse a posse e um direito qualquer. Ora, isso mesmo é o que acontece quando a perturbação da posse é o resultado da violência; com efeito sendo injusta toda violência, é contra esta injustiça que se dirige o interdito. Os remédios possessórios supõem um ato que, por sua própria forma, é ilegal. O possuidor tem o direito de exigir que ninguém lhe perturbe violentamente. Não há ali a violação de um direito subsistente por si, fora da pessoa, mas a modificação prejudicial de um estado desta; e se se quer reparar completamente e em todas as suas conseqüências a *injustiça* resultante da *violência de que a pessoa* foi vítima, torna-se indispensável restabelecer o estado de fato contra o qual a violência se dirigira".[6]

---

5. *Rechts des Besitzes* (*Direito de posse*) 7ª ed., págs. 30 e 32.
6. Savigny – *Rechts des Besitzes,* pág. 5, 7ª ed., de Rudorff, Viena 1865, pág. 65.

A opinião de Rudorff[7] não se diferencia, na essência, da de Savigny. Ao passo que este reconhece o direito à proteção contra a violência, na pessoa do *possuidor*, e afirma expressamente (pág. 63) que "os interditos possessórios têm a sua base em considerações de direito privado", Rudorff acentua o caráter público da violência como uma "perturbação à paz e à ordem pública", relacionando a proteção possessória com a proibição de se fazer justiça por suas próprias mãos (págs. 62-64).

É claro que mesmo este último ponto de vista pode ser conciliado com a proteção ao direito privado do possuidor, como prova-o perfeitamente o *Decretum Divi Marci*.

Mas, por outro lado, este direito acha-se muito restrito, quando se nota que a turbação ou o esbulho violento da posse não tem sempre por fim fazer justiça por suas próprias mãos, sem falar de outros casos de esbulho ilegal da posse (*Clam, precario*). As dúvidas que se levantaram contra esta modificação da opinião de Savigny (Savigny, *ob. cit.*, Apêndice, pág. 575), parecem ter levado o autor a renunciá-la peremptoriamente, de modo que poderemos nos limitar, daqui em diante, ao exame exclusivo da idéia de Savigny.

Esta idéia indubitavelmente, à primeira vista, seduz e atrai, quando se esquece ou ignora-se o aspecto que reveste a posse no direito romano. Em um tratado de direito natural semelhante idéia teria todo o cabimento,[8] mas numa obra que pretende expor a teoria romana da posse, não poderá senão causar uma profunda surpresa, por ser inconciliável com esta teoria e prestar-se, sob todos os pontos de vista, a contradições palpáveis.

A tentativa de realizar legislativamente esta idéia engendraria um direito possessório que não guardaria a mais leve semelhança com a posse romana.

Passo a demonstrá-lo examinando os principais pontos da teoria romana da posse.

---

7. Zeitschr. f. gesch. R.W., VIII, pág. 90 e segs. (*Revista Histórica de Ciências Jurídicas*).
8. E mesmo neste pressuposto será preciso, como nota Randa (*obra citada*), que o esbulho da posse seja um ato injusto em si. "A violência em si não pode parecer injusta, senão quando lesa um direito. Com efeito, onde nenhum direito é lesado, e há somente uma troca do estado de fato, não pode haver questão com relação a evitar a injustiça da violência e suas conseqüências."

1. FALTA DE PROTEÇÃO DA *DETENTIO ALIENO NOMINE*

Se os interditos possessórios repousam na idéia de uma violação de direito cometida contra a pessoa, não se percebe a razão porque não podem usar deles aqueles que possuem – *alieno nomine*. Que há de comum entre a injustiça contra a pessoa e o modo pelo qual esta possui?

Será, porventura, menos lesada pela expulsão de um arrendatário do que pela do enfiteuta?

A violência é sempre violência seja qual for a pessoa contra quem se exerça. Uma ação que como tal, isto é, independentemente da pessoa lesada, encerra em si uma injustiça, não pode ser e deixar de ser injusta segundo a diversidade das hipóteses.

Ouçamos o que diz Savigny a este respeito: "Das duas uma, diz ele (pág. 59), ou supomos que o que tem a coisa está de acordo com o seu verdadeiro possuidor, ou está em oposição. No primeiro caso ele não tem necessidade de interditos, pois que os do possuidor bastam-lhe. No segundo caso, se quer invocá-los contra a vontade do possuidor, quer contra si mesmo, quer contra um terceiro, não poderá fazê-lo, porque contraveria as relações obrigatórias em que se baseia a sua detenção e que cobrem perfeitamente todos os seus interesses."

Esta argumentação convencerá alguém? Duvido. (Veja-se neste sentido Randa, *ob. cit.*, nota 3ª.) Savigny aí perdeu de vista sua idéia própria e pessoal dos interditos possessórios.

Com efeito, se estes são meios de proteção contra a injustiça feita à pessoa, se a relação possessória não tem senão uma importância subordinada, que se reduz ao elemento de fato da situação, neste caso não se pode compreender o motivo porque o detentor deve depender do possuidor para ser protegido contra uma injustiça que lhe é pessoal.

É perfeitamente indiferente "que os interditos do segundo protejam suficientemente a ambos, e que por isso o detentor não os *necessite*", desde o momento que a perturbação da posse está, não na posse, mas no direito da pessoa. A proteção contra a injustiça da perturbação não é uma questão de oportunidade ou de necessidade, mas uma simples conseqüência. O *lesado* será *protegido*; se são ambos lesados, ambos devem ser protegidos; se um só é lesado, somente este deve ser protegido, pois o detentor deve sê-lo em todos os casos, visto que é ele o primeiro e mais diretamente molestado pela violência.

É o que acontece com o interdito *quod vi aut clam*; se o *opus vi aut clam factum* lesa igualmente o interesse do arrendatário e do arrendador, ambos têm o interdito. (L. 12, *quod vi*, 43-24). Ora, se se refletir que este interdito supõe um delito,[9] ver-se-á facilmente como deveriam os jurisconsultos romanos decidir, se considerassem os interditos possessórios sob o mesmo ponto de vista.

Se os detentores não têm necessidade de um meio de proteção independente, por que o direito romano concede-lhes as *actionem furti et bonorum raptorum*? [L. 14, § 2; L. 85. De furt. (47-2); L. 2, § 22, *vi bon*. (47-8)]. O mesmo motivo pelo qual, segundo Savigny, nega-se-lhes os remédios possessórios, deve existir para se lhes negar estas duas ações, e não acontece assim, o que prova que o direito romano não deixou ver a direção *imediata* destes delitos contra o detentor, nem a necessidade e a importância de conceder-se contra ela uma proteção *imediata*.

E não é somente a lesão *pessoal* que se toma em consideração nestas duas ações, assim como no *interdictum quod vi aut clam;* mas também o interesse *real patrimonial* da manutenção da relação possessória, que se evidencia na posse do detentor; *Praeterea*, diz a cit. L. 14, § 2, *Dig.* Liv. 47, Tít. 2° de furt., *habent furti actionem coloni, quamvis non sint, quia interest eorum;* e na citada L. 2, § 22, *Dig.* Liv. 47, Tít. 2°, *vi bon.*, a coisa recebida por comodato, penhor ou locação compreende-se incorporada em nosso patrimônio, no sentido de que sem ser por sua natureza uma coisa *in bonis*, não se conceitua como achando-se *ex-bonis*, isto é, *ut ex substancia mea res oblata esse proponatur... ut intersit mea eam non auferri*.

Assim acontece quando o locador obtém o interdito *de migrando* em virtude da retenção das coisas locadas ainda mesmo que estejam estas, sob sua posse, por empréstimo, aluguel ou depósito, estendendo-se também a estas coisas a *hereditates petitio* [L. 2° de migr. (43-32); L. 19 pr. V. *her. pet*. (5-3)].

---

9. L. 3., pr. Ibid. *facto tuo* **delinquentes**; L. 1. § 2, **injuriam** *comministi*. Este interdito compete até ao filho família. L. 6, de O. e A. (44-7) *injuriarium et quod vi aut clam*. L. 13, § 2, *quod vi*.

Quando o possuidor e o detentor não estão de acordo, diz Savigny, este último não pode invocar os interditos porque exorbitaria das relações obrigatórias sobre que se apóia a sua detenção. Mas, supondo-se mesmo que o exercício dos interditos contenha em si uma usurpação contra o possuidor, que importância terá ela para o perturbador?

Este último não é julgado senão no alcance e na medida de seu próprio ato e não pode alegar um direito das relações obrigatórias entre o detentor e o possuidor.[10] Se isso em algum caso pudesse suceder, seria no da expulsão do arrendador pelo arrendatário; porque neste caso, a violação da relação obrigatória é indubitável e flagrante; e não obstante o direito concede os interditos ao locatário que se fez possuidor (L. 12, de vi – 43-16), e o terceiro que objetasse, segundo Savigny, as relações obrigatórias que existem no locador, não seria sequer ouvido.

Em suma, pode-se dizer que a tentativa de Savigny para refutar as objeções que podem ser dirigidas à sua teoria, de falta de proteção ao detentor, é totalmente falha. É uma estranha ironia do destino literário que o próprio Savigny, a despeito de seu extraordinário talento, dá-nos abundantes provas; é uma estranha ironia da sorte literária, digo, que Savigny, o restaurador da teoria romana sobre a posse, tenha para elucidar essa mesma teoria, enunciado um pensamento que está em contradição inconciliável com semelhante teoria, e que ao mesmo tempo oponha-se rudemente contra uma concepção moderna que se produz na esfera da posse, contendo a realização histórica de sua doutrina; refiro-me ao *summarissimum* e a *actio expolii*.

---

10. "Independentemente do direito romano e de todo o direito positivo parece-nos, diz o Sr. A. Posada, que a opinião, de Ihering corresponde, melhor que a de Savigny, ao conceito do direito, considerado este como relação que sempre estabelece entre a finalidade racional e a livre conduta dos seres. Assim, no caso a que Ihering se refere, a relação jurídica está entre o mero detentor e o que a perturba; isto é, que aqui o detentor é o que não pode nem deve consentir a violência exercida por um terceiro com relação aos direitos que tem, e o qual, ao violentá-la nega-lhe a condição jurídica. A conclusão de que o 'autor da violência não pode deduzir um direito das relações obrigatórias que existem entre o detentor e o possuidor', indica o profundo senso jurídico de Ihering, e não obstante as limitações que ainda se notam em seu conceito do direito que o encara como relação ética que se apóia na intenção reflexiva, rompe certos entraves que impõe o direito positivo considerado como direito objetivo, real e respeitável em si, para não ver o direito senão na vida e sempre na conduta e em cada relação; neste caso, na relação especial e concreta entre o detentor e o que intenta turbá-lo (negar o direito) na detenção da coisa".

Todo aquele que lobriga na perturbação e esbulho da posse uma injustiça contra a pessoa, deverá forçosamente aplaudir esses dois remédios legais concedidos a todo possuidor, sem atender a qualidade de sua posse, e sondá-los alegremente, como realização de sua idéia. Pois bem, Savigny considera-os como uma aberração científica, como um absurdo.

Além disso, quem assim se expressa e luta por conservar a pureza do direito romano, deveria, como ninguém, combater a proposição pela qual os meios de proteção da posse reduzem-se a uma proteção da pessoa. Ora, Savigny não se limitou somente a exprimir semelhante opinião, manteve-a durante meio século.

2. FALTA DE PROTEÇÃO DA POSSE DAS COISAS NÃO SUSCETÍVEIS OU DAS PESSOAS INCAPAZES DE POSSE

a) Coisas. Não pode haver questão de posse nem de proteção de posse das coisas *extra commercium.* Por que razão? Sob meu ponto de vista, será esta questão resolvida satisfatoriamente nas páginas subseqüentes. Com efeito, estas coisas não são suscetíveis de propriedade; ora, a posse não sendo senão a exterioridade da propriedade, deve portanto desaparecer onde esta é inconcebível.

Mas partindo do ponto sustentado por Savigny, semelhante proposição não pode ser explicada de forma alguma. Com efeito, se a lesão da posse não adquire importância jurídica, senão quando encerra uma injustiça contra a pessoa, a qualidade da coisa não tem valor algum, quer seja móvel ou imóvel, suscetível ou não suscetível de propriedade.

Em rigor isto é tão indiferente como saber se um homicídio deu-se perto de uma casa ou de um muro, sob um pé de faia ou de carvalho. A ser exata a idéia de Savigny, dever-se-ia aplicar à posse a decisão que contém a L. 13, § 7° (47-10) para a *actio injuriarum*, e que prescinde completamente da qualidade jurídica particular da coisa.

Que se me impeça de fazer uso de minha própria coisa ou de uma *res publica (in publicum lavare aut in caveat publica sedere, etc.)*, ou de uma *res communis omnium (in mari piscari)* é-me completamente indiferente, terei sempre a *actio injuriarum.*

Não se deve dizer: o possuidor de uma coisa *res extra commercium* não tem interesse na coisa, ou comete uma injustiça apossando-se dela, e a injustiça não pode ser protegida; porque o mesmo pode-se dizer do ladrão ou do bandido,[11] e não obstante, concedem-se-lhes interditos possessórios. Além disso, se bem que não fosse exato quanto às *res sacræ* e *publicæ*, não se pode dizer o mesmo com relação a todas as *res extra commercium*. Com efeito, a *res religiosa* acha-se para com aquele a quem pertence (*ad quem pertinet*) em relação análoga à da propriedade; tão somente essa pessoa pode usar dela para os fins a que se destina e tem, como o possuidor, a faculdade de excluir qualquer outro. Numa palavra, tem a esse respeito um direito juridicamente reconhecido e protegido.[12]

Em caso de perturbação violenta dessa relação, acham-se reunidas no possuidor as condições que, segundo Savigny, bastam para os interditos possessórios, e não obstante, negam-se estes ao interessado[13] concedendo-se-lhe outros meios de proteção. O mesmo dá-se entre o pai e o filho. O esbulho de um filho ou de um escravo seria para aquele de igual valor?

E, todavia, no caso de esbulho de um escravo concedia-se-lhe o *interdictum utrubi*, um interdito possessório, enquanto que no esbulho do filho devia-se recorrrer a interditos especiais (*de liberis exhibendis et ducendis*).

b) Capacidade de possuir nas pessoas. Os escravos e os filhos famílias são, como se sabe, incapazes de possuir em direito romano (L. 49, § 1º de pos. – 41-2).

Consoante Savigny (pág. 126) "esta verdade resulta evidentemente da regra geral, segundo a qual o filho família não pode ter direitos patrimoniais". Perfeitamente, porém como se concilia esta explicação com a idéia de Savigny de que na posse não é o patrimônio que se

---

11. Assim é que não se lhes concede nem mesmo quando roubou-se-lhes a eles próprios a coisa, *o actio furti* (V. a L. 76, § 1 de *furti*) (47-2): *si honesta ex causa interest*. (V. também a L. 12, § 1º *ibit., Nemo improbitate sua consequitur actionem* e a aci, *ad exibendum*. L. 3, § 11, *ad exhib*: A ação de divisão de herança não se estende ao adquirido *vel vi aut latrocinio aut aggressura*. L. 4ª, § 2º, *fam. erc.*) (10-2).
12. Os textos em que me apoio estão em meu *Espírito do direito romano*, III, pág. 335; pode-se acrescentar o de Orelli, *Corp. inscri.*, num. 4358, citado por Rudorff, a respeito de Savigny, lei citada, pág. 604 e na qual se trata de tradição de um monumento funerário (*in vacuam possessionem – ire aut mittere*).
13. L. 30, § 1º *de possessione* (41-2).

protege e sim a pessoa? Se é certo que os interditos possessórios nascem da idéia do delito, seria absolutamente impossível recusá-los ao filho família, pois que lhe assistiria direito a eles pelo mesmo motivo da L. 9 de O. e A. (44-7) *Suo nomine nullam actionem habet nisi **injuriarem** et **quod vi aut clam** et depositi et commodati.*

3. PROTEÇÃO DA POSSE DO *INJUSTUS* OU *MALE FIDEI POSSESSOR*

Eis aqui, a meu ver, uma contradição insolúvel na opinião de Savigny. Nega-se ao ladrão e ao salteador a *actio furti* e *actio legis Aquilae*;[14] como poderá conceder-se-lhes os interditos possessórios se se vêem nestas ações criminais? Compare-se o modo dos jurisconsultos nos fragmentos 12, § 1 e fragmentos 76, § 1º, Liv. 44, Tít. 7. *Furtis actio,* diz a L. 12, *malæ fidei possessori non datur, quamvis interest ejus rem non subripi, quippe cum res periculo ejus sit, sed nemo de improbitate sua consequitur actionem et id eo soli bonæ fidei possessori, non etiam malæ fidei furti actio datur,* e a L. 76, § 1º, *nam licet intersit, furis rem salvam esse quia condictione tenetur, tamen cum eo is cujus interest furti habet actionem si honesta ex causa interest.*

Ainda aqui põe-nos Savigny a braços com um enigma irresolúvel, não tendo feito tentativa alguma para conciliar com sua idéia essas passagens, das quais não obstante, ele mesmo se serve para outros fins contra seus adversários (pág. 65). Se o proprietário apodera-se violenta ou clandestinamente da coisa, arrebatando-a das mãos do *malæ fidei possessor,* ou mesmo se a destrói, este não tem contra ele nem a *condictio furtiva,* porque esta pressupõe a propriedade, nem a *actio furti,* porque esta presume um interesse, nem a *actio legis Aquilæ,* porque esta faz crer um direito sobre a coisa ou pelo menos, a *bonæ fidei possessio:* o proprietário roubado repelirá o *acto ex delicto,* prevalecendo-se simplesmente da sua propriedade.[15] Se, pelo contrário, *o malæ fidei possessor* serve-se de um interdito possessório, como pode hoje fazê-lo para os móveis como para os imóveis, desde que Justiniano colocou sob o mesmo plano

---

14. L. 12, § 1º, L. 76, § 1º de *furti.* (47-2); L. 40 § 6, *arg.;* L. 17, *pr. Ad. Leg. Aqu.* (9, 2). Porém concedia-se-lhes as ações de contrato, por exemplo, *a act. commodati* (L. 15, 16 *commodati*). (13-6) a *act. depositi,* L. 31, *Dep.* (16-3).
15. Do mesmo modo repele a *actio depositi* de Candrou, L. 31, § 1, *Dep.* (16-3) *i. f.*

os interditos *uti possedetis* e *utrubi*, a pessoa contra quem se dirige o interdito não pode prevalecer-se de sua propriedade e a *malæ fidei possessio* de quem propõe o interdito não será discutida senão para que lhe seja oposta a *exceptio vitiosæ possessionis*. Quem não vê que o ponto de vista de apreciação difere inteiramente nos dois casos? No primeiro prevalece a consideração do delito; no segundo questão muito diversa.

4. INEXISTÊNCIA DE CRIME EM TODOS OS INTERDITOS POSSESSÓRIOS

Não se pode reconhecer a existência de um delito senão em um único interdito, no interdito *unde vi;* nos outros ele não existe absolutamente. Savigny (pág. 31) pretende justificá-lo no interdito *de precario* dizendo "que é um ato por si mesmo injusto abusar da vontade de outrem, do mesmo modo que é injusto recorrer à violência para se apoderar de uma coisa". Mas se isso fosse exato também se deveriam chamar ações penais a *condictio ex mutuo*, a *actio commodati* e a *actio præscriptis verbis* possível, fundada no *Precário*.

O *interdictum de precario* pode, sem dúvida, assumir um caráter delituoso pelo dolo do precarista,[16] assim como a reivindicação (pelo *dolus præteritus* do possuidor); porém, esta simples possibilidade não é bastante para converter o interdito ou a reivindicação em ações penais. Prescindindo dessa circunstância, aquele dirige-se de preferência contra o herdeiro do que contra o testador.[17]

Poderá se afirmar que a recusa de restituição da coisa implica necessariamente um *dolus?* De modo nenhum. Suponhamos, por exemplo, que o herdeiro ou o tutor do precarista enlouquece, não tem idéia alguma do precário, ou mesmo que o precarista venha a saber que ele é o proprietário. Neste caso está ele em seu pleno direito de negar a restituição: *ideirco quia receptum est, rei suæ precarium non esse.*[18]

---

16. Acontece que o herdeiro de quem tem a coisa em precário, não responde, como nos demais casos, pelo crime do testador mas pela riqueza. L. 8, § 8 de *prec.* (43-26).
17. L. 8, § 8 cit., *heres ejus, qui precario rogavit, tenetur quemadmodum ipse.*
18. Lei 4 – § 3, ibid, L. 45, pr. de R. J. (150-17): L. 21 de *usuc.* (41-3); L. 31, § 1º, *Dep.* (16-3). — A prova da propriedade estabelecia *ipso jure* a falta de fundamento do interdito. Veja-se meu *Espírito do direito romano*, III, págs. 65 e 66 da edição alemã.

Dos dois interditos *retinendæ possessionis*, há um, o interdito *utrubi* com a mesma forma de que se revestia antes de Justiniano, que resiste a todos os esforços que se possam fazer para pô-lo em harmonia com a doutrina savignyana. Sabe-se que o interdito dirige-se não somente contra o esbulhador como também contra terceiros e até contra o *bonæ fidei possessor*; a única condição exigida é que aquele que intenta o interdito, tenha possuído a coisa por mais tempo que o esbulhador, desde um ano antes, contado do dia da propositura da ação. Savigny nunca se pronunciou, que eu saiba, sobre o modo de conciliar este interdito com a sua opinião; se o houvesse intentado ter-se-ia convencido da impossibilidade de sua empresa. Nos dois pontos de sua obra (págs. 31 e 49) em que deveria fazê-lo, guarda silêncio sobre este interdito, e quando caracteriza os *interdicta retinendæ possessionis,* insiste sobre a condição da *lesão violenta* da posse (pág. 400) e invoca, no que diz respeito ao *interdictum utrubi*, as palavras *vim fieri veto* do Frag. 1, *Dig.* Liv. 43, Tít. 31.

Quando trata especialmente do interdito *utrubi*, acrescenta que não acha a seu respeito "nada especial a notar-se".[19] Mas qual será o pensamento das palavras *vim fieri veto*?

Não era evidentemente necessário que acontecesse uma violência para que se pudesse intentar o interdito, mas que o detentor não resistisse ao possuidor quando este quisesse levar consigo a coisa (*quominus is eum ducat*). A violência não era, pois, uma condição deste interdito, como não o era para os numerosos interditos não possessórios revestidos da mesma fórmula. De outra forma, o pretor em lugar de falar para o futuro, deveria falar do passado, como por exemplo no interdito *quod vi aut clam: quod* – **factum est** ou no interdito *unde vi: unde* – **dejecisti**.

Ser-me-á permitida toda a concisão sobre o interdito *uti possedetis*, em vista das diligentes investigações de que tem sido objeto nestes últimos tempos, especialmente na monumental obra de Hermann Witte, *Das interdictum uti possedetis*, Leipzig, 1863, págs. 40 e seguintes.

---

19. O próprio Rudorff que é tão versado no conhecimento de todo o sistema formulário romano, e de quem se deveria esperar uma demonstração mais concludente da inadmissibilidade deste argumento tirado da fórmula, não acha nele nada que dizer; pelo menos, não encontro observação alguma sua na continuação da passagem citada (pág. 400, nota).

Não é exato "que a lesão violenta da posse" seja uma das condições deste interdito (Savigny, pág. 400). A investigação do juiz *nam vis fact sit contra edictum Prætoris* refere-se a uma época posterior e não anterior ao interdito.

Este podia ser invocado, com igual direito, por ambas as partes no caso de uma controvérsia possessória (*controversia de possessione*) inteiramente pacífica, como no caso de dois pretendentes a uma herança, tratando-se de saber qual tinha em primeiro lugar tomado posse do acervo hereditário e é precisamente neste exemplo que Ulpiano (Frag. 1º § 3. Liv. 63, Tít. 17) e Gaius (Tít. 4, Frag. 148) fazem seu ponto de partida na discussão deste interdito.

A prevalecer a opinião de Savigny, quem quisesse usar de um interdito neste caso, não o conseguiria.

5. INUTILIDADE DOS INTERDITOS POSSESSÓRIOS CONSIDERADOS COMO AÇÕES CRIMINAIS ESPECIAIS AO LADO DAS QUE JÁ EXISTEM

A ser verdade que o pretor quisesse, com os interditos possessórios, criar somente uma nova espécie de ações para o crime, em vão se procuraria justificar a sua utilidade, posto que as ações amplamente existentes são mais que suficientes: para a *turbação* na posse o interdito *quod vi aut clam* e a *actio injuriarum*;[20] para a subtração da posse, a *actio furti*, que no direito antigo se estendia mesmo aos imóveis[21] e compreendia às vezes a subtração clandestina[22] e violenta, atingindo até o próprio precarista.[23]

6. CONDIÇÕES PARA A RESTITUIÇÃO DA POSSE

Ninguém até Bruns (*Das Rechts des Besitzes im Mittelalter und in der Gegenwart,* pág. 27 e seguintes) estudou e pôs em evidência es-

---

20. Vejam-se exemplos do primeiro na L. 7, §§ 5, 6, 9, 10, L. 11, etc. *Quod vi* (43-24), da segunda na L. 13, § 7 do inj. (47-10) e Paulo S. R. Ver 6, § 5.
21. Gellio, XI, 18, § 13.
22. Lei 1, *vi bon.* (47-8) Gaius III, 209.
23. Confronte-se Gellio, *loco citato* com a Lei 66, § 67, pr. de furt. (47-2).

tas condições, observando "que elas não se conciliam com a teoria de Savigny", *ob. cit.*, pág. 416.

Neste estudo aparece a posse como objeto e fundamento do interdito, abstração feita de qualquer idéia de violência.

Daí a impossibilidade de sustentar-se que, entre os romanos, seja a violência que dá à posse importância jurídica.

Para resumir tudo o que dito fica, a teoria de Savigny atribui ao pretor ações *ex-delicto*:

1º) que eram *perfeitamente supérfluas* ao lado das já existentes no direito civil (nº 5);

2º) que eram *recusadas* a quem deviam ser concedidas, conforme os princípios que regem tais ações (us. 1-2);

3º) e, *vice-versa*, que eram concedidas a quem deviam ser *recusadas* pelos mesmos princípios, e finalmente (nº 2);

4º) que, com uma única exceção, não se descobre nelas o mais leve vislumbre de um *delicto* (nº 4).

Capítulo III
Outras Teorias Relativas

1. TEORIA DE THIBAUT

O ponto de partida de Thibaut,[24] na sua teoria sobre a posse, não é o fato puro e simples, mas o *exercício do direito*[25] considerado como uma forma especial do estado de fato.

Teremos, em seguida, ocasião de mostrar o fecundo emprego que se pode fazer deste ponto de vista para inteligência da teoria da posse. Somente Thibaut funda a proteção da posse sobre um alicerce pouco sólido.

"É, diz ele, um princípio dominante e necessário da razão que ninguém pode vencer juridicamente outrem, se não militar a seu favor motivos preponderantes de um direito melhor; daí resulta que este estado de coisas, puramente de fato em si, reveste a mais alta importância jurídica, porque conduz àquela regra de que todo o indivíduo que exerce de fato um direito deve ser mantido neste estado de fato até que um outro demonstre ter um direito melhor."

---

24. *System des Pandenktenrechts,* 8ª ed., §§ 203-204. Em seu trabalho sobre a posse e a usucapião, § 2º, não alega motivo para a proteção da posse.
25. Veja-se também no mesmo sentido Hufeland, *Ueber den eigentümlichem Geist des römischen Rechts* (*Sobre o espírito particular do direito romano*), 2ª parte, seção 1ª, págs. 5 e segs. e págs. 18 e segs.

Mas, se a posse é simplesmente um *estado de fato,* por que é preciso um *direito* preeminente para fazê-la cessar?

Um estado de fato aparece e desaparece sem que o direito nada tenha a ver com ele. É um fato que minha árvore abriga o vizinho do sol, mas quem o protege se eu a quero derrubar? É um fato para o negociante ter uma grande freguesia, mas que direito impede ao seu concorrente de a lhe tirar? Se a circunstância de que a posse encerra o exercício de um *direito* não é suficiente para lhe dar o caráter de *relação jurídica,* se ao contrário, é preciso, segundo Thibaut, agrupá-la na mesma linha de todos os *estados de fato,* torna-se forçoso admitir para uns e para outros a mesma lei, e dizer que a sua origem, a sua existência e o seu fim não são senão o efeito da força física.

Vencer, na esfera do direito, supõe certamente um *direito preeminente,* mas trazer esta idéia para o terreno do fato, é esquecer o que este seja. Mas admitamos que a *preeminência do direito* é o *criterium* na matéria sujeita.

Sendo assim, o locatário expulso por terceiro que não tem direito algum nem sobre a coisa, nem a ela, possui um *direito melhor* do que este terceiro, porque seu estado de fato repousa, ao menos sobre uma concessão obrigatória do verdadeiro proprietário; por qual razão, pois, se lhe recusa os interditos possessórios?

Ainda mais: se o locatário, a seu turno, subtrai a posse a quem o esbulhou ou a seu herdeiro, por que se lhe recusa no processo possessório, a prova de um *direito melhor* que ele se proponha a oferecer?

Daí resulta que a explicação de Thibaut, que parece manter-se unicamente no terreno dos fatos, invade também a esfera do direito, mas não responde nem naquele nem nesta aos princípios que lhes são próprios.

Se na realidade a posse não é senão um estado de fato, nenhum valor jurídico lhe advirá deste outro – que força capaz de desfazer um estado de coisas deve ser mais forte do que a que o fez; quem argumenta na esfera dos fatos, só nela colherá proventos. Se, ao contrário, a posse é um *direito,* sob este aspecto ter-se-á de dar à proteção possessória caráter muito diverso do que lhe deu o direito romano. Não é possível compreender no mesmo sistema o modo de proteção dada à posse pelo direito romano.

2. A OPINIÃO DE RÖDER[26]

A opinião de Röder, dando como fundamento dos interditos possessórios o direito primordial de *probidade (Das Recht der Unbescholtenheit)*, que se exprime na regra: *quilibet præsumitur justus bonus donec probetur contrarium*, encerra os mesmos vícios.

Em virtude deste direito (que goza todo possuidor), deve-se admitir provisoriamente que toda relação exterior em que ele, possuidor, esteja para com uma pessoa ou coisa e que pode ter por fundamento e causa um direito necessário ao exercício dessa relação, em realidade não exista senão em virtude desse direito, e que, por conseqüência, essa relação *não é* injusta. Não se pode negar à posse a aplicação desse direito.

A insuspeição não está na relação *exterior*, não é a insuspeição da posse, é a insuspeição da pessoa.

Se a pessoa é insuspeita, pouco importa que seja detentor, possuidor ou não possuidor.

O não possuidor tem tanto direito de ser acreditado pessoalmente como o possuidor, porque esta qualidade se assenta nas qualidades da pessoa e não no fato exterior da posse.

Portanto, se a posse baseia-se na presunção de legitimidade, é preciso que esta presunção não seja efeito unicamente da qualidade da pessoa. E, a não ser assim, se o possuidor só tem a tal presunção da insuspeição a seu favor, por que se lhe não pode tolher as provas que tiver a favor da sua posse? Aqui vem a presunção da suspeição, se o adversário prova ser o proprietário e ter o possuidor roubado a coisa.

Se no processo possessório não se considera a posse como uma relação jurídica independente, mas como prova da existência de um direito inteiramente diverso, por que se não a eleva também à altura de um direito e não se admite a respeito dela prova e contraprova, ou, em outros termos, por que se não converte o possessório em petitório?

A doutrina de Röder pode servir para explicar a razão pela qual, no processo reivindicatório, o possuidor fica isento da prova – ainda que esta isenção nada tenha em comum com a posse propriamente

---

26. *Grundzuge des Naturrechts oder Rechts philosophie,* seção 2ª, pág. 250.

dita – sobre a qual há sempre prova nas ações – mas não pode explicar o caráter particular da posse, isto é, a exclusão da questão de direito no processo da posse.

Ora, é precisamente neste ponto que se revela o mérito de toda a teoria sobre a posse.

Partimos da hipótese de que Röder tomou por base de sua teoria a noção científica comum ou romana da posse; que aquele que, em um tratado de filosofia do direito queira criar uma nova teoria sobre a posse, o faça, e não serei eu quem conteste este direito a quem quer que seja; mas que esse escritor diga por que e como se afasta do direito romano, é o que Röder não fez.

Das três opiniões que atribuem a proteção da posse à *propriedade,* a mais antiga funda-se em que:

3. A POSSE É UMA PROPRIEDADE PROVÁVEL

Esta opinião foi muito comum outrora. O próprio Savigny[27] não deixou de admiti-la nas 3ª, 4ª e 5ª edições[28] de sua obra, rejeitando-a na sexta edição. Na sétima, publicada depois de sua morte, há ainda um aditamento de que – a presunção de propriedade não é totalmente errônea, pois que sem dúvida na maioria dos casos os possuidores efetivamente têm direito à posse: não se deve admiti-la, porém, porque a teoria romana sobre a posse é toda especial.

A insustentabilidade desta doutrina não está precisamente no ponto em que Savigny julga estar – na circunstância de que o direito romano não reconhece tal presunção. Mas, na hipótese, não há um preceito jurídico positivo, e sim uma questão legislativa, de que se

---

27. Savigny como um de seus últimos defensores, Hufeland, Lei cit., pág. 43; porém ali não se acha essa opinião claramente acentuada. Veja-se Randa, nota 7ª.

28. § 2º *in fine* da 5ª edição. "Pergunta-se por que foi introduzida esta espécie de proteção contra a violência, isto é, por que o expelido deve obter a restituição da posse (por acaso injusta) que perdeu; pode-se afirmar com certeza que semelhante proteção repousa sobre a presunção geral de que o possuidor pode também ser o proprietário. Nesta relação pode-se considerar a posse como uma sombra da propriedade, como uma propriedade presumida; mas isso não se refere senão a instituição jurídica em geral, não ao motivo jurídico de uma proteção concreta qualquer."

não ocupou detidamente o direito romano e a cujo respeito nos podemos servir de qualquer expressão que traduza exatamente a coisa, ainda que tal expressão seja desconhecida dos romanos.

A insustentabilidade da doutrina é justamente que a sua base, isto é, o pretenso motivo de que a posse é uma propriedade provável, carecia de fundamento. Com efeito, suponhamos que o legislador diga: presumo que o possuidor é proprietário. Todos lhe perguntarão: em que se funda semelhante presunção? É lógico e de bom senso que todo o direito deve ser demonstrado; – que motivo haverá, pois, para que se lhe abra uma exceção em matéria de propriedade? Para tal não basta para argumento a circunstância estatística de que na maioria dos casos o possuidor é também o proprietário, assim como a estatística mortuária não nos habilita a dizer que tal pessoa morrerá de certa idade ou terá ainda tantos anos de vida. Afinal esta presunção devia logicamente levar a conceder-se a quem primeiro se apossa de uma coisa – unicamente em razão de sua posse – uma *ação in rem* contra os demais que dela se quisessem apossar (ação para proteger a posse anterior).

Na verdade, uma vez reconhecidamente fundada a presunção, por que reduzi-la somente a um caso?

Dá-se o mesmo com a presunção que rejeitamos acima da legalidade ou da boa-fé do possuidor. O verdadeiro elemento desta doutrina está no princípio de que na posse há uma prova especial e fácil da propriedade – neste sentido, chamamos a posse uma propriedade presuntiva, provisória ou, como Savigny, uma aparência de propriedade: – mas, depois disto comprovado, ainda se não firmou a necessidade desta facilitação de prova.

Nós mesmos procuraremos firmá-la mais adiante. Se o fundamento da doutrina acima, segundo a qual se protege na posse[29] a propriedade *possível*, pretende com isso indicar a causa legislativa da proteção possessória, longe de resolver, agrava a dificuldade do assunto.

A diferença entre a simples possibilidade da propriedade e a proteção da posse é maior ainda que a diferença entre esta e a probabi-

---

29. Não se acha cientificamente desenvolvida em parte alguma; mas apóia-se em expressões ocasionais e em matizes lingüísticos que não reuni. Não se trata aqui da "possibilidade jurídica subjetiva" de Puchta (*Curso, § 122*) que não é mais do que, sob outra forma, a expressão de sua própria opinião.

lidade da posse. Por que razão se protege uma simples possibilidade, quando a outros fatos se não amplia tal proteção? A segunda opinião que fundamenta a proteção da posse na propriedade é:

4. A OPINIÃO DE GANS:[30]
O QUE SE PROTEGE NA POSSE
É O "COMEÇO" DA PROPRIEDADE

Um dos efeitos da posse, sabem-no todos, é a usucapião.[31]

É certo que a *actio publiciana* protege na posse *ad usucapionem* o começo da propriedade. Mas também tal efeito só se verifica, como já tivemos ocasião de notar, na posse *ad usucapionem*. A posse do *malæ fidei possessor* [32] por mais largo que seja o tempo da sua continuação, não leva à propriedade, e, no entretanto, é uma posse protegida. Esta proteção, e está visto justamente a proteção da posse como tal, não pode, pois, ser justificada sob o ponto de vista que nos ocupa. Deveria em seguida expor a minha opinião, mas prefiro adiá-la ainda e examinar em seguida as teorias absolutas.

---

30. *System des Rom. Civilrechts*, págs. 201-202. *Ueber die Grundlage des Besitzes* (*Sobre o fundamento de posse*).
31. Rudorff no *Zeitschrift. F. gesch. R. W.*
32. Parte-se aqui de uma hipótese infundada, diz o Sr. A. Posada, loc. cit., por se ver a posse como momento tão somente para a relação jurídica da propriedade material, sendo assim que *possuir* o meio é o primeiro passo em toda a relação jurídica que se cumpre e o qual acarreta em si mesmo, toda uma relação especial do direito. Por isto, não se pode falar de verdadeiro *possuidor* de má-fé. Este não *possui* em rigor jurídico, mas *detém* a coisa e a lei não o *protege,* não pode *protegê-lo* como tal, senão quando se revele exteriormente como possuidor de boa-fé.

Capítulo IV
AS TEORIAS ABSOLUTAS

1. A TEORIA DA VONTADE

Conjuntamente com a doutrina que acabamos de expor, Gans apresenta-nos uma outra solução para a questão que debatemos.

A detenção da coisa, diz ele, considerada como um ato da vontade, pode achar-se de harmonia com a *vontade universal*, isto é, com a lei e, neste caso, é *a propriedade;* ou pode fundar-se somente na *vontade particular* e, neste caso, é a posse; e a razão de *proteção da vontade,* mesmo nesta última aplicação, é que a vontade em *si mesma* é um elemento substancial que demanda proteção; a vontade particular da pessoa, quando se aplica às coisas, é um direito e como tal deve ser considerado.

Puchta[33] adotou a teoria de Gans, como é sabido, perfilhou-a até sustentando que a posse é um direito inerente à personalidade, necessário mesmo ao homem.

---

33. Em sua monografia, publicada primeiro no *Museum Rhenam*, 3º nº 17 e depois reunida em suas *Miscelâneas* com o título de *In welcher Klasse von Rechten Gehört der Besitz?* (*A que classe desse direito pertence a posse?*). Veja-se também a monografia publicada pela primeira vez na mesma revista, nº 15, *Ueber die Existenz des Besitzrechts* (*Sobre a existência do direito possessório*). Não obstante a polêmica violenta que sustentava contra Gans na primeira dessas dissertações, Puchta admite na 2ª ed., pág. 265, nota *a*, que 'Gans se expressa no mesmo sentido."

No dizer dele, a vontade de uma pessoa juridicamente capaz deve até certo ponto ser reconhecida em direito, mesmo antes que se ventile ser ou não ser justa, precisamente pela razão de que é a vontade de uma pessoa juridicamente capaz e, desse fato, a possibilidade de ser justa.

Na posse é protegida, por conseguinte, a possibilidade do direito, isto é, a capacidade jurídica; o direito de posse não é senão uma espécie particular do direito de personalidade, o direito de personalidade aplicado à submissão natural das coisas. Diferentemente de Gans e Puchta que filiam a questão de fundamento de proteção da posse a de sua natureza jurídica, Bruns[34] faz da posse em si um estudo especial e detido.

Mas, à primeira vista, ele coloca a questão num terreno limitado, restringindo a proteção aos casos de violência, perturbação e esbulho. Não seria difícil no dizer dele, aduzir considerações empíricas aceitáveis para justificar a proteção, mas isto seria adiantar pouco uma questão em que a ciência positivamente exige uma necessidade jurídica inerente à própria natureza da posse.

Dos dois fatores da posse – *o poder físico e a vontade* – o primeiro, como simples estado de fato, não tem a mesma qualidade para uma proteção jurídica. Não se dá o mesmo quanto ao segundo. A vontade que se realiza na posse, posto que não gere direito algum e só exista puramente de fato, talvez mesmo em palpável contradição com o direito, deve, não obstante, ser protegida em razão mesma da sua natureza. A vontade é em si mesma, em essência, absolutamente livre; o reconhecimento e a realização desta liberdade, constituem todo o sistema do direito. O constrangimento e a violência, exercidos contra a vontade são, pois, em si mesmos (não se atendendo a sua legalidade) injustiças contra as quais se deve proteger a vontade. Não é senão, quando a vontade está em oposição imediata, direta, com a vontade universal ou o direito (luta contra autoridade do Estado ou de um fato contra outro) que ela aparece como injusta e então são permitidos contra ela o constrangimento e a violência. A posse não é, portanto, um direito como a propriedade, a obrigação e outros, mas simplesmente um fato, com a seguinte particularidade: de que é um

---

34. *Recht des Besitzes im Mittelalter und in der Gegenwart (Direito Possessório na Idade Média e na época atual).*

fato protegido contra a violência, por ser a manifestação positiva da vontade de que decorrem muitos direitos dignos de consideração. Em suma, vem a ser a liberdade e personalidade humana que recebem na proteção dada à posse a mais plena consagração jurídica.

Vários autores aderiram a esta doutrina;[35] é inegável que ela tem um quer que seja de sedutora, mas eu a reputo insustentável. Ainda que difira da doutrina de Savigny[36] em dar à proibição da violência um fundamento interno, a vontade concreta incorporada na posse, enquanto que Savigny a aplica à posse como um postulado externo da ordem jurídica, essa doutrina se confunde, entretanto, em última análise, com a de Savigny, como este mesmo notou com muita razão respondendo à Puchta (pág. 62).

"Eu também, diz ele, baseio a proteção na inviolabilidade da pessoa e na relação que se estabelece entre ela e a coisa submetida ao seu poder."

Todavia, eu duvido se o fato de transportar assim a injustiça da violência da esfera da ordem jurídica na vontade subjetiva não faz a opinião de Savigny, em vez de mais aceitável, mais errônea ainda.

Em todo caso, me é mais fácil conceber a proibição da violência sob o ponto de vista da ordem jurídica objetiva, que sob o ponto de vista da vontade subjetiva. Não se pode esperar a resolução de uma controvérsia sem se estabelecer preliminarmente o ponto de vista sob o qual se deve enfrentá-la. Esta observação tem alto valor para a questão que debatemos porque em relação a ela parece que longe se está da compreensão do ponto de vista sob o qual é preciso cada um se colocar.

Ora é o direito romano que se tem em vista, ora é um direito ideal qualquer que se acomoda às necessidades de momento. Eis porque me parece oportuno declarar que toda a discussão que se vai seguir é exclusivamente fundada no direito romano. Se eu conseguir, como espero, provar que a teoria de meus adversários não pode se conciliar com o direito romano, nem com sua especial doutrina sobre a posse, nem com outras suas doutrinas e princípios, ficará estabelecido que a tal doutrina de meus adversários poderá ter valor filosófico, jurídico ou

---

35. Especialmente Randa, *ob. cit.*, e também Rudorff na última edição do *Tratado de posse,* Savigny, pág. 581, Windscheid, *Pandectas,* § 148, nota 5.
36. Assim o reconhece também Windscheid, *loc. cit.*

legislativo (ainda isto mesmo eu contesto mas... concedo), mas não poderá com certeza atingir um valor histórico, a autoridade dogmática do direito romano – objeto único deste trabalho.

Estou de acordo com os meus adversários para admitir que a vontade é a *vis agens* de todo o direito privado. Mas a lei fixa a medida e os limites da vontade, esta não se faz um poder jurídico senão quando mantida dentro das raias que lhe são assinaladas por lei. Não é certo que mesmo fora dessas raias, sem a sanção do direito, e mesmo com contradição manifesta com ele, possa a vontade ter eficácia; seria pôr-se o direito em contradição consigo mesmo, dando-lhe eficácia fora dos limites que o próprio direito lhe traça. A meu ver não é senão engendrar um enigma, dizer-se que o fim do direito – que é garantir nos limites do possível a realização franca da vontade individual – tenha como conseqüência que "a vontade traduzida em ato deva ser juridicamente protegida contra toda a agressão não legítima, ainda quando essa vontade, fora da esfera do direito, se mantém num terreno puramente de fato" (Randa, pág. 86).[37] É preciso distinguir a personalidade e a relação injustamente constituída entre ela e a coisa. Aquela, a despeito de injustamente agredida, é sempre o que é, não perde o direito à proteção jurídica; mas não quer isso dizer que a personalidade possa, como um milagroso santo, legitimar, restabelecer, justificar o que é ilegítimo, duvidoso e impuro, e estender o manto de sua proteção jurídica sobre todas as relações injustas em que se incorpore a vontade.

Estas relações podem ser inteiramente distintas da personalidade: são seus efeitos, não são a própria personalidade – pode-se destruir a obra,[38] sem sequer ofender o artífice. Mas, dir-se-á, o ataque à obra é já por si uma injustiça!

É precisamente o que contesto.

---

37. Parece-me isso ainda mais incompreensível ante a sagacidade com que o autor, em continuação à fraqueza da alegação de Savigny em favor da qual a subtração violenta da posse é por si mesmo uma injustiça. — Veja-se mais acima. O seu suposto direito da vontade para ser protegido contra toda violência, ainda mesmo no caso de injustiça, não é outra coisa, com efeito, senão a repetição, debaixo de outra forma, da opinião de Savigny sobre a interdição da defesa privada, a transformação de um princípio jurídico objetivo em um direito subjetivo.

38. É em virtude disto que a consideração da personalidade proíbe ao credor maltratar o devedor fugitivo, mas não confiscar as coisas que possa encontrar com ele. L. 10, § 16. *quæ in fr. cred.* (42-8).

Essa é a idéia de Savigny sobre a injustiça sobre a injustiça formal de toda a lesão feita à posse, idéia que, a meu ver, não resiste a um exame em face do direito romano.

O Estado pode concorrer, e efetivamente concorre, para proibir e manter a violência em certos limites, ainda que esta seja praticada pela vítima do roubo ou do assalto contra o ladrão e o salteador.

Mas não é que o ladrão e o salteador tenham, de par com a absoluta liberdade de sua vontade, um direito irrecusável à proteção do gozo pacífico do produto do seu roubo ou assalto, é que a consideração legislativa e política de que a defesa privada é uma arma de dois gumes, faz com que seja o Estado o distribuidor da justiça.

Sob o ponto de vista do agente, não posso, no que me diz respeito, condenar a defesa privada e a própria história aí não chegou senão depois de ter atravessado a fase da subjetividade pura do direito. Que injustiça sofre o salteador se a vítima lhe subtrai a coisa roubada na primeira ocasião que lhe seja possível?

A vontade, diz-se, é livre, todo o constrangimento é contrário à sua essência. Não será por constrangimento que a autoridade pública tira violentamente a coisa do poder daquele que não tem direito a ela? Sim, respondem, mas isto se faz com todas as formalidades jurídicas. Não há dúvida, mas o fato do constrangimento não deixa de existir; a vontade, pois, não é tão absolutamente sagrada e inviolável, nem o constrangimento tão absolutamente condenável. A resistência da vontade ilegal contra o direito pode e deve ser destruída pela violência externa; o meio de atingir este fim é uma pura questão de forma, cuja solução satisfatória é um dos problemas mais controvertidos da administração da justiça. Mas, vejamos o direito romano sobre o assunto.

Perguntamos: a defesa privada e a violência são, de modo absoluto, injustiça inconciliável com a idéia da liberdade da vontade, tal qual a concebe o direito romano?

O direito antigo resolve negativamente esta questão.

Esse direito, longe de condenar em princípio a defesa privada, via nela, ao contrário, uma manifestação natural, uma conseqüência necessária da liberdade da vontade, exigindo apenas que esta se mantivesse nos justos limites e se exercesse de acordo com as fórmulas prescritas.[39]

---

39. Ver meu *Espírito do direito romano*, I, § 11.

Mas o próprio direito novo, sob a influência nacional antiga, dá à defesa privada extensão que se não concilia com a opinião que combatemos. O *possessor justus* tinha, até Justiniano, o direito de expulsar violentamente (desde que não fosse à mão armada) o *possessor injustus* que relutava; também o locador, e, em geral, o possuidor podia expulsar o que detinha em seu nome[40] e o ausente podia expulsar o que durante a sua ausência se apoderara do que lhe pertencia. Como conciliar estas teorias com a opinião de que a idéia dirigente de toda a teoria possessória é a inviolabilidade ou a libertação absoluta da vontade?

Pouco importa que os jurisconsultos romanos, de algum modo enfraquecendo a noção da posse, tenham atribuído esses casos, em todo ou em parte, à noção da defesa privada; o que é decisivo é que em todos eles a pessoa detém a coisa, e sua vontade de se manter nesse estado manifesta-se claramente e de maneira a não permitir dúvida pela resistência que fazem. Sofrem, portanto, essa injustiça que pretensamente encerra uma lesão absoluta da personalidade e contra a qual o direito não pode deixar de defender quem quer que seja, isto é, a *violência*. E, no entretanto, são obrigados a sofrê-la.

Pelo exposto se vê que no direito romano, longe de aplicar à doutrina da posse o elemento *formal* de uma injustiça, pousando unicamente na *violência*, guia-se pelo elemento *material* da relação jurídica que existe entre as pessoas. O mesmo ato de violência segundo se comete pró ou contra diferentes pessoas, pode ter apreciações distintas, derivadas das relações recíprocas dessas pessoas. Tudo quanto verificamos em relação à posse tem cabimento em relação ao *Direito das Obrigações*.

A admitir-se a doutrina que combatemos, isto é, esse falso ponto de vista sob o qual se considera a posse, teríamos que a todo possuidor de coisa alheia, ainda o ladrão e o salteador, deveria assistir, contra a subtração ou lesão dessa coisa, as ações criminais que aos casos correspondem. E isto se dá? Não! A *actio legis Aquilæ*, a *condictio furtiva*, a *actio furti*, a *actio vi bonorum raptorum*, não se lhes concede como em geral, a todo o *malæ fidei possessor;* e não só se lhas nega contra o proprietário, mas ainda contra terceiros.[41]

---

40. Esta conseqüência que eu sempre sustentei, acaba de ser amplamente desenvolvida por K. Ziebarth. *Die realexecution und die obligation*. (*A execução real e a obrigação*), pág. 57 e segs.
41. Veja para *actio leg. Ag.*, 1, 2, §§ 6 e 8, *ad, leg. Ag.* (9-2).

Ora, a questão de que se trata era mais nítida, em direito romano, em relação a tais ações, do que em relação aos interditos possessórios, porque nestes era mister resolver *ex professo* sobre a natureza delituosa do ato.

Se é em absoluto um delito tirar violenta ou clandestinamente uma coisa de outrem ou, ainda danificá-la e destruí-la, por que a pessoa lesada não pode lançar mão dos competentes remédios de direito? Notem a flagrante contradição em que caem os meus adversários!

As ações possessórias, cuja natureza criminal é, pelo menos, muito problemática, perseguem como *delito* um ato que tal classificação não tem nas ações, cuja natureza criminal ninguém contesta!

Temos exemplo na *violência*, em época anterior ao *Decretum Divi Marci*: o devedor vexado pelo credor por toda a sorte de exigências, ainda as mais brutais, não tinha contra este uma ação criminal, a injustiça sofrida pelo devedor, característica de violação à sua vontade livre, nada importava, em vista do direito material do credor.[42]

Do que dito fica, deveria claramente resultar, ao menos, que não será romana e sim moderna a idéia de dar à vontade ilegal uma posição inatacável, de que não poderá ser desalojada senão juridicamente e pretender que a vontade, ainda em contradição com as leis, pode e deve ser protegida, em consideração a ela própria. É impossível que tal pensamento dominasse os romanos na concepção da posse.

Para melhor nos convencermos disto, examinemos a concepção da posse pelos romanos. Se a relação exterior da posse não tem importância senão pela circunstância de que nela se incorpora a vontade e com ela é lesada; se por conseguinte, os interditos possessórios repousam na idéia da lesão da vontade, pode-se perguntar:

1°) Como se aplicam os interditos nos casos em que não se encontra lesão alguma da vontade e, antes, se cogita unicamente da existência ou não existência da posse?

Dois pretendentes a uma só herança, ambos os quais pretendem se apossar da mesma; chegam, por caminhos diferentes e ao mesmo tempo, à posse da herança: desejam saber qual deles adquiriu a pos-

---

42. Lei 12, § 2, *quod met.* (4-2).

se, se um só deles *in solidum* ou ambos conjuntamente. Não há dúvida que devem eles discutir a questão por meio do interdito *uti possidetis*, pois que ninguém vai obrigá-los à prática de uma violência exclusivamente para atestar uma violação à vontade. Dois copossuidores estão em desacordo sobre certa reparação a fazer-se e querem provocar uma decisão judiciária.

O Frag. 12, *Dig.*, Liv. 10, Tít. 3, dá-lhes o interdito *uti possidetis* para solução do caso, mas não exige a violência como fundamento do interdito.

O interdito *utrubi*, antes de Justiniano, permitia reclamar a posse mesmo contra terceiro possuidor que a não recebera de quem a pedia e sim de outra qualquer pessoa, porventura de modo inteiramente legal. A idéia de delito era também tão estranha a este interdito como à *reivindicatio*.

2º) Se é a vontade que se protege, e se a posse se apresenta apenas como manifestação da vontade, por que se exige nos interditos a condição da posse, quando a vontade do outro modo se manifesta?

Um caçador segue uma caça, outro a mata à vista dele: por que não se lhe dá uma ação contra este por haver frustrado a vontade por ele claramente manifestada? Em um teatro, alguém deixa sinal sobre uma cadeira; outro, desrespeitando o sinal, se apossa da mesma. A vontade de se apossar da cadeira por quem a assinalara estava francamente manifestada: mas quem poderá pensar neste caso em uma ação possessória?

Pouco importa que a vontade tenha por fim a detenção permanente ou provisória da coisa. Se a vontade por si mesma merece proteção, tanto deve ser respeitada em um como em outro caso.

3º) Quantas coisas incompreensíveis, pois, mesmo na teoria da posse! Por que deixará de haver posse sobre as coisas dela não suscetíveis? Por que se nega ação ao filho-família, capaz de querer? Por que se negam os interditos e até proteção aos que possuem em nome alheio? Em todos estes casos, a vontade é incontestável, existe do mesmo modo que no caso do ladrão e do salteador, e se para *estes*, a natureza jurídica de suas relações com a coisa nenhuma influência tem em razão da natureza da vontade, por que não há de ser também assim nos outros casos acima referidos? É com motivos merecedores de piedade (porque não convencem) que se procura encobrir ou mesmo salvar as aparências de tão palpável contradição. Não é sempre certo que o detentor conheça a razão porque se lhe não reconhece a posse jurídica.

Um filho-família que, por notícia certa ou pelo menos digna de fé, de que seu pai faleceu, se considera chefe da família, tem sem dúvida o *animus possidendi*. Entretanto não poderá usar de interditos que em tal qualidade lhe assistem, se se demonstra que seu pai vive ainda.

Conheço o caso de um negociante de madeiras que estava convencido de ser proprietário de um terreno em que depositava suas madeiras desde muitos anos, ficando, porém, provado mais tarde que parte deste terreno era *locus publicus*. A autoridade comunal convidou-o a desocupá-lo, desocupando-o à força por se haver recusado.

A violação ou lesão do *animus possidendi* é nesse caso indubitável e, não obstante, o possuidor foi coagido a perder a posse em razão de não ser a coisa por ele possuída suscetível de posse. O herdeiro que ignora que seu antecessor não era senão rendeiro da herdade, deve se julgar proprietário dela; tem, pois, igualmente o *animus possidendi* ou *domini*. Mas que direito lhe assistirá, se o proprietário lhe faz ver a verdade?

Mas, ainda admitido que o detentor conheça a razão porque se não lhe reconhece a posse jurídica, não vejo a conseqüência que daí se tira, desde que não se considera senão a vontade como tal. Por que as pessoas que, como o rendeiro ou locatário, têm direito ao gozo da coisa, direito relativamente protegido e transmissível a seus herdeiros, não poderão aspirar por sua vontade, em relação a esse gozo, ao mesmo reconhecimento e à mesma proteção que o precarista, sempre exposto a uma reivindicação, que o credor anticrético, o qual pode ser posto à margem pelo pagamento, ou que o usufrutuário, que não pode transmitir seus direitos a seus herdeiros?

É uma sutileza vã objetivar-se que essas pessoas não têm a *vontade de possuir*. De ordinário não têm a menor noção da diferença que existe entre a detenção e a posse jurídica e a sua *vontade de possuir* em nada difere daquela das outras pessoas acima indicadas.

Dir-se-á que não pode ter essa vontade. Daí resultará que o motivo pelo qual se recusa a posse, não está na sua vontade, mas nas regras de direito.

Não tem a posse, porque não tem a vontade; e por que se lhes não reconhece a vontade? Porque o direito não lhes reconhece a posse! Bruns (pág. 494) dá como explicação que o comodato e o arrendamento não dão direito real e nem, por conseguinte, imediato sobre a coisa.

Mas eu perguntarei se o precarista tem o direito real! Ele não tem mesmo o direito relativo que tem o rendeiro, o objeto precariamente possuído pode a todo o instante ser-lhe tirado. E, entretanto, ele tem a posse jurídica!

Eu creio, por momento, que o direito romano não se pronunciasse sobre as relações possessórias destas duas pessoas, ninguém se lembrará de deduzir tal pronunciação da idéia de liberdade e da inviolabilidade da vontade. O rendeiro não tem, em direito romano, remédio algum possessório e este é o direito romano primitivo, desde a origem de Roma, mesmo para os rendeiros do *ager victigalis*; só muito mais tarde estes obtiveram por um edito do Pretor remédios possessórios e petitórios.

Semelhante inovação fez-se em obediência à *vontade* do rendeiro? Teria esta assumido tal importância jurídica que obrigasse o Pretor a reconhecer os rendeiros como possuidores?

Será difícil admitir que o rendeiro de um *ager victigalis* possa ter uma vontade diferente da vontade dos demais rendeiros?

Na refutação que precede, não compreendo senão os principais defensores da opinião que combato e, certo, se me não exigirá que faça conhecer todas as variações e coloridos com que tal opinião é reproduzida pelos mais recentes autores.[43] Julgo porém, dever fazer uma exceção para Windscheid, que se apresenta sustentando-a de modo diverso dos outros. Todo o indivíduo, diz ele, em suas *Pandectas* (I, pág. 365) é igual aos outros perante o Estado, ninguém se considera em nível superior aos demais.

Toda a vontade que de fato se realiza na posse tem como tal, e abstração feita da justiça de seu objeto, um valor igual ao de outra qualquer vontade isolada que quisesse dominar a coisa; se outra vontade isolada tenta realizar-se na posse, aquela pode invocar a decisão dos órgãos da ordem jurídica estabelecidos pelo Estado.

---

43. Quanto à opinião de Lenz, *Das Recht des Besitzes und seine Grundlagen* (*O direito possessório e seus fundamentos*), veja-se, Windscheid, *Pandekten,* § 150, nº 1.

Mas onde está o motivo determinador deste recurso, se toda a vontade tem exatamente o valor de qualquer outra?

Efetivamente, neste caso, como em todos os mais em que a vontade se baseia sobre a vontade, a força sobre a força, é a preponderância da força que decide. Não se me objete que o precedente possuidor pode valer-se de que já exerceu sua força, cujo resultado (a posse) deve ser respeitado.

Seria aceitável semelhante objeção, se o tal possuidor tivesse o direito de seu lado, no ato de apropriar-se da coisa, ao contrário se, por exemplo, o salteador que se vê roubado por outro salteador mais forte, vale-se somente da sua posse, isto é, do fato do emprego de sua força, seu adversário lhe poderá opor o mesmo argumento: o fato é todo a favor dele. Se se assenta a posse unicamente sobre a vontade de fato, se se a desprende assim de toda a sua relação com o direito, ela nada mais será que uma conquista da força e, em vão, se pedirá regras ao direito (exemplo: *in pari causa condictio possidentis melior est*) para evitar que a força vença a força. Com o auxílio da simples vontade de fato, é impossível constituir a posse.

A vontade que contraria o direito não pode pretender proteção e se o direito é forçado a protegê-la por atenção à posse, teremos de procurar a razão dessa proteção, não na própria vontade, mas em outra parte.

Capítulo V
Ainda as teorias absolutas

2. A TEORIA DE STAHL

Na opinião de Stahl[44] a posse traz em si mesma o cunho de sua importância jurídica. Stahl, pois, enuncia uma opinião absoluta.

A posse, assim como a propriedade, diz ele, satisfaz o destino geral do patrimônio, serve para satisfação das necessidades humanas por meio das coisas. É de necessidade, pois, conceder-lhe uma proteção jurídica, diferente, entretanto, da que se concede à propriedade, isto é, não será uma garantia *da própria coisa,* que vigoraria, portanto, contra todo detentor da coisa, mas simples e unicamente uma garantia do *estado de fato,* vigorando apenas contra quem faz cessar tal estado por qualquer *ato positivo,* como seja o delito. O intuito do possuidor é conservar o *estado de fato* das coisas. A instituição da posse nada mais é que uma regularização provisória ou subsidiária dos mesmos princípios, cuja verdadeira e definitiva regularização é a instituição da propriedade.

Eis o motivo porque deve estar sempre a posse em relação à propriedade.

---

44. *Die Philosophie des Rechts,* vol. 2º, seção I, pág. 364 e segs. da 2ª edição.

O fundamento da proteção da posse, portanto, na opinião de Stahl, repousa no interesse econômico, mercantilmente estimável, que a posse ou mesmo a simples detenção possa encerrar. Tal interesse é, eu o reconheço, incontestável no que particularmente respeita ao possuidor; para o emprego econômico que ele queira fazer ou efetivamente faça da coisa, pouco importa que ele *possa* ou não fazer; se se lhe subtrai a coisa, o possuidor será economicamente lesado. Mas semelhante ponto de vista do interesse econômico puro e exclusivo não é corrente em direito. A este interesse deve-se ainda acrescentar uma *razão*, que autorize o possuidor a *querer* ser protegido juridicamente. Na falta dessa *razão*, o direito recusará proteção à posse, e o interesse econômico será meramente de fato; existindo tal *razão*, o direito concede a proteção, elevando assim o simples interesse à categoria de *um direito*.

Considerando as relações das pessoas com as coisas, o direito romano subordina essa proteção à noção da propriedade, isto é, à prova das condições que são determinadas na teoria sobre os modos de aquisição da propriedade. O intuito, o fim do direito, é realizar o estado que de fato corresponda à noção jurídica da propriedade, isto é, assegurar a posse ao proprietário.

É fácil de conceber-se que, no interesse da ordem pública, o direito proíba toda a perturbação arbitrária do estado de fato das coisas – exemplo, a medida policial que proíbe algazarras noturnas; mas não se infere daí que, após uma perturbação feita pelo proprietário ao possuidor, a decisão que viesse firmar as suas relações se devesse limitar unicamente a decidir o estado de fato ou apenas regulá-las de um modo provisório em razão de não ser lícito ao proprietário, para se defender, prevalecer-se de sua propriedade. Acima do interesse de conservação de um puro *estado de fato* está o do restabelecimento do *estado de direito*, e se a missão da polícia é limitar-se ao primeiro, repugna à missão do juiz fazer-se surdo ao direito, ouvindo e atendendo unicamente aos fatos.

O próprio Stahl bem compreendeu isto, e eis porque ele acha na exceção peremptória da propriedade, pretensamente adotada na prática judiciária germânica contra o possuidor, um progresso no desenvolvimento da teoria possessória; enquanto que esta inovação, se realmente existisse, o que é inadmissível, seria o abandono completo da noção da posse em direito romano. E é unicamente desta e não de uma noção arbitrária que se trata aqui.

Há ainda um outro ponto na teoria romana da posse que não se pode conciliar com a doutrina de Stahl. É essa antítese, fatal a tantas outras tentativas de explicação, entre a posse jurídica e a simples detenção.⁴⁵ Se a conservação do estado de fato é o fundamento e o fim da proteção da posse, por que o direito romano restringe essa proteção ao possuidor que tem posse jurídica? Atendendo-se apenas ao interesse econômico da pessoa, o do locatário e do rendeiro não é menor do que o do ladrão ou salteador; se se atende ao pretenso motivo filosófico-jurídico da posse ou destino do patrimônio de servir às necessidades do homem, é forçoso convir que as coisas tanto preenchem esse fim nas mãos de um, como nas de outro. São precisamente estes os dois traços característicos da teoria possessória romana: a exclusão da questão de direito do processo possessório e a distinção entre a posse jurídica e a posse natural, que continuam a ser para Sathl verdadeiros enigmas insolúveis.

E, todavia, Sathl não se distanciara muito do verdadeiro caminho!

Se ele prosseguisse na *relação constante da posse com a propriedade*, que ele próprio estabelece e enuncia, teria com certeza atingido o seu fim. Mas essa idéia não apareceu em seu espírito senão como

---

45. Julgamos conveniente para esclarecer o pensamento de Ihering sobre a posse, trasladar as interessantes observações que em outro livro se faz com relação a terminologia da posse. "A nossa terminologia atual, diz ele, como a dos juristas romanos, apresenta uma imperfeição, cujos efeitos experimentei vivamente no curso de minhas investigações. Citarei, antes de tudo a falta de precisão que resulta da ambigüidade da palavra *posse* (possuir, possuidor). Semelhante ao termo latino *possessio*, aplica-se às vezes à posse natural e à civil, o que no caso em que se quer distingui-las obriga a acrescentar um qualitativo. Eu não empregarei senão uma única palavra, para designar cada uma das duas relações. Chamarei a posse natural *detenção*, e designarei a civil com nome de *posse*. Por posse e possuidor será preciso entender-se sempre a posse e o possuidor jurídico. Para designar a relação comum do detentor e possuidor com a coisa, conservarei a expressão tradicional *relação possessória* que não se presta ao equívoco desde o momento em que se designa posse e detenção por meio de expressões especiais. Com a mesma significação geral sirvo-me da frase: *vontade de possuir*. Quando se trata de possuidor falarei do *animus dominus*". Depois Ihering fala da imperfeição da terminologia para exprimir as diferentes relações da detenção, segundo têm-se por si ou por procuração, ou em depósito, e faz o seguinte esquema da *relação possessória:* [Relação possessória: I – posse; II – detenção; 1ª) absoluta; 2ª) relativa (*dominus possessionis*, titular da posse); a) por procuração; b) interessada.] — Pode-se ver mais detalhes sobre o assunto na obra *Besitzwille (A vontade na posse).*

um lampejo, um pressentimento momentâneo da verdade, cujas conseqüências por descuido não foram por ele deduzidas. É na verdade, em geral, um traço distintivo deste grande espírito que as idéias muitas vezes se sucedem e reciprocamente se buscam, e que, ao lado das que ele próprio declara decisivas, procurando demonstrá-las, encontra-se gérmens de idéias completamente heterogêneas.

CAPÍTULO VI
A POSSE É UMA POSIÇÃO AVANÇADA DA PROPRIEDADE

1. INEFICÁCIA DA PROTEÇÃO DA PROPRIEDADE SEM A PROTEÇÃO DA POSSE

Passo, agora, à exposição de minha própria opinião. Eu a resumo na seguinte proposição: *a proteção da posse, como exterioridade da propriedade, é um complemento necessário da proteção da propriedade, uma facilidade de prova em favor do proprietário, que necessariamente aproveita também ao não proprietário.*

A idéia de pôr a posse em relação com a propriedade não é nova, como se demonstrou na exposição que nos precedeu.

A posse é o *exercício da propriedade*, é a propriedade *presumida, possível, em começo*; está em relação constante com a propriedade: o próprio Savigny, que afinal não perfilha esta doutrina, lhe reconheceu um certo grau de verdade; talvez mesmo não tenha ela deixado de influir sobre a sua descoberta do *animus domini*.

Mas o modo pelo qual se tem procurado até aqui explicar tal conexão não é satisfatório, a meu ver; eu também sigo caminho diverso no estudo que se segue.

Esta nova tentativa parecerá, à primeira vista, ir de encontro ao modo pelo qual os jurisconsultos romanos repelem qualquer confusão da posse com a propriedade. *Nihil commune habet proprietas cum possessione,* diz Ulpiano, *Dig.*, Liv. 41, Tít. 2°, Frag. 12, § 1°; Venuleius diz, *loc. cit.*, Frag. 52, *permisceri causas possessionis et ususfructus notu apartet quemadmodum nec possessio et proprietas misceri debeat;* e no Frag. 1° *Dig.*, Liv. 43, Tít., 17, Ulpiano ensina, como introdução do interdito *uti possidetis* – *quod separata esse debet possessio a proprietate.* Mas em que sentido são empregadas essas expressões? Em sentido tal que de modo algum fere nossa opinião, isto é, no sentido da independência *prática e dogmática* da posse para com a propriedade. O direito é indiferente na questão possessória, exclui-se toda questão relativa à propriedade em se tratando de matéria possessória – por nossa parte chegamos a iguais resultados. Mas outro será o resultado, desde que consideremos *legislativa ou filosófico-jurídica* essas duas instituições e é deste ponto, de que os jurisconsultos romanos jamais cogitaram, que aqui se trata.[46]

A proteção da posse é um postulado da proteção da propriedade, é o complemento necessário do sistema de propriedade entre os romanos.

Menos que qualquer outro, me disponho a considerar a propriedade como a única justificação prática ou lógica da relação do homem com as coisas; acho, porém, que desde o momento que tal sistema vigora, a proteção da posse é um complemento indispensável.

Eu poderia figurar um estado jurídico, unicamente fundado na posse, isto é, um estado em que o detentor da coisa não fosse protegido pelos remédios possessórios e pelas *actiones delicti,* senão contra quem flagrantemente embaraça suas relações com a coisa, sem que lhe assista a *reivindicatio* contra terceiros e este estado seria, com aplicação a *todas* as coisas, a mesma relação jurídica que se tem para com o *dinheiro* e tudo mais que entra em nosso domínio.

Mas não posso conceber praticamente um estado jurídico baseado unicamente na propriedade romana, com exclusão dos interditos

---

46. Quando muito se poderá citar as palavras de Nerva: *Dominium rerum ex naturali possessione capisse.*

possessórios, isto é, um estado em que seria necessário fazer prova da propriedade para reprimir uma violência.[47]

Veja-se a que resultado nos levaria tal modo de ver. Em toda perturbação possesória o proprietário deveria prevalecer-se de sua propriedade e não de sua posse; deveria, portanto, em cada caso ocorrente fazer prova daquela, ainda no caso de roubo ou de *damnum injuria datum* e a viabilidade de uma ação dependeria da prova de sua propriedade; mesmo na *condictio furtiva* e na *actione legis Aquiliæ*. De tal modo chegaríamos a prescrever todos os que não pudessem fazer prova de sua propriedade.

Mas, poderão objetar, o direito romano efetivamente subordina estas *actiones delicti* à prova de propriedade, a *condictio furtiva* é expressamente restringida ao proprietário[48] e a *lex Aquiliæ* não concedia a ação de *damnum injuria datum* senão ao *heros*, isto é, ao *dominus*.[49]

É certo, mas daí se segue que o autor devia provar sua propriedade?

Esta conseqüência é tão necessária quanto a minha pergunta tem o efeito de uma *quaestio Domitiana*.

E, entretanto, não só acho seria a questão como também não hesito em responder negativamente!

É um erro generalizado acreditar-se que o autor devesse fazer prova de todas as condições *positivas* de sua ação, de modo que o elemento de fato da coisa fosse sempre acompanhado da competente prova.

É bom refletir-se sobre a força deste axioma: uma condição do *mutuum* é a propriedade do dinheiro (*Dig*. Frag. 2º, § 4, Liv. 12, Tít. 1º); ao adaptar-se a doutrina supra o mutuante deveria provar que o dinheiro era seu na *condictio ex-mutuo*. Entretanto ninguém acreditará que jamais os juízes romanos exigissem tão absurda prova.

Mas então, dir-se-á, para que tal condição de propriedade, se ela não é tomada em consideração?

---

47. Arndts ("Zeitschr, für Civilr. und Process", *Revista de direito e processo civil*, Nova série III, pág. 414) diz, em sentido contrário: "Um sistema jurídico que não desse à posse, simplesmente como tal, nenhuma proteção jurídica, teria com certeza sensível lacuna, mas não estava impossibilitado de atingir o fim da propriedade, porque a ação reivindicatória fica sempre salva."
48. *Dig*. Frag. 1º Liv. 13, Tit. 1º, *In re furtiva soli domino condictio competit*.
49. Frag. 11, § 1º, Liv. 7, Tít. 2 – *Legis autem Aquilia actio hero competit*, isto é, *domino*.

Não há dúvida que ela é tomada em consideração, mas não em relação ao autor e sim em relação ao réu, isto é, como matéria de defesa. Para o autor basta a prova de que entregou o dinheiro; é sobre o réu que recai, se contesta a validade do *mutuum* por falta de transmissão de propriedade, o ônus de fazer a sua prova (*Dig.*, Frag., Liv. e Tít. cit., Frag. 13 § 1º *Admonitus creditor alienos nummos fuisse*). Este meio de defesa, aliás dispensável, porque a entrega do dinheiro fazendo, como conseqüência, presumir-se a transmissão da propriedade ao réu, não lhe é concedido em direito como elemento de chicana, mas sim para prevenir o caso em que o autor houvesse emprestado dinheiro alheio e houvesse este sido evicto ao réu pelo verdadeiro proprietário.[50]

Sem a condição da transmissão de propriedade, mesmo neste caso, o *mutuum* seria absolutamente obrigatório e no antigo direito, que como se sabe, não admitia exceções, deveria ser forçosamente condenado o réu, em vista da existência das condições do *mutuum*. Sob o ponto de vista da propriedade, pois, não havia senão uma espécie de exceção que o antigo direito *ipso jure* outorgava ao réu em caso muito especial.[51]

A condição da propriedade tem ainda a mesma significação em outros casos como, por exemplo, no *legatum per vindicationem*.

Para ser válido este legado era preciso que o testador fosse proprietário da coisa legada.[52]

Se esta condição quisesse significar que o legatário era obrigado, ele que documento algum possuia, a provar ao herdeiro que o testador era proprietário, teríamos, que na maioria dos casos ficaria sem efeito tal legado.

---

50. Um exemplo, no Frag. 1º, § 1º *Dig.* Liv. 45, Tít. 3º... *nummi tui manebunt vindicando, ergo eam pecuniam tu consequi potes.* Frag. 15 *Dig.*, L. 34, Tít. 5.
51. Veja-se meu *Espírito do direito romano,* vol. IV, pág. 62, uma exposição detalhada desta forma de defesa do antigo processo: dei ali o mesmo exemplo que aqui. Um outro exemplo que ali não citei, se contém no princípio de que o herdeiro e em geral toda a pessoa obrigada, não responde para com o legatário senão na medida do que recebeu. Frag. 1º, § 17, Liv. 36, Frag. 114, § 3, Liv. 1º, Tít. 30. Segundo este princípio – *neminem opportere plus legati nomine præstores, quam ad eum ex hereditate pervenerit* – o legatário devia provar que a herança é suficiente para pagamento dos legados – ele que não sabe em que consiste a herança! Mas sob esta fórmula há apenas uma exceção que ao herdeiro cumpre alegar e provar. Frag. 70, § 1º, Liv. 31 – *non est audiendus, si velit computare*.
52. Ver *ob. cit.*, vol. II, págs. 350 e 351.

Ainda neste caso a disposição citada tinha por fim oferecer ao herdeiro uma exceção válida para chegar ao conhecimento de que o testador houvesse legado o que não possuia, mas esta exceção mesmo devia ser cumpridamente provada e não simplesmente alegada.

É da mesma sorte que a jurisprudência romana exigia para validade de um ato do escravo em nome do senhor, que este provasse a sua propriedade sobre o escravo. Ninguém dirá que o autor fosse obrigado a provar cabalmente a sua propriedade, desde que se convencesse que o réu a contesta apenas por espírito de chicana.

Em outro caso deveria dizer-se o mesmo das ações noxaes que também se dirigiam contra o *dominus*.[53] Ora, é fora de dúvida que tal prova nunca foi exigida, mas que, ao contrário se considerava proprietário o simples possuidor do escravo – *o proprietário de fato,* em meu sistema.[54] Somente o credor pignoratício e o precarista são excetuados – *licet enim juste possideant non tamen opinione domini possident,* isto é, eles não se presumem proprietários. Daí resulta que é unicamente a atitude do autor e nunca a persuasão de ser ele o proprietário que torna exigível a condição da propriedade. O que é indubitável é que o próprio *malæ fidei possessor* tem ação. Dá-se o mesmo com os contratos feitos pelos escravos; seu senhor, independentemente de qualquer prova, era havido como proprietário e ao réu cumpria provar que ele o não era, se com tal alegação pretendia invalidar os contratos feitos pelo escravo. Justiniano foi mesmo até a recusar ao réu esta prova em contrário, afirmando que era de absoluto valor probatório a declaração contida no instrumento do contrato de que o escravo pertencia ao autor.[55] Estas provas, às quais eu poderia acrescentar outras muitas tiradas de outras matérias, podem oferecer um ponto de apoio para a solução da questão do sentido que possa ter tido a condição de propriedade na *condictio furtiva* e na *actio legis Aquiliæ.*

Esta condição não tinha outro sentido, a meu ver, senão permitir ao réu subtrair-se à ação provando que a coisa pertencia não ao autor, mas a um terceiro.[56]

---

53. Ver os termos da Lei das XII Tábuas, no Frag. 2º, § 1º, *Dig.* Liv. 9. Tít. 4 – *si servus scienciæ domino,* etc. e os numerosos textos deste título que falam sobre o *dominus.*
54. Frag. 28, *ibid, ipso jure noxalis actio contra eum competit.*
55. Frag. 14, *Dig.* Liv. 8, Tít. 38 – *tales scripturas omnifariam esse credendas.*
56. É indiferente aqui que depois se tenha dado para o *damnum injuria datum* mesmo ao *bonæ fidei possessor,* uma ação *in factum,* isto é, uma pretensão independente que podia ser prejudicada por esta prova contrária. Ver Liv. II, § 8, *ad. L. Ag.,* Liv. 9, Tít. 2.

O réu nestas ações, provando que a coisa não pertencia ao autor, fazia exatamente como o réu na *act. furti* que podia ilidir a ação, provando que o autor roubara a coisa[57] demandada e, portanto, *nenhum direito* lhe assistia a ela.

Sei perfeitamente que esta opinião, precisamente porque não se acha do modo formal enunciada nas fontes, não parece aceitável para aqueles que exigem para todas as asserções uma prova diretamente tirada nas fontes e não admiraria de ouvir um estudante, na aula de prática, impor ao autor a prova de sua propriedade no caso em que esta fosse contestada pelo réu em uma *actio mutui* ou em uma *condictio furtiva* e mesmo em uma *actio legis Aquiliæ*. Mas acho tal erro impossível para um prático; estou convencido, ao contrário, de que, sem mesmo ser a isto levado por nossa teoria, ele próprio aplicaria o princípio consagrado no art. 2.230 do Código de Napoleão: *On est toujours présumé posséder pour soi et à titre de propriétaire, s'il n'est prouvé qu'on a commencè à posséder pour un autre.*[58]

Qual vem a ser agora o resultado do que dito fica para a questão dos interditos possessórios? Ei-lo, a meu ver.

O direito romano concede ao proprietário a *condictio furtiva* e a *actio legis Aquilæ*, mas lhe facilita a prova delas, contentando-se com a demonstração do simples *estado de fato* (exterioridade da propriedade), isto é, da posse: *o possuidor é tido por proprietário até prova em contrário.*

A facilidade de prova dada ao proprietário nas ações sobreditas existe também para a posse, mas a possibilidade deixada ao réu de prejudicar a prova do autor, firmando a propriedade ao seu favor ou

---

57. Lei 12, § 1, de *furt.* (47-2).
58. Veja-se também o art. 2.279: *Em fait de meubles, possession vaut titre.* A presunção de *possuir por si* existia igualmente na prática romana, como se vê neste texto de Paulo: *sufficit ad probationem, si rem corporaliter teneam. (Sent. Rec.* Lei 1, § 2º). (*) O princípio do Código Napoleônico manteve-se em alguns códigos modernos com a mesma explícita clareza. Assim, por exemplo, segundo o art. 481 do Código Civil português, a posse pode se adquirir e exercer-se tanto no próprio nome, como no nome de outro, porém, "no caso de dúvida presume-se que o possuidor possui em nome próprio." Não acontece o mesmo com o Código Civil espanhol. Semelhante presunção não está claramente admitida nele. Segundo o art. 439 "pode-se adquirir a posse pela própria pessoa que a disputa, por seu representante legal, por seu mandatário e por um terceiro sem mandato algum, porém, neste caso não se entenderá adquirida a posse até que a pessoa em cujo nome se tenha verificado o ato possessório, o ratifique."

a favor de outrem, é em princípio excluída nas ações possessórias – Esta exclusão em princípio, da questão da propriedade, imprime à posse o seu caráter particular. De onde vem esta diferença? Na *actio delicti* supra referida, o autor do delito que restitui a coisa roubada ao suposto proprietário ou que satisfaz o dano causado, não fica por isso isento de responsabilidade para com o verdadeiro proprietário,[59] e esta circunstância, se lhe recusa a prova em questão, expô-lo-ia ao perigo de pagar duas vezes a mesma coisa. O réu nas ações possessórias não tem jamais de recear tal perigo. A restituição da posse ao autor, mesmo não proprietário e, no caso vertente, a cessação de toda a turbação ulterior, opõe-se ao abrigo de qualquer nova ação fundada em tal fato.

De acordo com o que dito fica, pode-se considerar a posse como uma posição, como um reduto da propriedade. Não é por ela que se lhe concede proteção, é em consideração à propriedade. Na posse, o proprietário se defende contra os primeiros ataques ao seu direito. Neste terreno não se dá uma batalha decisiva para a propriedade, mas uma simples escaramuça, uma guerrilha em que, para continuar a comparação, não é necessária a grossa artilharia, mas basta a arma branca": – contra o ladrão e o salteador não se emprega o canhão!

Foi, pois, em atenção à propriedade que se introduziu a proteção da posse. Mas era impossível conceber tal proteção ao proprietário, sem que dela se aproveitasse também o não proprietário. E, efetivamente, se a prova realmente necessária da propriedade limita-se a demonstração da sua exterioridade, esta facilidade reverte em vantagem de todo indivíduo que está nas circunstâncias de se prevalecer de tal elemento. Desta sorte, adquire a posse em relação à propriedade uma independência tal que, em lugar de servir exclusivamente à propriedade, pode também lhe ser contrária. O mesmo serviço que a posse presta ao proprietário que possui – de protegê-lo facilmente contra qualquer força estranha, igualmente presta ao *não proprietário* que possui, e isto até contra o *proprietário* que não possui.[60]

---

59. *Dig.* Frag. 76, § 1º, Liv. 47, Tít. 2. *Cum posteriore fure dominus furti agere potest, fur prior non potest... sed et condictionem (habet) quia ex diversis factis tenentur.*
60. Frag. 4, § 26, *Dig.*, Liv. 41, Tít. 3º *Si dominus fundi possessorum vi dejecerit... interdicto unde vi restiturus sit possessionem.*

A inteligência exata desta relação é, na minha opinião, o verdadeiro ponto saliente de toda a teoria possessória. Considerando-se essa relação com o aspecto normal da posse, chega-se fatalmente às teorias supra referidas, que procuram o fim da posse na própria posse; se, ao contrário, como eu, se considerasse como fim da posse a facilidade de prova, introduzida como um favor ao proprietário, tal relação viria a ser um simples complemento. Para os defensores da primeira opinião, esta relação é o *fim da* posse, para mim, vem a ser uma *perigosa, mas inevitável conseqüência:* o tributo que a lei deve pagar para conseguir dar ao proprietário uma proteção fácil de sua propriedade e unicamente introduzida em benefício seu.

Há um paralelismo frisante entre a posse e os títulos ao portador. Estes devem sua introdução ao mesmo motivo, à simplificação e facilidade da prova que é, a meu ver, a base principal da proteção dada à posse. A prova de que se é credor de um título ao portador, é a apresentação dele. Mas, precisamente por isso mesmo, tal vantagem aproveita ao ladrão e ao salteador, tanto quanto ao verdadeiro proprietário.

Da mesma maneira, uma instituição criada para o *verdadeiro* interessado nela pode se lhe tornar desvantajosa, porque permite também ao não interessado realizar à sua sombra as pretensões que tiver.

Mas, quem pensará concluir daí que o fim dos títulos ao portador é facilitar ao ladrão e ao salteador a abstenção dos papéis de valor? Todos vêem neste ponto a distinção que é preciso se fazer entre as conseqüências de uma instituição, nascidas da vontade do legislador e as conseqüências que, não nascendo de sua vontade, ele *não podia evitar*.[61]

É certo que na prática esta distinção não tem importância alguma, porque todas essas conseqüências são semelhantemente protegidas nas leis. Mas, se o jurisconsulto eleva as suas vistas até as razões legislativas ou jurídico-filosóficas de uma instituição, esta distinção se lhe impõe de modo tal que, se ele a perde de vista, se exporá aos mais grosseiros erros e será levado a supor no legislador os mais absurdos intuitos.

---

61. Desenvolve-se na presente edição o ponto de vista apenas indicado na primeira. Julguei suficiente indicá-lo e justificar, às vezes, a consideração legislativa que se pode fazer. Mas a experiência mostrou-me que estava em erro, e que não é supérfluo desenvolver uma verdade que me parece ser de uma evidência palpável.

É uma verdade, de longa data conhecida, que as instituições humanas, ao lado de suas vantagens, encerram também inconvenientes e desvantagens que devem ser relevados, se se quer aproveitar os benefícios dessas instituições; o historiador e o jurisconsulto que quiserem julgar uma instituição dever-se-ão guiar em suas apreciações com a consideração que faz Cícero quando aprecia o *Tribunato* romano.

Fateor, – diz ele em seu tratado *De Legibus*, III, cap. 10, *in ipsa ista potestate, in esse quidam mali, sed bonum, quod est quæsitum in ea, sine isto malo non haberemus*.

O valor prático de uma instituição não se determina pela circunstância de que ela não apresenta senão vantagens, mas pela balança que se estabelece entre as suas vantagens e desvantagens e a preponderância daquelas sobre estas.

Este ponto de vista deve ser decisivo, não só para o legislador, como também para o historiador, e para o jurista-filósofo. Se, pois, este último considera as vantagens como conseqüências queridas pelo legislador e as desvantagens como conseqüências não queridas por ele, mas inevitáveis,[62] nenhum homem ilustrado lhe exigirá que justifique a sua distinção com texto legislativo expresso. Difícil seria a concepção de uma instituição jurídica se tivesse sempre subordinada ao testemunho dos textos. Qual é, por exemplo, a lei nova que nos mostra a dupla filosofia dos títulos ao portador?

---

62. "Pode haver também outro ponto de vista, diz A. Posada, *loco citato*. Toda instituição que acarreta condições em que se há de realizar um direito, implica um sujeito ativo que o cumpra, livre e espontaneamente, mas em virtude do elemento psicológico interno que toda a atividade jurídica supõe, e em virtude do qual esta se elabora na consciência do sujeito, as condições *exteriores,* que são as que imediatamente se refere, e as que podem regular a instituição como tal (obra externa, sensível), podem dar-se sem que o sujeito seja *real e positivamente* o sujeito do direito existente nas relações. Ora, atendendo-se aos dados exteriores, as relações podem aparecer como jurídicas em virtude de semelhantes dados; mas como o direito *social,* ou antes, as garantias que o Estado presta socialmente ao nome do direito, não se adiantam tanto que se *imponham* e *conheçam* todo e qualquer sujeito em sua intimidade; daí a razão que sem que a *ordem exterior* acondicionada pela instituição se perturbe (paz material, mecânica), a vida seja ou possa ser vida contrária ao direito. É por esse motivo, que para explicar-se o fenômeno *humano* do texto, além de atender ao balanço de vantagens e inconvenientes da instituição jurídica, é necessário atender-se a esta condição geral das mesmas, que se funda na *ineficácia das leis,* e à mecânica exterior, sob a qual se cumpre (ou não se cumpre se bem que o pareça) o direito. Na vida jurídica do Estado, é de rigor nunca esquecer-se que fica completamente fora de sua ação o elemento interno ou de consciência, ponto de apoio de toda relação verdadeiramente jurídica."

É que isto vem a ser pontos que devem ser descobertos e determinados pela ciência, isto é, pela apreciação inteligente das relações da vida e dos fins do comércio. Pode-se indagar se em tal ou qual caso particular, será justa tal apreciação, mas contestar à ciência o direito de fazer esta distinção seria lhe recusar o direito de fazer outra coisa que não seja repetir servilmente o texto da lei. Se se acoima de arbitrário o sistema que eu aplico à posse, em razão de que não cito nenhum texto de lei em seu apoio, eu permito a meus adversários colocarem-se na cômoda posição que se segue: a posse do ladrão é protegida pelo nosso direito positivo assim como a posse do homem honesto, e por isso a teoria dominante pode assentar sua doutrina sobre a posse do primeiro, isto é, sobre a noção abstrata da vontade (que na realidade não é outra coisa que o direito do ladrão e do salteador) com tanta razão quanto eu fundo a minha sobre a posse do segundo.

Isto posto, vejamos como será combatido o raciocínio que se segue, modelado nos mesmos princípios.

Uma sentença judiciária vigora ainda quando converte o direito em injustiça e a injustiça em direito. Segue-se daí, direi eu, que o fim das sentenças judiciárias é converter a injustiça em direito e o direito em injustiça; e, da mesma sorte que se pretende ver na proteção da posse do ladrão e do salteador o triunfo da idéia da vontade abstrata, pode-se também ver no supra referido efeito da sentença o triunfo da onipotência judiciária, o poder ilimitado da lei que não conhece resistência capaz de a deter.

E por que não poderíamos falar também de um direito do juiz, de fazer enforcar a um inocente e escolher este caso precisamente como ponto de partida do estudo das funções judiciárias? Mas prossigamos a nossa pesquisa. O fim do tribunal romano era perturbar o Estado, pois que o *veto* dos tribunos *podia* ter esta conseqüência; pode-se afirmar, portanto, que tais eram a intenção do legislador e o fim da instituição. O fim do direito de graça é subtrair os delinqüentes à pena em que incorreram! Um dos fins da lei alemã sobre o câmbio é favorecer as falsificações e embaraçar as letras do câmbio! Porque, segundo o art. 13: "o detentor de uma letra de câmbio tem o direito de encher os endossos em branco que nela se acharem e até mesmo favorecer os furtos", porque, segundo o art. 18: "a simples detenção de uma letra de câmbio autoriza a sua apresentação" e segundo o art. 36: "aquele que paga não é obrigado a examinar a autenticidade dos endossos." Vê-se que a legislação alemã sobre o câmbio seguiu resolutamente o caminho que lhe indicava o direito romano na proteção possessória do salteador e do ladrão e, se refletirmos nas facilidades que a criação dos títulos ao portador oferece a estes indivíduos, sentir-nos-emos quase que tentados a crer que o direito alemão se propõe sobretudo a tornar-lhes a vida o mais agradável possível.

Semelhante asserção, entretanto, de que as disposições do direito alemão moderno são ditadas no interesse de pessoas *não autorizadas*, parece-me tão justa quanto a opinião dominante sobre o fundamento dos interditos possessórios.

Ambas elevam à categoria de fins os inconvenientes da instituição que a lei não poderia evitar, se ela queria atingir o efeito que da instituição esperava. Tanto num como no outro caso é o interesse da prova, a intenção de facilitar aquela que o vigor da lei exige, que dá, mesmo às pessoas não autorizadas, a facilidade de fazer ouvir as suas pretensões. Tanto num como no outro caso, a lei não a pronunciou sobre o motivo e fim de suas disposições, mas em ambos os casos, basta uma apreciação inteligente e isenta de preconceito, para nos esclarecer quanto ao fim e a inevitável conseqüência da instituição. Mas quanto nos seria proveitosa esta sã apreciação da posse! Cada um de nós se educou no falso princípio de que a noção da posse não atinge seu ponto culminante, senão no caso do ladrão e do salteador, e na ciência há poucas idéias que, como esta, tão fundas se arraigassem em nosso espírito, obtendo foros de verdade, graças aos sofismas da falsa filosofia.

Não tenho a pretensão de que uma idéia tão profundamente enraizada possa extirpar-se pelas observações que precedem: pela necessidade de distinguir entre os efeitos queridos e não queridos de uma instituição e pelo confronto, feito no direito moderno, do falso efeito produzido pela facilidade da prova introduzida em favor de determinadas pessoas, efeito que atinge, entretanto, pessoas de que o legislador não cogitou. Com efeito, fica sempre a meus adversários esta escapatória de admitir tal distinção em princípio e nos citados casos do direito moderno, mas fica-lhes sempre salvo o direito de negar a sua aplicação à posse.

Pois bem, eu lhes concedo esta evasiva e creio ainda lhes poder tirar esse último recurso, não com fundamentos preciosos que para nada me servirão, mas com testemunhos positivos tirados do direito romano.

Estes é que vão decidir.

É sabido que os jurisconsultos romanos quase nunca se pronunciam sobre o fim legislativo de uma instituição e seria baldada qualquer tentativa de explicação deste fato na matéria que nos ocupa.

Mas, em compensação, encontro, nas fontes, provas indiretas em auxílio da minha opinião.

Reservo um desses argumentos (a relação do *interdictum retinendæ possessionis* com a propriedade) para uma explicação ulterior (VII), mas vou referir o outro.

Fiz sentir acima que o direito romano recusa ao ladrão, ao salteador em geral, ao *malæ fidei possessor* as ações pessoais nascidas da tirada clandestina ou violenta, e do dano causado à coisa alheia, por eles possuída. Não obstante isto, o direito romano concede-lhes os interditos possessórios. Como conciliar estas duas disposições?

Como se poderá explicar que a mesma pessoa seja declarada digna e indigna de proteção?[63]

Se o mistério da vontade baseada em si mesma que se realiza na posse e nela firma o seu direito primordial, está nas condições de elevar a posse do ladrão até ser uma relação digna de proteção, por que esta relação não será também por *actiones delicti* e sim pelos remédios possessórios? Se o ladrão diz – meu adversário me subtraiu a posse – concede-se-lhe proteção; se o ladrão diz – meu adversário roubou-me a coisa possuída – nega-se-lhe proteção!

Estou curioso de ver se algum defensor das teorias em voga me poderá dar, neste ponto, uma resposta satisfatória. Eu não me sinto embaraçado: *a proteção possessória foi introduzida em favor das pessoas honestas*, assim como a facilidade de processo para os títulos ao portador, *mas a pessoas* desonestas podem também aproveitar-se dessas vantagens. Com efeito, para os excluir seria, antes de tudo,

---

63. A resposta parece clara. A proteção da posse não vai além do estado *real* (às vezes aparente, quando torna-se a posse injusta), em que se apresenta o fato, e segundo os dados exteriores de sua manifestação. A proteção possessória não pode supor que o protegido seja um ladrão; não o discute sequer. O possuidor é, conforme o que dissemos, *digno* de ser protegido. – A. Posada, *loc. cit.*

necessário investigar-se se a sua exclusão era meio de abreviar-se o processo, no intuito de ver se o possuidor tem ou não um direito.

Intercalando matéria de direito na questão, privar-se-á o proprietário das facilidades que lhe garante a proteção possessória: o possessório se converterá em petitório.

Mais vale que um velhaco *excepcionalmente* partilhe de um benefício da lei, que ver este benefício recusado a quem o merece – isto somente para excluir o primeiro.

Eu disse *excepcionalmente* e me explico.

Na teoria possessória é certo que ocupam a mesma linha o possuidor legítimo e o possuidor ilegítimo; para um ou para outro não há nem regra, nem exceção.

Mas, a realidade é outra. Compare-se, por exemplo, o caso em que se encontra a propriedade no seu estado normal, isto é, o estado em que a posse se acha nas mãos do proprietário ou daquele a quem o proprietário a confiou com os casos em que a posse se acha com quem não é proprietário e ver-se-á que estes, em relação ao primeiro, constituem pequenas exceções.

Além disso, a maior parte desses casos excepcionais, concernentes às coisas móveis, devem desaparecer da estatística das ações possessórias, porque as *actiones delicti* têm nessa estatística o lugar de remédios possessórios. Ficam pois, somente as coisas imóveis.[64] Ora, pergunto eu, quantas coisas imóveis há que se encontrar em poder de quem não têm direito de as deter? Eu não creio que haja uma sobre cem, talvez mesmo uma sobre mil. Se isto é exato, posso afirmar que o resultado corresponde à doutrina expendida acima, de que a proteção possessória verte em favor do proprietário, porque em regra é o verdadeiro proprietário que usufrui suas vantagens.

Neste sentido pode-se muito bem justificar a opinião de que a posse é uma propriedade *que começa* (eu mantenho a reserva feita acima quanto à relevância da presunção), a maior parte dos bens acha-se em poder dos verdadeiros proprietários: o único defeito desta opinião é

---

64. A glosa era mesmo de opinião que só as coisas imóveis podiam ser objeto de uma verdadeira posse (Savigny, *loc. cit.*, pág. 105) e o que pode ter contribuído para firmar esta opinião é o uso lingüístico que aplicava à palavra *possessiones* no sentido de território e a própria etimologia legal da palavra *possidere,* como observa Savigny, pág. 99.

que, em vez de alegar esta razão estatística em seu apoio, faz dela o verdadeiro fundamento da proteção possessória. Vejamos agora o resultado das deduções acima feitas: formula-lo-ei em teses para facilitar a tarefa dos que queiram examinar ou refutar a minha opinião.

I – Nem a teoria do direito, nem o direito romano dispõe que o ladrão e o salteador possam pretender ser protegidos no grau pacífico dos bens ilegitimamente adquiridos.[65] O Estado pode ter toda sorte de motivos para proibir os atos de violência, mas daí não resulta direito algum para as pessoas violentadas contra os que infringem essa proibição. A contravenção pode ser reprimida pela polícia ou pela justiça criminal.[66] Na contravenção dos regulamentos de fogos e luzes não pode o vizinho ameaçado assentar o fundamento de uma ação.

II – Se, contudo, estas pessoas participam da proteção possessória, a razão dessa proteção não está nas ditas pessoas, mas na necessidade da organização da propriedade.

III – A propriedade limitada a si mesma, isto é, à prova rigorosa de sua existência, seria a instituição mais incompleta do mundo.[67] Conforme a diversidade das circunstâncias pode haver, e efetivamente há, graduação da propriedade:

1º) Prova de um modo remoto de aquisição:

a) prova das condições internas e externas: *reivindicatio*, negatória;

b) das condições externas somente: *publicana actio*.

2º) Prova da existência atual da propriedade ou melhor, da posse, a saber:

a) sem prejuízo da prova da propriedade de terceiro, por meio de exceção baseada na ausência do direito: *condictio furtiva e actio legis Aquiliæ*.

b) ou com prejuízo dessa prova: ações possessórias.

---

65. Opõem-se *em princípio* a índole mesma do direito que pede sempre uma exigência *racional* que há de ser cumprida por ser livre (obrigado). O ladrão não pode manifestar esta exigência racional de proteção daquilo que não é seu. – A. Posada, *loc. cit.*
66. Um exemplo no *Frag.* 1º *Cód.*, Liv. 8, Tít. 5, *per vim*, que ordena o juiz proteger a posse da pessoa ausente. (*Judicis absentium, qui cujuslibet rei possessione private sunt in jure persone*).
67. Ihering tem sempre em vista o conceito absoluto romano, da propriedade. Em si mesmo a propriedade e a posse não acarretam uma diferença radical como aí se supõe. *Socialmente* ela mantém-se, de outro modo não. *(N.T.)*

4°)[68] A facilidade de prova para a proteção possessória tem em vista vantagens para o proprietário.[69]

5°) Em regra só ao proprietário aproveita essa facilidade.

6°) Falsearia o intuito dessa facilidade admitir-se na ação uma discussão sobre ser ou não o autor proprietário.

7°) Uma conseqüência inevitável desta exclusão da discussão de direito é fazer participar da proteção possessória mesmo o possuidor ilegítimo.

8°) A expressão mais exata, de acordo com os princípios expostos, para significar a importância prática da posse é dizer que ela é uma conquista da propriedade, em que o proprietário se defende com os mesmos direitos com que se mantém nesta. A estas teses, que não são mais que a reprodução, em substância, das deduções acima feitas, prendem-se os corolários seguintes, como conseqüências da idéia fundamental contida nas aludidas deduções.

9°) A posse tem um valor patrimonial. O mesmo direito tem o assaltante de se apoderar do objeto e o assaltado de o defender; tem o não proprietário de adquirir a posse e o proprietário de a conservar. Muitas vezes a sorte da propriedade quase que inteiramente se decide pela posse, assim como pela posse do título se decide a sorte do valor ao portador. Quem perde ou ganha a posse, perde ou ganha praticamente, na maioria dos casos, a propriedade, isto é, aquilo que a propriedade procura atingir: a segurança do povo. É precisamente por isso que a posse tem um valor patrimonial, tanto para o proprietário como para o não proprietário.[70]

---

68. Não consta o nº 3, conforme original. *(N.R.)*
69. E a respeitar o estado de fato do possuidor que se apresenta como legítimo.
70. Frag. 21, *Dig.*, Liv., 4. Tít. 2. "*Qui possessionem non sui fundi tradidit* (por exemplo, o credor hipotecário) *non quanti fundus, sed quanti possessio est, ejus quadruplum vel simplum cum fructibus consequitur; aestimatur enim quod restitui oportet id est quod ab est, autem nuda possessio cum suis fructibus.*" Frag. 3, § 11, *Dig.*, Liv. 43, Tít. 17... "*Quanti res est sic accipimus, quanti unius cujusque interest possessionem retinere. Servii autem sententia est ex istimantis tanti possessionem æstimandam, quanti ipsa rest est, sed hoc nequaquam opinadum est, longe enim aliud est rei pretium, aliud possessionis.*" O Frag. 74, *Dig.*, Liv. 47, Tít. 2, concede ao *bonæfidei possessor*, a quem foi a causa roubada e ao verdadeiro proprietário a *actio furti* contra o ladrão: *emptori ejus* **possessionis**, *domino ipsius* **proprietatis** *causa præstanda est.*"

Esta face econômica, que me parece indiscutível, nunca foi posta em relevo nas teorias possessórias, que fundam a posse na personalidade ou na vontade ou na proibição da violência contra o estado de fato. Na verdade, como poderia a posse chegar a ser uma relação de direito patrimonial, *um valor*, se no dizer de uma das opiniões correntes, a posse não é senão a esfera dentro da qual a vontade exerce o seu império (a sensibilidade da vontade ferida em seu direito primordial de livre disposição de si própria, não tem medida equivalente no valor das coisas) ou se, como se sustenta em outra opinião, a importância da posse se limita a firmar um estado de fato que se não pode alterar sem determinada alteração da ordem pública?

10) Se a posse vem a ser um objeto de valor patrimonial, podem-se-lhe aplicar os princípios de direito – *tertius possessionem* **suam** *contendant* (Frag. 3°, § 12, *Dig*. Liv. 10, Tít. 4) e por isso a perda da posse importa um prejuízo para o patrimônio.

Ne languor animi damnum etiam **in bonis** *afferat*. (Frag. 44, § 6°, *Dig*. Liv. 41, Tít. 3).

11) Uma conseqüência remota deste caráter dado a posse, é a possibilidade de uma controvérsia puramente de *possessione*, isto é, de uma discussão jurídica, cujo objeto exclusivo seja saber quem é o verdadeiro possuidor, prescindindo-se mesmo da idéia de turbação possessória.

Veremos em seguida que o direito romano de fato admite para a posse tal ação prejudicial ou reivindicatória. O nome pouco importa.

12) Os próprios interditos *adipiscendæ possessionis,* que Savigny, persistindo em erro em todas as edições de seu livro, quer inteiramente excluir da matéria possessória, têm assim uma explicação satisfatória. Se a posse, como tal, têm um valor jurídico, também deve tê-lo a legítima pretensão à posse.

A circunstância de serem estranhas à posse as condições de que o direito faz depender essa pretensão, induziu Savigny a colocar estes remédios de direito no mesmo plano das ações possessórias tendentes à *entrega* da posse. Diz ele que a posse neste ou naquele caso não é o fundamento, mas somente o fim, o objeto da ação; a ação *hered. petit.* e o interdito *quorum bonorum* têm idênticos fins: a posse é o fim e o direito hereditário (civil ou pretoriano) é o fundamento.

É exato, mas a enorme diferença que os separa é que a ação petitória regula definitivamente a situação, ao passo que o interdito *adispicendæ possessionis* regula-a somente de um modo provisório, pelo que diz respeito a posse, deixando a porta aberta ao *petitorium*, do mesmo modo que nas outras duas espécies de interditos possessórios.

Se o autor é vencido na *her. petitio*, não pode intentá-la pela segunda vez, mas se é repelido pelo interdito *quorum bonorum, quod legatorum* ou pelo *remedium ex lege ult. Código de edicto Divi Hadriani toll.*, fica-lhe sempre a possibilidade de tornar a começar e até ganhar quiçá o *petitorium*, e se ganhou fica aberto o caminho ao seu adversário.[71] Assim para cada interdito *adipiscendæ possessionis* há, todavia, o remédio jurídico do petitório: para os interditos citados há a *hered. petitio* e a *reivindicatio*, sem excetuar o interdito *quem fundum e quam hereditatem*, mediante o qual a posse dos imobiliários ou da herança disputada ou não garantida pelo detentor passava ao autor, sem que por isso o detentor perdesse a possibilidade de apelar ou servir-se do *petitório*. Da mesma sorte, no interdito *Salvianum* acha-se a *actio Serviana*, no interdito *quo itinere venditor usus est, quonimus emtor utatur, vim fieri veto*, a *actio negatória* do adversário.[72]

Para a maioria desses interditos, a relação entre o *petitorium* e o *possessorium* está fora de dúvida por textos expressos que não é preciso alegar-se aqui; indica-se como regra geral na Lei 14, § 3º, *de exc. rei jud. (42-2). Si quis interdicto egerit de possesione postea in agens non repellitur per exceptionem, quoniam in interdicto* **possessio**, *in actione* **proprietas** *vertitur.*

É inútil notar-se que esta observação aplica-se, não somente a certos interditos, a saber: aos interditos *retinendæ* e *recuperandæ possessionis*, mas a todos os interditos, mediante os quais pode-se "de possessione agere"; entre eles acham-se também, como se sabe, os interditos *adipiscendæ possessionis*, 1, 2, § 3, *De interd.*, 43; Gaius, IV, 143.

---

71. L. *un Código de Theodósio Inor. bon.* (4, 21). *Quid jam planius, quam ut heredibus tradarentur, quæ in ultimum usque difuncti possessio vindicasset, etiamsi quod possit tribui* **de proprietate Enetamen**? *Jubemus, ut omnibus frustationibus amputatis in petitorem corpora transferuntur,* **secunda actione proprietatis** *non excluse.*
72. Veja-se Vangerow, *Manual* I, § 390; II, § 509 (7ª ed., pág. 897, 360). Deve acontecer o mesmo nos interditos de que fala Gaius, IV, §§ 145 e 146, isto é, que os autores poderiam reclamar a soltura provisória de *todas* as coisas e que os detentores deveriam ser repelidos no petitório com as suas exceções de propriedade.

Em lugar de basear a noção dos interditos possessórios nesse caráter especial, que os distingue aos olhos dos juristas romanos, de todas as demais ações, de não conter senão um ajuste provisório, Savigny (§ 35) acha seu critério caraterístico na circunstância pela qual a posse é o *fundamento* da pretensão do autor, e partindo daí, já não lhe é difícil demonstrar que os interditos *adipiscendæ possesionis* não se referem de modo algum a esta noção das ações possessórias (pág. 383). E acrescenta (384) como "motivo decisivo contra a opinião ordinária", que "os verdadeiros interditos possessórios fundam-se nos delitos", o que é inadmissível. "Os interditos *retinendæ* e *recuperandæ possessionis* nada têm de comum com elas. (!) Há mais; estes, por sua vez, nada têm de comum entre si. Para prová-lo basta enumerá-los, e por outra parte, acontece que são tratados nas fontes em lugares completamente distintos" (pág. 385). A modificação que Savigny introduziu em uma adição à 6ª edição (págs. 385-388), não muda no fundo as suas opiniões. Quebra uma nova lança contra a reunião dessas três classes de interditos por parte dos jurisconsultos romanos; está, diz ele, desprovida de *valor científico,* porquanto repousa unicamente no fim de adquirir, já recobrando, já conservando a posse, fim completamente acidental e indiferente sob o ponto de vista da essência mesma da ação" (pág. 387).

Não insistirei sobre a circunstância de que Savigny, ligado e encadeado pelo πατηδ ψευδος[73] de toda sua teoria possessória: a natureza penal das ações possessórias, não podia jamais livrar-se deste gravíssimo erro referente ao interdito *adipiscendæ possessionis;* erro esse que obrigava a atribuir aos jurisconsultos romanos a invenção e a aceitação espontânea de uma noção desprovida de valor científico. É muito difícil, porém, reprimir um movimento de estranheza ao ver que este erro, longe de ser reconhecido tal pela ciência, recebeu dela as mais calorosas adesões. Excetuando-se von Vangerow, não me lembro (é certo que não fiz sobre o assunto investigações especiais) de nenhum tratado sobre as *Pandectas* que ponha os interditos *adispiscendæ possessionis* em seu verdadeiro lugar.

Não falo naturalmente da classificação sistemática desses interditos, mas da prova de que foram cientificamente concebidos como verdadeiros remédios possessórios, que devem ser colocados no

---

73. Literalmente: *falso pai.* Entenda-se falsa ascendência ou falsa origem. *(N.R.)*

mesmo lugar das outras duas espécies de interditos possessórios. Em vez de levantar-se na teoria da posse a importância desses interditos e mostrar que os traços fundamentais do possessório reproduzem neles, a semelhança dos outros interditos possessórios, e de acentuar convenientemente a exclusão da questão de direito e a possibilidade ulterior do petitório, costuma-se a passá-los em silêncio na teoria possessória, e se deles se faz menção, é para repeli-los como intrusos, que não podem ter nem a mais remota pretensão de ser remédios possessórios.[74]

O mesmo erro que levou Savigny a repelir no interdito *adipiscendæ possessionis* o caráter de verdadeiro remédio possessório, induziu-o também a admitir entre esses interditos que, segundo o que ficou dito, não podem de modo algum aspirar tal qualidade, porquanto não têm por objeto a *possessio*, mas a *res*, isto é, não tem por objeto a detenção passageira da coisa, mas a definitiva. Tal é o interdito de *glaude legenda*.[75]

Nenhum jurisconsulto romano o compreendeu entre os interditos possessórios, e com razão, porque depois deste interdito já não pôde haver mais petitório; decide-se definitivamente a questão relativa aos frutos caídos. Não há necessidade alguma de reservar o petitório para

---

74. Senti certo rubor encontrando uma apreciação mais exata da importância prática dos interditos possessórios nas obras, hoje inteiramente desacreditadas, do período que precede Savigny, por exemplo, em Hellfeld, *Jurisp. for.*, § 165 e Hopfner, *Comentários*, § 1202. Os interditos *adipiscendæ possessionis*, diz este, são muito assinalados pelos práticos; com efeito, sabemos que é uma das vantagens da posse que o possuidor não seja obrigado a provar que a coisa que possui lhe pertence, mas que o adversário deve apresentar a prova em contrário. Deve-se, por conseguinte, aconselhar adquirir a posse da coisa por meio de um interdito com o fim de lançar assim o peso da prova sobre o adversário.
75. Savigny, loc. cit., pág. 335; os autores antigos fizeram o mesmo, por exemplo, Hopfner, loc. cit. Além disso, não se compreende porque razão Savigny não coloca este interdito entre os *retinendæ possessionis* ou *recuperandæ possessionis*, desde o momento em que quer fazê-lo passar por interdito possessório. Com efeito, segundo o próprio Savigny (pág. 278), a posse do fruto separado da coisa principal sem a intervenção do homem, pertence ao possuidor da coisa principal. Desde o momento em que a maçã desprende-se de seu ramo, eu adquiro sobre esta maçã que se fez coisa independente, a posse separada. Ainda mesmo que se diga isto, esta posse cessa novamente se a maçã cai sobre o prédio do vizinho, o qual é-me inacessível, ou que a posse *continua* apesar disso – no primeiro caso o interdito de *Glaude legenda* não se pode qualificar senão como interdito *recuperandæ possessionis* e no segundo como interdito *retinendæ possessionis*; mas eu não posso compreender como Savigny pode, sem tornar-se infiel a sua própria teoria, fazer daquele um interdito *adipiscendæ possessionis*.

o detentor; o juiz, neste interdito, pronunciava-se acerca da *res,* sobre a conservação definitiva dos frutos e não sobre a *possessio.* Outro tanto é preciso dizer-se do interdito *fraudatorium,* que deve também sua enumeração entre os interditos possessórios (Savigny, loc. cit.), à opinião errônea de Savigny. Os interditos de *migrando* e *thesauro* (L. 15, *ad exhibendo* 10, 4*)* também têm por objeto o resgate da posse, e se por si só bastasse esta circunstância, dever-se-ia contá-los entre os interditos *retinendæ* ou *recuperandæ possessionis,* o que não fez o próprio Savigny, se bem que seja mais fácil ver aí ações penais do que nos interditos *uti possidetis* e *utrubi.* É inútil, depois do que ficou dito, demonstrar que eles não podem aspirar semelhante qualidade.

Agora quero tentar provar minha afirmação por meio das fontes, e sob um duplo ponto de vista; primeiro, com relação aos *meios de proteção (Schutzmittel),* e depois, com relação à sua *configuração material.* Se minha asserção é exata, deveremos nos manter sempre ao lado da propriedade, tanto quanto a perderemos completamente de vista se uma das teorias opostas for verdadeira. Mãos à obra.

CAPÍTULO VII
MEIOS DE PROTEÇÃO DA POSSE

1. OS INTERDITOS *RETINENDÆ POSSESSIONIS*

O primeiro exemplo que se encontra, em direito romano, da posse considerada como objeto de disposição judiciária, é a concessão de *Vindiciæ* no antigo processo reivindicatório. O pretor concedia os *Vindiciæ* a uma das partes, em outras palavras – o pretor dava a uma das partes a posse da coisa durante o tempo da demanda.

Este fato pode ter duas interpretações: ou tinha em mira conceder ao possuidor unicamente as vantagens *de fato*, da posse, isto é, o gozo da coisa ou também tinha em mira conceder-lhe vantagens *jurídicas*, isto é, a isenção do *ônus* da prova. Esta última opinião ainda recentemente foi sustentada por uma autoridade imponente;[76] não posso, contudo adotá-la. Como refere Gaius, o pretor tinha ampla liberdade na concessão do *Vindiciæ*;[77] podia, se assim entendesse, atribuir a posse ao não possuidor. Que perigosa influência não poderia, de tal forma, exercer sobre o êxito do processo se, em suas mãos,

---
[76] von Bethmann Hollweg *Der Civilprocess des gemeinen Rechts (Processo do direito comum)*, vol. I, pág. ˉ44.
[77] Gaius, IV. 16. *Secundum alterum eorum vindicias dicebat i. e. aliquem possessorem constituebat* – Quanto às considerações pelas quais o pretor provavelmente se deixava influir, pode-se ver o que digo em meu *Espírito do direito romano*, IV, pág. 100, nº 109.

estava isentar o pleiteante do ônus da prova, que em muitos casos decide do direito.

Os partidários desta opinião esquecem-se que o processo reivindicatório, na mais antiga de suas formas, era em *judicium duplex,* em que, às vezes, as duas partes reivindicavam, ao mesmo tempo (*vindicatio et contravindicatio*) e por isso tinham a obrigação de fazer provas equivalentes em que não era a prova *absoluta* da propriedade, mas a preponderância *relativa* dos meios de prova, dadas por ambas as partes, que fazia pender a balança.[78] Vejamos agora que argumento podemos tirar, para nosso assunto, desta instituição.

Achamos, em primeiro lugar, este fato interessante – que a posse desde as suas primeiras manifestações na história do direito romano se apresenta com a mais estreita conexão com a propriedade e sua discussão.

O possessório, para empregar a moderna linguagem, constitui parte integrante do petitório e não se concebe que aquele se apresente independente deste, como a única forma por nós conhecida: não se podia conceber a concessão dos *Vindiciæ* senão em pleito sobre a propriedade e os interditos *retinendæ possessionis,* que substituíram mais tarde esta forma e fizeram-na desaparecer, não podem absolutamente ter coexistido com ela.

Nem um exemplo se encontra, de existir em tempos antigos semelhante acúmulo de dois remédios jurídicos tendentes ao mesmo fim.

A segunda obrigação que nos inspira o exame desta instituição é que a questão de posse não depende da idéia de violência. É certo que a luta imaginária pela qual começava a reivindicação parece indicar o contrário, mas isso não se dá senão aparentemente. A circunstância de que o pretor, como já ficou dito, podia conferir os *Vindiciæ* mesmo ao não possuidor, isto é, ao autor da turbação, mostra

---

78. Veja-se minhas deduções, loc. cit., pág. 90. Os mesmos princípios dominavam no antigo processo inglês da propriedade, no qual não se discutia se o autor tinha ou não a propriedade, mas se propunha a questão nestes termos: *Utrum* A vel B **Majus** *jus habent in terra illa.* Gneist, *Selfgovernment,* pág. 80. Um exemplo mais recente que lembra o julgamento de Salomão, se encontra em Suetonio Galba, cap. 7: *Cum de proprietate jumenti quæreretur levibus* **utrimque** *argumentis et testibus ideoque difficili conjectura veritatis ita decrevit ut ad lacum, ubi adaquari solebat duceretur capite involuto atque ibidem revelatus ejus esset ad quem sponte se a pots recepisset.*

claramente que a concessão dos *Vindiciæ* não podia ter por fim permitir que o pretor protegesse o possuidor contra a violência do não possuidor. Este combate fictício não passava de uma existência simbólica, comprovava-se, conforme o espírito do antigo direito, por fatos e não por palavras, a contestação recíproca da propriedade. Quando, pois, o pretor concedia a posse a uma das partes, não era em conseqüência da *turbação*, pois que, se assim fosse, a pretensão do possuidor, de ser juridicamente protegido, seria de atenção acolhida, mas era precisamente porque tal pretensão não merecia tal importância, sendo, portanto, necessário regrar provisoriamente a questão da posse para a duração do processo.

Pode-se, pois, dizer em certo sentido, que em geral no mais antigo direito a noção da posse não era conhecida[79] porque ela não pode existir desde que o possuidor, como tal, não encontre proteção e reconhecimento.

Seria ocioso indagar se já, na mais afastada época, se designava aquele que obtivera os *Vindiciæ* pelo nome de *possuidor*. Para se provar que no concessionário dos *Vindiciæ* não se tratava senão do *possessor*, das épocas posteriores, isto é, que no concessionário dos *Vindiciæ* não se via o simples detentor de fato, mas também o proprietário interino, recorrerei, se se não quer admitir o testemunho que Tito Livio nos dá[80] sobre o processo reivindicatório mais antigo, eu recorrerei, digo, a um testemunho mais recente que, apesar da separação rigorosa introduzida desde então entre as noções da propriedade e da posse, aplica a mesma expressão da parte correspondente ao novo processo.

Um rescrito de Antonino, o piedoso, chama *proprietário interino (interinus domini loco habetur)* o possuidor da herança que, em garantia de sua posse, dá a caução que representa a *prædes litis ac vindiciarum* do antigo processo e a essa qualidade de proprietário

---

79. Geralmente pode-se afirmar que a noção da *posse*, diferente por um lado da *mera detenção* e por outro da *propriedade,* é uma noção jurídica difícil e que como tal não pode se achar no direito positivo senão depois que a cultura atinge um certo grau. Os povos primitivos são inábeis para fazer esta distinção que a posse romana e moderna supõe. A distinção entre mero detentor e proprietário é fácil, mas não o é tanto a outra, ao menos tal como se infere no fim da usucapião e de certo modo no interdito.

80. Liv. III, pág. 44. *Interim dominum sequi ancillam æquum esse.*

interino atribui o fato de que os escravos herdados não podem ser castigados pelo possuidor da herança; disposição esta que Calístrato, a quem devemos a sua notícia, mandou aplicar com as mesmas expressões ao caso de reivindicação de um escravo.[81]

Propriedade interina, eis, pois, a explicação histórica da concessão dos *Vindiciæ* e não o fato da posse nua, nos termos da teoria possessória moderna, e só assim se pode compreender a discussão sobre os *Vindiciæ*. O processo reivindicatório não se move fora do círculo da propriedade, mas o *criterium* sob o qual considera o pretor a princípio, difere daquele pelo qual o juiz empregará mais tarde, resolve-se em uma prova *prima facie* suficiente para o julgamento provisório, muito diferente da prova completa que será necessária para a decisão definitiva. Assim, o direito antigo nos mostra a posse como uma manifestação da propriedade, de acordo com a nossa teoria. Abordamos agora o direito novo no qual a relação de sucessão histórica em que se acham os interditos *retinendæ possessionis* com os *Vindiciæ* é tão evidente, que a ninguém escapa. Conforme o testemunho das fontes, foram os interditos introduzidos no antigo processo com o mesmo fim dos *Vindiciæ*, isto é, para regular provisoriamente o fato da posse durante a discussão da propriedade.

Destarte operou-se não simplesmente uma mudança de forma, mas uma transformação essencial e tríplice da coisa.

Daí veio que a questão de posse, que era objeto do poder discricionário do pretor, tornou-se objeto de *decisão* na justiça regular, a posse não era simplesmente *concedida,* era *discutida*; em outras palavras, tornou-se um fato independente, distinto da propriedade.

Esta transformação prende-se intimamente à influência que a posse exerceu no novo processo reinvindicatório, influência nascida de sua nova organização que a isenta do ônus da prova. Este resultado deve-se ao desaparecimento da *contravindicatio* e à transformação operada por este desaparecimento do *judicium duplex* em um *judicium simplex*. A terceira modificação não menos essencial, consistia na desagregação do possessório e do petitório. Ao passo que os *Vindiciæ* só tinham valor no processo reivindicatório, o mesmo não sucedia em relação a estes interditos. Assim como na Idade Média o *summa-*

---

81. Frag. 15, § 2, Liv. 48, Tít. 18, *de quæst.*

rissimum, que em sua origem era uma disposição incidente do ordinarium (portio interdicti uti possidetis), se emancipou deste e elevou-se à categoria de remédio legal independente; assim também por meio desses interditos, a questão possessória se desligou do processo de propriedade.

Não se admitirá facilmente que a idéia da necessidade de proteção da posse contra as turbações fosse a coisa dessa ocorrência, porque estes interditos não garantem a posse contra as perturbações passadas; para estas havia outros remédios, como o interdito *quod vi aut clam*, a *act. injuriarum* e a *actio legis Aquiliæ*. Semelhante disposição, proveio, a meu ver, de que se não podia impedir o proprietário de desprezar o recurso energético da reivindicação e da negatória, quando o recurso menos energético dos remédios possessórios lhe bastava para lograr o seu fim.

Deste modo tornava-se possível ao possuidor, que não se considerava proprietário, usar dos interditos possessórios com êxito pleno; era a posse, a princípio, alheia à discussão da propriedade, ainda que pudesse ser discutida simultaneamente. Esta última situação da posse que nos apresenta o simples possuidor como tal, isto é, o ocupador arbitrário, o ladrão, o salteador, como vencedor possível do proprietário, encerra, como vimos acima, o verdadeiro enigma da posse.

Chegamos agora à encruzilhada em que a escolha do caminho a seguir deve ser definitiva para o resto de nosso estudo. Esta situação é o estado normal da posse e os interditos têm por fim declarar estas pessoas tão dignas de proteção como os proprietários, ou antes, a proteção possessória visa o proprietário, e sua extensão a essas pessoas não passa de uma *conseqüência inevitável*.[82]

Devemos, pois, ver na propriedade o princípio normal dos interditos possessórios e o motivo da sua introdução? Vejamos a resposta que nos dá o direito romano.

1º) O motivo *histórico* da introdução destes interditos é a necessidade de regulamentação da posse nas suas relações com a propriedade. Ante os testemunhos inequívocos de nossas fontes, que o esta-

---

82. Tendo-se em conta o princípio fundamental e pouco estudado da ineficácia da lei, para *garantir* todo o estado de direito, é indiscutível o princípio da conseqüência inevitável, pois não se pode supor a *intenção legal* de proteger o indigno.

belecem,[83] toda a tentativa para dar à introdução destes interditos um outro ponto de partida será infrutífera.[84]

Não é a idéia de colocar sob a égide do próprio direito as coisas esbulhadas e roubadas que dão nascimento a estes interditos; é antes a idéia, realizada já nos *Vindiciæ* do mais antigo processo, de *regular provisoriamente os efeitos da propriedade*. Encaravam, de fato, a posse como eu a considero, isto é, uma *posição* avançada da propriedade.

2º) Esta conexão dos interditos possessórios com a discussão sobre a propriedade tem-se produzido sempre, até no direito romano moderno.

Raro é encontrar-se nas fontes a questão dos interditos, sem uma alusão à propriedade.[85] Eis os textos das fontes:

Frag. 25. *Dig.* Liv. 41, Tít. – *Exitus controversiæ* **possessionis** *hic est tantum, ut pius pronunciet, judex uter* **possideat** *et tunc de* **domino** *quæratur*.

Frag. único, Código, Liv. 8, Tít. 6º... *de* **proprietate** *cognoscet*.

Frag. 1º, Código, Liv. 8º, Tít. 1º... *orta* **proprietatis** *et* **possessionis** *lite prius possessionis decidi oportere quæstionem competentibus actionibus, ut ex hoc ordine facto de* **dominii** *disceptatione probationes abeo, qui de posesione victus est, exigantur*.

Frag. 13, Código, Liv. 3, Tít. 32: *Ordinarii juris est ut mancipiorum orta quæstione prius exhibitis mancipiis de* **possessione** *judicetur ac tunc demum* **proprietatis** *causa ab eodem judice decidatur*.

Frag. 1º, Código, Liv. 7º, Tít. 69... *ita* **possessionis** *reformationem fieri oportet ut integra omnis* **proprietatis** *causa servetur*.

Frag. único, Código de Theodósio, Liv. 4, Tít. 23... *bonæ fidei possessori primum oportet et celeri reformatione succurri* (isto é, por

---

83. Gaius, IV, § 148. Ulpiano, L. 1º, de *uti poss.* (43-17), § 4º, 1 de interd. (4-13) Irófilo, *ibid*.
84. Que eu saiba, até Savigny ninguém ainda havia feito tal tentativa. Veja-se *Comentários às Institutas* de Janus, Costa, Vinnius e Otto, e contra a tentativa de Savigny, veja-se, Vangerow, *Pandectas*, § 366, nota 1.
85. O mesmo acontece na ação de liberdade: a *pronunciatio* sobre o estado possessório, isto é, sobre a questão de saber se o pretenso escravo estava *in possessione libertatis* ou *servitutis*, era preliminar do *judicium liberale*, Frag. 7º, § 5º, *Dig.*, Liv. 40, Tít. 12.

meio do interdito *utrubi*) *tunc causam originis (colonorum) et proprietatis agitari*.

Mesmo nas Basíliccs (50, 3, 72), o interdito *uti possidetis* guarda sempre conexão com a propriedade: *Quando de possessione movetur actio uti possidetis, is vincit, qui nec vi, nec clan, nec precario possidet; et deinde aut satis dat et suscipit reivindicationem aut non satisdat et possessio ad alterum transfertur.*

Ao possessório, que é o primeiro passo, refere-se pois (*deinde*) como conseqüência necessária, o petitório.

Essa associação de idéias entre a posse e a propriedade ou entre o possessório e o petitório verifica-se também em sentido contrário, isto é, além destes textos que fazem menção do petitório, tratando do possessório; outros há que fazem menção do possessório, tratando do petitório.

Frag. 24, Dig., Liv. 6°, Tít. 1°. *Is qui destinavit rem petere, animadvertere debet, an aliquio interdicto possit nancisci possessionem.* Frag. 3°, Código de Theodósio, Liv. 4°, Tít. 22 *in fine*.

3°) O possessório e o petitório são designados nos textos como partes do mesmo debate jurídico, o segundo como *causa principalis*, o primeiro como preparatório.

O Frag. 3°, Liv. 2°, Tít. 18, o Código de Theod. (ligeiramente modificado no Frag. 10, Liv. 3°, Tít. 1° do Código de Justiniano) contém um edito de Constantino no qual proíbe que se discuta o possessório e o petitório perante juízes diferentes; vai mesmo ao ponto de proibir, sob ameaça de penas, a súplica de dispensa imperial neste sentido. Esta constituição é interessante para nós, da maneira pela qual se exprime a respeito da relação entre o petitório e o possessório. Esta constituição os indica como um todo comum (***qui causæ continentiam dividit***) como um pleito que *in uno eodemque judicio poterat terminari e* fala-se na discussão *super possessione* por oposição à ***super principali quæstione***.[86] No Frag. 1°, § 45, Liv. 43, Tít. 20, Ulpiano fala em oposição ao interdito possessório que serve para garantir o direito sobre as águas, de um interdito que tem como con-

---

86. Veja-se noutro lugar *causa principalis*. L. 1º, Código de Theodósio, *unde vi* (4-22). *Negotium principale*, L. 3, Código de Theodósio Ad Leg. Jul. de vi (9-10). Simmachus, Ex. X, 41, de *possessione... judiciari*, **principalem** vero causam... reservari.

dição a prova deste direito e nota sobre este: *in hoc interdicto totam quæstionem finiri assignationis, non enim **præparat** hoc interdictum causam ut superiora interdicta, nec ad **possessionem temporariam** pertinet, sed aut habet jus adsignatum sibi, aut non habet et **interdictum totum finitur***. Os interditos possessórios, continua Ulpiano, que se referem unicamente à posse temporária (*ad possessionem temporariam pertinent*) não resolvem a questão, como o outro interdito de que nos fala, mas preparam simplesmente a sua decisão final e definitiva (*præparant causam*). É ainda assim que a L. 7, do Código, Liv. 7°, Tít. 32, pôde empregar para a proteção possessória prometida ao implorante, a expressão: *Præses **dominii tui jus** convelli non sinet*. A proteção da posse pertence ao *jus dominii*: retirá-la, seria prejudicar a proteção da propriedade *jus dominii convellere*.[87]

4°) Segundo o curso natural e normal das coisas é o *proprietário* quem intenta os interditos possessórios. É certo que nenhum jurisconsulto romano disse isto expressamente, mas examinando-se sem prevenção o Frag. 8, Liv. 43, Tít. 16 de Paulo, acha-se nele implícita esta idéia: *Fulcinius dicebat vi possidere, quotiens **vel non dominus cum** tamen possideret, vi dejectus est.*

O interdito *unde vi,* diz o jurisconsulto, é concedido ao possuidor, mesmo não proprietário, só pela sua qualidade de possuidor. Se se pretende notar esta circunstância, como coisa particular, no que respeita ao não proprietário, isto será, a meu ver, o seguinte – que aquele para quem se criou o interdito e em cujas mãos deve o interdito regularmente achar-se, é o proprietário.

Isto explica também porque neste interdito designa-se como autor o proprietário e não o possuidor. Veja-se o Frag. 12, Liv. 43, Tít. 16, *Dig.*

---

87. É assim também que o Frag. 9°, Liv. 13, Tít. 6°, do Código pode indicar como motivo da regra do Frag. 8° *recommodatæ et possessionem et proprietatem retinemus; Nemo enim commodando rem facit ejus cui commodat,* o que não pode ser aplicado à posse senão concebida na mais estreita conexão com a propriedade. Não é também esta a mesma idéia contida no Frag. 43, Liv. 11, Tít. 7°. *Qui de jure dominii quæritur?* O proprietário não pode contra a vontade do usufrutuário inumar em seu terreno cadáver algum (Frag. 2°, § 7°... *invito fructuário locus religiosus non fiet);* todavia, se o usufrutuário se opõe, o proprietário têm o interdito *de mortuo inferendo* para vencer esta resistência; em outros termos e para empregar a linguagem atual, a questão se debate, não no terreno petitório, mas no possessório: o usufrutuário pode usar do seu direito *ad separatum* e vem a ser desta proteção do proprietário que essencialmente repousa sobre a posse, que disse Papiniano: *de jure dominii quæritur.*

O mesmo se pode dizer do interdito *de precario*. Os jurisconsultos romanos designam também o seu autor pelo termo *dominus*. Veja-se por exemplo os Frag. 4°, §§ 4° e 6° princ., 12 princ., Liv. 43, Tít. 26 e o objeto sendo indicado por adjetivos que se referem à propriedade; Frag. 15, *nostro utatur*; Frag. 3°, *per fundum* **meum**; Frag. 18, *rem suam*.

Neste ponto acha um jurisconsulto que deve fazer a mesma observação que fizemos sobre o interdito *unde vi*. *Sed et si eam rem*, diz Venuleius, no Frag. 17, Liv. 43, Tít. 26. Dig. *cujus possessionem per interdictum uti possidetis retinere possim, quamvis futuram esset ut tenear de proprietate precario tibi concesserim teneberis hoc interdito*.

A convenção de que o *precario* não poderá ser revogado durante um certo tempo é nula: *nulla vis est hujus conventionis, ut rem alienam invito* **domino** *possidere liceat*. Frag. 12, Liv. 43, Tít. 26, Dig.

A propriedade na pessoa do que recebe exclui a validade do precário; Frag. 4°, § 3° *ibidem*; e a idéia de que aquele que deu uma coisa em penhor poderia fazer-se-lhe restituir a posse *precario* pelo credor pignoratício é repelida por Ulpiano no Frag. 6°, § 4° *ibidem*, pela simples reflexão – de que aqui se trata de um *precarium* **possessionis** *non* **proprietatis**. Voltaremos mais tarde a este assunto. A idéia acima expendida, de ser o possuidor em regra proprietário e sobre cuja veracidade relativa já nos pronunciamos, ficou legalmente firmada.

5°) Na disposição do direito romano pela qual os *possessorios*, isto é, os possuidores das terras compreendidas nos limites da cidade, estavam isentos da caução judiciária – Frag. 15, Liv. 2°, Tít. 8°, – *Dig.* ... *Possessores* designa aqui não os **verdadeiros proprietários**, como acredita Savigny,[88] mas os possuidores como tais, porque eles agem como proprietários e se supõe que o são.[89]

A tudo isto é preciso acrescentar:

6°) O uso lingüístico ordinário que toma *possessor* por *dominus* e *possessio* por propriedade (territorial).

---

88. Com efeito, na explicação da expressão empregada no § 1º do texto citado, o jurisconsulto não se serve da palavra *dominus*, mas conserva a palavra *possidere*: *qui rem soli possidet*.

89. É por este motivo que o credor pignoratício, mesmo quando possui, não passa por *possessor* no sentido do § 2º porque não tem a pretensão de ser proprietário – *non enim opinione domine possidet*, como diz o Frag. 2º, § 1º, Liv. 9º, Tít. 5º *Dig*.

A propriedade assume na posse uma forma visível, a posse é a propriedade em sua eficiência plena, em sua forma normal.[90] Não é admirável, pois, que o uso lingüístico ordinário que mais tende a apanhar o que é visível do que aquilo que não é, fale de possuidor territorial e de posse quando tem em vista o proprietário territorial e a propriedade. Dá-se entre nós o mesmo que entre os romanos.[91] Diferente sem dúvida é o uso lingüístico do direito e dos jurisconsultos, mas por toda a parte em que as duas noções são exatamente distintas, a idéia da linguagem comum que vê no possuidor o proprietário, atinge também o domínio do direito e da jurisprudência.[92] Mas voltemos aos *interditos possessórios*. Há um caso em que eles são inaplicáveis: em matéria de herança. Como a posse do defunto cessa com sua morte, a apropriação das coisas hereditárias por terceiros não é uma *subtração de posse* e por isso não podem ser usados os interditos *retinendæ* ou *recuperandæ possessionis*. Se o direito romano não houvesse preenchido esta lacuna por meio da *hereditatis petitio*, o herdeiro teria perdido a facilidade de prova que a posse ministra ao proprietário e na reivindicação ou ação publiciana, únicas que lhe restavam, deveria proporcionar a prova rigorosa de sua propriedade, isto é, da *bonæ fidei possessio* daquele a quem sucedeu. Ora, esta circunstância que o direito romano suprimiu aos interditos possessórios por meio da *hereditatis petitio*,[93] me fornece:

---

90. "É inegável sob o ponto de vista da satisfação da necessidade que o direito de propriedade supõe, a posse, como *condição* essencial (momento). Não há em rigor, propriedade sem *posse,* se bem que no teor do art. 432 do código espanhol, a posse pode-se ter como dono ou detentor, pertencendo o domínio a outra pessoa, porque neste caso supõe-se a propriedade como direito a reivindicar a coisa que está na posse material daquele que a usa; mas realmente considerando a *posse,* não como a *detenção material,* mas como a possibilidade do fato de dispor do objeto (não da própria coisa) do direito, o proprietário está na *posse* de seu direito de reivindicação, como o detentor, é *proprietário* de cada uma das condições que o uso e a posse da coisa lhe emprestam. Em tal hipótese, apoiamo-nos nas doutrinas já expostas mais ou menos explicitamente, de que em cada relação jurídica plena não há posse sem propriedade." – A. Posada. *loc. cit.*
91. Savigny cita uma definição interessante de Cornelius Fronto: *Habere potest etiam fur et nequam possidet nemo nisi qui... rei dominus est.*
92. Particularmente nas constituições imperiais: Const. 12. Código, Liv. 1º, Tít. 32; 1ª, Liv. 7, Tít. 33; 2ª, Liv. 4º, Tít. 19, 1ª, Liv. 8º, Tít. 50: encontram-se mesmo as palavras *dominium possessionis* na Const. 2ª Código de Theodósio, Liv. 8º, Tít. 18. É sabido que os próprios jurisconsultos romanos tomavam *possessiones* por propriedade.
93. Emiti incidentemente esta opinião, há muitos anos na minha dissertação inaugural sobre a *Hereditate possidente*. Berol., 1842, pág. 40.

7º) Um novo argumento para a exatidão da opinião que sustento: a "hereditatis petitio" preenche na prática as funções das ações possessórias;[94] como estas últimas ela substitui a prova do direito pela prova da detenção de fato.[95] Se, como pretende a teoria da vontade, a posse só merece proteção em atenção à vontade que nela se concretiza; se a proteção possessória tem por causa única a violação da vontade do possuidor, como a detenção do defunto, que no momento da apreensão das coisas hereditárias por terceiros, é já inanimada, isto é, despida da vontade, pode chegar a merecer proteção?

Não se objete que nesse caso não há uma proteção *possessoria*, porque a noção desta não está na forma habitual dos interditos,[96] mas unicamente na circunstância de ser uma relação de fatos reconhecida e protegida *sem prova do direito*. Entre *vivos* esta relação de fato exige regularmente a vontade que se chama *posse;* com a morte desaparece a vontade e por conseqüência a possibilidade de fixar a noção da posse, mas a necessidade prática desta proteção não desaparece por esse motivo e a razão de ser legislativa, da proteção possessória – a facilidade da prova que deve ser ministrada ao proprietário contra os atentados à sua esfera jurídica, subsiste sempre em toda a sua plenitude.[97] A posse corresponde aqui ao estado das coisas que ficam pacificamente no espólio.[98]

Creio que não me exponho a uma má interpretação, dizendo: é certo que aqui falta a *posse,* mas não a sua idéia. O que dá à posse sua importância prática não é este efeito subjetivo psicológico de que

---

94. Dá-se inteiramente o contrário com o interdito *quod legatorum* que pode ser tentado, como o interdito *utrubi* em sua forma antiga contra terceiros possuidores: Frag. 1º, § 18, Liv. 43, Tít. 3º, *Dig.*
95. Não somente da *posse jurídica,* mas da simples detenção. Frag. 19, Liv. 5º, Tít. 3º, *Dig.,* o que é afinal acessoriamente possível no interdito *unde vi;* Frag. 1º, § 33, Liv. 43, Tít. 16.
96. Savigny, pág. 358: "que o magistrado conceda um *interdito* em lugar de uma ação é para nós um fato sem importância e mesmo para os romanos não era senão uma circunstância fortuita que em nada afetava a natureza do direito do autor nas ações possessórias".
97. Código de Theodósio Liv. 4º Tít. 21: *Quid jam planius, quam ut heredibus traderentur quæ in ultimum usque diem defuncti possessio vindicasset etiamsi quod possit tribui de proprietate luctamen?... Omnibus frustrationibus amputatis in petitorem corpora transferantur, secundaria actione proprietatis non exclusa.*
98. Frag. 40, § 1º, Liv. 41, Tít. 2º: *Si nemo extraneus eam rem interim possiderit, sed semper in* **hereditate coloni manserit**. — Em relação à usucapião Frag. 6º, § 2º, Liv. 41, Tít. 4. *Si nemo eum possedisset.*

o possuidor sente e se reconhece possuidor, o que é, como demonstramos mais acima, o caráter distintivo normal da posse, mas é sua importância para a propriedade – a usucapião e a proteção possessória. Ora, estes dois efeitos transportam-se à petição de herança. A usucapião continua e a petição de herança garante a proteção possessória sem que a posse exista. Se o rendeiro é expulso pelo sucessor do proprietário, tem contra o *dejiciens* o interdito *unde vi*; se a expulsão se faz depois de sua morte, seu herdeiro tem a petição de herança. Para as duas ações basta a prova da posse.

A morte perde destarte a perniciosa influência que deveria, consoante a teoria da posse, exercer sobre o direito de propriedade, tomada esta palavra em seu sentido mais lato; a lacuna que a perda da posse determina em prejuízo do herdeiro fica preenchida e a *razão* legislativa da posse permanece, aliás, fora da sua verdadeira esfera. E assim se confirma precisamente o que é o primeiro fundamento, a verdadeira *vis agens* da posse, isto é, não a vontade, mas a indispensável necessidade da posse para o direito de propriedade.[99]

A herança não é afinal a única coisa sobre que a manifestação prática da posse vem aplicar a fórmula teórica que faz da posse uma emanação da vontade. As pessoas que não têm vontade, como os insanos, as crianças e as pessoas jurídicas,[100] não podem por isso ter

---

99. Em último lugar protege-se, protegendo a posse, à pessoa que é a que se encara e cujas condições de existência racional exigem semelhante proteção.
100. Para estas últimas citamos o Frag. 1º § 2º, Liv. 41, Tít. 2º. *Dig.*: *municipes per se nihil possidere possunt, quia uniconsentire non possunt,* isto é, falta-lhes a vontade de possuir. – Havia muito que se dizer no terreno dos princípios (que é o mesmo que noutras ocasiões coloca-se Ihering ao tratar das pessoas jurídicas), sobre se as pessoas jurídicas têm ou não vontade. Ihering, neste ponto toma as pessoas jurídicas no sentido de pessoas *fictícias* (conceito romano), considerando que não há mais pessoas reais além do indivíduo, mas pode-se em virtude das correntes reinantes da Filosofia do Direito e mercê do influxo da Sociologia, negar a realidade objetiva, o caráter de ser e a qualidade de substantividade às pessoas sociais? E tem-se essa substantividade se as sociedades são verdadeiras organizações racionais, como dizer que são pessoas sem vontade? Parece-me mais que as teorias modernas inclinam-se ao contrário, vendo na pessoa social alguma coisa que, produzindo-se sob o estímulo da necessidade, alcança uma existência *per si*, e é ser racional com todas as faculdades e condições do mesmo. Por vias diferentes, e dando às pessoas coletivas e à própria sociedade a consideração de seres, H. Spencer, Schäffler, Fouillée, Espinas e tantos outros, cujas idéias podem ser vistas em Giner de los Rios, em seu admirável estudo sobre "As pessoas sociais, segundo os juristas e sociólogos modernos", *in Revista de Legislación y Jurisprudencia* – 1891-1892.

uma verdadeira posse. Mas recusar-lhes a posse seria sensivelmente comprometer a sua posição na propriedade[101] e esta consideração é tão decisiva quanto a necessidade prática é muitas vezes forçada a pôr de parte as apreensões jurídicas: a exterioridade da propriedade (exercida por meio de representantes) é considerada a respeito destes como *posse* – eles podem usucapir e podem usar dos interditos.[102] Se o direito romano não tivesse já vindo em socorro do herdeiro com a petição de herança e com o princípio de que a usucapião pode continuar mesmo durante a vacância da herança, os jurisconsultos romanos, com certeza, não hesitariam em admitir *utilitatis causa* uma posse sem vontade de possuir para a *hereditas jacens,* assim como para as pessoas acima faladas. A usucapião continuada na vacância da herança, um efeito da posse! A concessão dos interditos possessórios, neste caso, não seria maior extravagância do que a usucapião sem posse. A petição de herança lhes tirou este embaraço. É sabido que esta ação não se dirige contra qualquer pessoa que possua coisas hereditárias, mas somente contra quem possui *pro herede vel pro possessore.* Por que motivo? Pela mesma razão que os interditos possessórios não são aplicáveis contra terceiros possuidores, mas somente contra quem diretamente nos contesta ou nos subtrai a posse; em outros termos, *é na pessoa do adversário* que se assenta a razão de ser da facilitação de prova que estas duas ações concedem, no sentido de não ser o autor obrigado a produzir prova de sua propriedade, bastando-lhe apenas provar o seu estado de fato ou a sua exterioridade.

Na *lesão* da posse a razão se assenta na injustiça cometida pelo réu *vi aut clam;* a este elemento corresponde na petição de herança o *titulus pro possessione;*[103] na controvérsia de *possessione* a razão é que só a posse e não a propriedade está em discussão.

Neste caso *uti possidetis* corresponde a petição de herança contra o *pro herede possiders.* Seria absurdo impor nesta ação que o autor

---

101. Esta apreciação em relação aos insensatos, é expressa no Frag. 44, § 6º, Liv. 41, Tít. 3º. *Eum qui posteaquam usucapere cæpit in furorem incidit* **utilitate suadent** *relictum est,* **ne languor animi damnum etiam in bonis** *afferut ex omni causa impleri usucapionem.*
102. *Sed hoc jure utimur,* diz Ulpiano, Frag. 1º ibidem, *et ut possidere et usucapere municipes possunt.*
103. O Frag. 37, § 1º Liv. 41, Tít. 3º, aplica mesmo ao *pro possessore possidens* a noção da *vis,* limitando a possibilidade da apreensão da posse de um fundo hereditário *sine vi* ao caso seguinte: *Si dominus* **sine successore** *decesserit.*

provasse ao réu a propriedade do *de cujus*, porque entre eles não se trata de saber quem é o proprietário, mas quem pode como herdeiro pretender a posse. Contra aquele, ao contrário, que não possui nem *pro herede*, nem *pro possessore*, a petição de herança é tão inaplicável como os interditos possessórios contra os terceiros possuidores de nossas coisas. Contra estes só a *reivindicação* ou a *publiciana*.

A petição de herança preenche, pois, dessa forma e de fato, a função dos remédios possessórios. Não pretendo que ela tenha exclusivamente este fim, basta que o atinja. Já notamos que neste terreno ela vai além da simples exigência das condições da posse jurídica.

A simples detenção de fato que, nos interditos possessórios, é limitada pela moção da posse jurídica, tem na petição de herança a mesma latitude que nas *actiones delicti*, tendentes à restituição das coisas roubadas;[104] é aplicável a todas as coisas pertencentes ao espólio, e por conseqüência ainda daquelas que o *de cujus* detinha apenas, desde que assim seja de interesse para o herdeiro.[105] Um outro desenvolvimento dos interditos possessórios na época clássica se observa na grande latitude dada ao *titulus pro possessore*;[106] provarei, quando tratar do interdito *unde vi* (VIII), que na época imperial posterior, a mesma latitude se observava na proteção recuperatória da posse. Basta isto para justificar minha opinião sobre a importância das ações possessórias. Quando eu digo, *minha* opinião, não sei se me quererá reconhecer este direito. Com efeito, se Savigny e seus prosélitos perderam de vista a correlação dos remédios possesórios com a propriedade, não faltaram entretanto, outrora e hoje, autores que a hão reconhecido e posto lucidamente em evidência. Em face das expressões inequívocas das fontes, a relação do interdito *retinendæ possessionis* com a discussão da propriedade, não foi, que eu saiba, posta em dúvida antes de Savigny. A prática ia mesmo além das fontes. Guiados pela idéia de que o possessório e o petitório não são no fundo senão fases da mesma discussão sobre a proprieda-

---

104. *Non utique spectamus rem* **in bonis** *actoris esse... si tamen* **ex bonis** *sit... sit si ex bonis hoc est* **ex substantia mea** *res ablata esse proponatur.* Frag. 2º *Dig.*, Liv. 47, Tít. 8º.
105. Frag. 19, Liv. 5º Tít. 3º... *quorum tamen periculum ad heredem pertinet.*
106. Frag. 13, § 1º, 16, § 4º, Liv. 5º, Tít. 3º; Frag. 14, § 2º, Liv. 4º, Tít. 2º. *Dig.* Este último texto concede ao herdeiro a petição de herança mesmo contra quem violentamente subtraiu a posse ao *de cujus*.

de,[107] e se mostrando por conseqüência positivamente contrários ao possessório nos casos em que se apresenta isolado,[108] muitos antigos patrícios ensinam que o juiz do possessório deve, quando a propriedade é logo firmada, decidir no interesse da abreviação da causa em atenção ao petitório e não ao possessório.[109] Esta opinião que achou mesmo em nosso século alguns defensores[110] deveria sucumbir completamente diante da influência decisiva que os escritos de Savigny sobre a posse exerceram na teoria e na prática. De outro lado, não se pode duvidar em face das explicações de autores recentes[111] que Savigny também não tenha se distanciado muito em sentido oposto, quando sacrificou por amor ao caráter delituoso dos interditos o ponto de partida dos textos, no que concerne aos interditos *retinendæ possessionis*, esforçando-se para submeter ao mesmo ponto de vista até sua função na reivindicação. O interdito *uti possidetis* é, a meu ver, pedra angular de toda teoria possessória. Desde o momento em que o autor se vê obrigado a acrescentar-lhe artificialmente a condi-

---

107. Daí vem a regra: *Finis possessorii est principium petitorii.* Gaill, *Obs. Pract.*, Liv. 7, § 3º, 32; § 11 que invoca autores seus predecessores.

108. Schilter, *Prax. jur. rom* Designando a possibilidade de emancipar o possessório do petitório, introduzida pelo interdito *retinendæ possessionis* como uma inovação não prevista pelo próprio pretor e sobrevinda mais tarde, e como uma alteração positiva do antigo direito, que considerava o processo por *vindiciæ* como uma parte integrante da reivindicação, adverte o juiz que não deve facilmente acolher aos remédios possessórios e o aconselha a cortar de um golpe a demanda, *et quoad possessionem et proprietatem eodem judicio compendiosa terminare.* Cita mesmo um escritor – *cui pie monuit remedia possessoria in conscientia valde esse periculosa; nam nullo posse quem sine periculo animæ possessorio remedio agere etiamsi in eo bonum faveat jus, nisi etiam in judicio proprietatis res ad eum pertineat, et aliter agendo scienter mortaliter peccari et ad omnes expensas damna et interesse parti victæ teneri.* (Exerc. 13, § 12).

109. Perex, Praæl, ad Código Liv. 8º, Tít. 6, § 20. Lauterbach, *Coll*, th. pr, 43, 17. § 13 e os autores que ele cita. Mevius, *Decis.* Parte VII. Dec. 248: *notorium dominium facit cessare interdictum uti possidetis et defensionem possessionis.* Leyser, *ad Pandect sp.* 468 *med.* 31, refere-se a uma decisão da Faculdade de Direito de Helmstadt: e designa a opinião contrária como um *vetus ac pervulgatus error qui in jure fundamentum non habet: sed etiam rationi juris et æquitati adversatur.* Pufendorf, obs., 2º, nº 113, refere-se a uma sentença da corte de apelação de Celle e exprime a opinião: *cum judicia possessoria* **præparandi imprimis petitorii** *gratia inventa sint, qua præparatione in petitorio manifesto non amplius indigemus.*

110. Schmid, *Handbuch des gemeinen, Civil Processes (Manual do Processo Civil Comum)*, II, pág. 84; Thibaut, *Pandekten*, § 210, assim como os escritores por ele citados, Stahl, *Rechtsphilosophie*, II, sec. 1º, pág. 308 (2ª edição).

111. Vangerow, *Pandekten*, § 336 not. 1ª e Hermann Witte, *Das interd. Uti poss.*, pág. 28.

ção da violência que as fontes não exigem em parte alguma, este autor demonstra para mim que a sua teoria não é conforme ao direito romano. Semelhante teoria não satisfaz mesmo as necessidades da prática, porque para esta é necessário que fique um caminho aberto à *controversia possessionis*, é necessário que seja possível submeter-se a uma decisão judiciária a relação possessória, contestada entre duas partes, sem ter havido de fato turbação de qualquer delas; é necessária, enfim, uma ação possessória prejudicial. Não demanda grande esforço procurarem-se os casos em que é incontestável a necessidade desta ação: casos há em grande número[112] e, se alguns dentre esses permitem em rigor supor que se trata de uma retenção de fato da posse, a maior parte resiste a semelhante artifício.

Tome-se por exemplo o caso do Frag. 38, § 1°, Liv. 41, Tít. 2°, Dig. A posse foi entregue sob uma condição, o *tradens* sustenta que a condição não está preenchida, o *accipiens* sustenta o contrário, de sorte que para decisão é necessário o emprego do interdito *uti possidetis*. Desejava que se me dissesse como recusar esse interdito em face das fontes, pois nestas acha-se incontestavelmente a condição do Frag. 1°, § 3°, Liv. 33, Tít. 17, Dig. *si inter ipsos* **contendatur** *uter possideat quia alteruter se magis possidere affirmat.*

Em que palavras se podem descobrir aqui a violência ou a turbação de fato por parte do adversário? Figure-se mesmo o caso em que duas pessoas disputam a posse de uma coisa que está em poder de terceiro. Este (suponhamos que é um herdeiro do detentor originário, herdeiro que sabendo que o seu antecessor exercia unicamente a posse em nome de uma das partes, ignorava, entretanto, em nome de qual fosse) este, digo eu, estará pronto a ceder àquele que firmar a sua posse. Não se poderá absolutamente obrigá-lo a sustentar uma coisa contra os dois pretendentes em risco de decair para com um deles e pagar as custas do vencido. Não resta, pois, senão deixar que as partes apurem o seu direito e terminem a causa e, a que outros intermédios devem recorrer as partes senão ao interdito *uti possidetis* ou *utrubi?*

---

112. Mesmo nas fontes pode-se ver a combinação dos textos em Wiederhold, *Das int. uti pos.* pág. 18; pode-se acrescentar. *Dig.* Frag. 33, Liv. 41, Tít. 2º Cód., Lei 2ª, Liv. 7º, Tít. 32. Seuffert, *Archivos*, XVII. Vêem-se muitos membros de uma comuna demandar e obter uma proteção possessória contra uma resolução da autoridade (Trib. Sup. de Apel. de Munique); veja-se no mesmo livro VIII, nº 221, um exemplo análogo em que o Tribunal Superior de Stuttgart recusou a proteção possessória em um caso em que não poderia recusar segundo a minha opinião.

Onde está neste caso a perturbação de fato da posse, se nenhuma das partes litigantes perturba o detentor?

Será talvez porque haja *turbação* de fato desde o momento em que se levanta sobre a posse uma pretensão que impede o adversário de realizar as suas? Se assim é, a condição da turbação se reduz, em última análise, a bem pouca coisa – a *simples palavras!*

Pois então que se preste toda homenagem à verdade e se diga: a condição do interdito *uti possidetis,* não é a perturbação ou a violação da posse, é a pretensão de possuir, manifestada pelo adversário, e esta pretensão pode ser provada mesmo por palavras.

De ordinário, não se admite a possibilidade de uma perturbação possessória por meio de simples palavras. Mas na literatura anterior a Savigny que não se achava ainda influenciada pela idéia do delito, acha-se sempre enunciada a condição da perturbação, até pelos autores que admitem, além do mais, o que eu chamaria, para resumir, a função prejudicial desses interditos.[113]

Somente alguns tiveram a coragem de se decidir francamente pelas palavras.[114]

A nossa prática moderna não deveria hesitar no caso vertente para aderir a esta opinião.[115]

A possibilidade desta função, puramente prejudicial dos interditos possessórios, é a conclusão inevitável das idéias que temos desenvolvido até aqui.

Se a proteção da posse tende a facilitar, a completar, a aperfeiçoar a proteção da propriedade, deve-se admiti-la, para ser conseqüente, não somente nos casos em que a posse foi violada, mas também nos casos em que ela é controvertida entre as partes, como se fazia no direito antigo em relação à propriedade, durante o largo tempo em que a *reivindicatio* foi um *judicium duplex.* Para fundamentar sua *reivindicatio* o autor não devia então alegar que a sua propriedade

---

113. Por exemplo, em Voet e Westphal citados por Widerhold Liv. cit., pág. 28.
114. Lauterbach, Coll. Theor. Prat., 43, 17, § 8 e os autores que ele cita: *Putant quidem non nulli, quod necessario ad turbationem facta requirantur; verun quod etiam verba sufficient, probat,* Liv. 3º, § 2º *uti poss.* (?), *quod fit diffamando jus in alterius res ibi asserendo.*
115. O Tribunal de Olderburg o fez; Seuffert, *Archivos,* VII, nº 41 do mesmo Tribunal de Munique.

tinha sido *lesada* pela retenção da mesma pelo réu, bastava-lhe declarar que estavam em desacordo sobre a propriedade e que ambos pediam ao juiz para cortar a sua diferença.

Semelhante modo de agir não vigora mais para a reivindicação no direito novo, desde que aquela se tornou um *judicium simplex* e supõe a posse da pessoa do réu, mas aplica-se sempre aos interditos *uti possidetis e utrubi* que conservaram inalterável o seu caráter de *judicia duplicia*. Os nossos juízes não podem recusar uma causa modelada nas formas acima, assim como o pretor não podia no seu tempo recusá-la nos termos em relação à propriedade.

Nos litígios sobre esta, a questão da posse aparece pura e nítida, isenta de todo o elemento de violência; é em suma a posse tal qual eu apresento, em um estado patrimonialmente apreciável ao qual não basta defender quando lesada, mas cuja segurança convém garantir mesmo quando simplesmente contestada em uma palavra, como uma relação de direito sobre uma coisa. Basta lembrar quanto esta noção é poderosamente sustentada e confirmada pela circunstância de que os jurisconsultos romanos reconhecem que a posse pode ser objeto das *condictiones* e da *restitutio in integrum*.[116]

---

116. L. 2, *de cond. Trib.* (13-3). *Sed et ei, qui vel aliquem* de *fundo dejecit, posse fundum condici... Sea ita, si dominus sit, qui dejectus condicat; ceterum si non sit* **possessionem** *condicere celsus act.* L. 25, § 1º, de *furt.* (47-2), L. 15, § 1º, de cond. Ind. (12-6). *Quemadmodum si falso existamans possessionem me tibi debere alicujus rei tradidissem condicerem.* L. 9, § 2, *quod met.* (4-2). *Qui possessionem non sui fundi non tradit, non quanti fundus, sed* **quante possessio** *et, ejus quadruplum... consequetur*. Não se pode expressar com mais clareza que nesta última passagem o valor patrimonial independente da posse, sobre a *restitutio in integrum*. Ver L. 23, § 3 *ex quib*. E *maj.* (4-6). Cabe ao ilustre Bruns o mérito de haver chamado a atenção sobre este ponto, olvidado por muito tempo. (Loc. citado, pág. 27).

Capítulo VIII
Ainda os meios de proteção da posse

2. OS INTERDITOS *RECUPERANDÆ POSSESSIONIS*

É quase desnecessário lembrar que os interditos recuperatórios não devem fazer objeto de nosso estudo, senão tanto quanto o exija o fim desta dissertação, isto é, tendo unicamente em vista a questão de saber se eles estão também em harmonia com a idéia fundamental da posse tal qual delineamos. Segundo a teoria dominante, o direito romano limita a três casos a proteção recuperatória da posse: a posse subtraída *vi, clam aut, precario;* para o primeiro e terceiro casos além dos interditos *retinendæ possessionis* que eram também aplicáveis, posto que, com alguma restrição quanto ao tempo (*annus utilis et major pars anni*), havia interditos especiais isentos desta restrição, a saber: o interdito *unde vi e de precario*, ao passo que a existência de um interdito especial de *clandestina possessione* é problemática no direito anterior.[117]

---

117. Toda *organização legal* dos interditos sofreu uma profunda transformação no nosso direito atual. Simplificou-se de um modo extraordinário, não só a nomenclatura, como as diferenças e trâmites processuais. Todos os interditos que protegem a posse em si e aos quais aludem como defesa da mesma os códigos civis

Uma das proposições mais comumente adotadas na teoria possessória é que o interdito *de precario* é um interdito *recuperandæ possessionis;* eu mesmo fui desta opinião na primeira edição deste livro, depois da qual me convenci do contrário.

Desde a primeira edição demonstrei (e ficou amplamente desenvolvido acima) que não se pode encontrar no interdito *de precario* a lesão delituosa da posse de outrem, sobre a qual Savigny assenta a sua teoria da proteção possessória.

Mas as seguintes condições me haviam escapado nessa época:

1º) Nas fontes, o interdito *de precario* nunca é designado como interdito *recuperandæ possessionis.*

Jurisconsulto algum romano deu este nome ao interdito *de precario*, nenhum se serviu da palavra *recuperare*, a propósito deste interdito;[118] e nem nas *Institutas* (Liv. 4º, Tít. 15, Frag. 1º, § 6º) nem nas *Pandectas* (Liv. 43, Tít. 1º, Frag. 2º, § 3º) nem em Gaius (Liv. 4º, pág. 154), nem em Theófilo (IV, 15, § 6º) é ele encontrado junto ao interdito *undi vi* como segundo interdito *recuperandæ possessionis* no edito do pretor; como nas *Pandectas* ele está separado por muitos outros, do interdito *unde vi*, ao qual deveria se anexar como segundo interdito recuperatório.[119]

Será isto um mero efeito do acaso? A seguinte consideração vai responder a questão.

2º) Ao interdito *de precario* faltam os caracteres essenciais dos remédios possessórios:

a) Este interdito não pressupõe a posse na pessoa; Frag. 18. L. Dig. 43, Tít. 26: *Unusquisque potest rem suam quamvis* **non possideat**, *precario dare ei, qui possedeat.*

---

atuais, reduzem-se a *dois* principais: de *adquirir* (a respeito dos quais Ihering discute no cap. VII) e de *reter* e *recobrar* (fora por enquanto os de *obra nova e arruinada).* Está claro que esta simplificação acarreta logo a complicação natural das questões práticas que podem motivar os interditos em virtude das diferentes causas pelas quais se disputa a posse. *(N.T.)*

118. Se a expressão *restituere,* que se encontra, fosse suficiente, grande número de interditos deveriam receber o mesmo nome.

119. O interdito *unde vi* é tratado no Tít. 16, do Liv. 43 das Pandectas e o interdito de *precario* no Tít. 23.

O herdeiro pede ao legatário, que lhe exige a entrega da coisa legada, para deixá-la ainda consigo algum tempo; o terceiro possuidor de minha coisa reconhece o meu direito e obtém de mim um prazo para m'a entregar. Baseando-me no texto acima posso, por meio do interdito *de precario*, obrigar a entrega da coisa e, entretanto, eu nunca tive a posse dela! Dir-se-á que obtive a posse por meio do *constituto* possessório? Mas o *constituto* possessório supõe a *detentio* na pessoa.

O *precario* pode também, é certo, ter por fim uma simples *detentio (ut in possessio ne esset)*, mas se não há convenção expressa o precarista tem a posse jurídica e desde então o concessionário não pode ter posse ao mesmo tempo que ele.

Admitindo-se, no caso acima, que a posse se transfira ao proprietário, pela concessão do precário, então este a conservará sempre até que sobrevenha uma nova causa que a faça voltar ao *precario*; em outras palavras, neste caso ou a posse passa pelo *precario* à pessoa e então esta a conserva sempre e o precarista fica sem posse, ou então o precarista conserva a posse com mudança de causa e então o concessionário não a pode adquirir, ainda que por momentos. Em suma, o interdito *de precario* não é interdito recuperatório, porque ainda que verídica a regra de que a posse passa do concessionário ao precarista, isto não é uma condição do *precario*.

b) Pode-se opor ao interdito *de precario*, a exceção de propriedade, Frag. 4°, § 3°, Dig. L. 43, Tít. 26: *Item si rem meam precario rogavero, rogavi quidem precario sed non **habeo** precario, ideirco quia receptum est rei suæ precarium non esse.*

Habere precario é a fórmula do interdito. Frag. 2°, *Dig.*, Liv. 43, Tít. 26. *Quod ab illo precario **habes**.*

Se o réu conseguisse destruir o *habere precario* pela prova de sua propriedade, o autor decairia infalivelmente da ação.

É certo que jurisprudência romana mais recente adotou a doutrina de que o próprio proprietário pode tomar a coisa em precário do possuidor atual (*precarium **possessionis*** por oposição à *precarium **proprietatis***), mas abstração feita deste caso (quando se estipulou um simples precário ou, como dizem as fontes, quando o precário se assenta na propriedade) quando o precarista, durante a sua posse descobre que ele é o proprietário, tem contra o interdito a exceção da propriedade em seu favor. Como conciliar essa exceção com a natureza do interdito possessório! Pois que a essência de *todos* os interditos possessórios é serem alheios à questão de direito.[120]

c) Aquele que promete a restituição do precário (por contrato) perde o interdito *de precario;* Frag. 15, § 3°, Dig. L. 43, Tít. 26: *cum quis de re sibi restituenda cautum habet precarium ei interdictum non competit.*

Entretanto, um remédio possessório e uma ação pessoal de restituição podem perfeitamente coexistir.

O arrendatário expulso pelo locador pode, se quiser, constrangê-lo à restituição da coisa por meio da *actio locati,* mas nenhum jurisconsulto romano viu nisto um motivo para se lhe não conceder também o interdito *unde vi.*[121]

Que fica pois do caráter possessório ao interdito *de precario,* se este caráter lhe falta sempre? Nada, a não ser a circunstância de que ele tende à restituição da posse. Mas se essa circunstância bastasse, a reivindicação e a *actio empti* deveriam também ser ações possessórias.

Resulta daí que Savigny (e antes dele ninguém, que eu saiba, o fez) colocou o interdito *de precario* entre os interditos *recuperandæ possessionis* com tão pouco fundamento como colocara entre os interditos *adipiscendæ possessionis,* dos quais falamos acima.[122]

Eliminado assim o interdito *de precario,* podemos nos limitar agora aos dois casos seguintes:

A subtração violenta e a clandestina da posse.

Sabe-se que o último caso não tem grande importância para o direito moderno.

A posse das coisas imóveis não se perde clandestinamente, isto é, com ignorância do possuidor; semelhante perda da posse só tem lugar quando o possuidor conhece a ocupação da coisa por outro.

---

120. A origem desta doutrina é o modo pelo qual Ulpiano a fundamenta – *mihi verius videtur... et est sententia etiam utilissima.*
121. Frag. 12, Liv. 43, Tít. 26. Reconheço ser incompreensível a razão pela qual, não sendo o precário considerado em direito como uma convenção, deveria ter por conseqüência o desaparecimento do interdito, desde que outra ação houvesse para suprir-lhe; e isto não se dê com o interdito *unde vi.*
122. Não procuraremos aqui como deve realmente ser considerado o interdito *de precario.*

Se, então, o ocupante não cede voluntariamente, pode-se intentar contra ele, como ficou demonstrado, o interdito *unde vi*; em outros termos, o direito moderno vê nesta apreensão arbitrária da posse, quando não passa de simples tentativa, uma *dejectio* violenta. A posse das coisas móveis perde-se clandestinamente, mas, em regra, tal apreensão toma o nome de *furtum* ou detenção particular e são bastantes os remédios jurídicos apropriados ao caso. Além disto não se pode pôr em dúvida a possibilidade de obter-se a restituição por meio do interdito *utrubi*.

Como quer que seja, deveremos na crítica do sistema romano dos meios recuperatórios da posse (interditos *unde vi, retinendæ possessionis* em sua função recuperatória), tomar por base os dois modos de perda da posse: *vi e clam*. O ponto de vista sob o qual eu considero este sistema de proteção, segundo o desenvolvimento da idéia fundamental deste livro, difere da doutrina dominante. Com efeito, enquanto que esta se limita ao fato de que o sistema se circunscreve aos dois casos – *vi e clam*, como a um ponto fora de toda a dúvida, eu prefiro inquirir de mim mesmo: donde provém esta limitação? Como pode ser ela justificada? Corresponde ela às necessidades de vida? É de certo muito fácil não se incomodar com essas questões, mas isto, a meu ver, não será senão uma conseqüência do erro da doutrina dominante sobre a significação e importância do interdito possessório.

Se os interditos possessórios, como julgo ter suficientemente demonstrado acima, têm seu fundamento legislativo não no crime do *dejeciens*, mas no interesse do possuidor, é lógico admitir-se que se estendam tanto quanto este interesse. Ora, este não se limita à necessidade de garantir contra a subtração clandestina ou violenta da posse, mas reclama proteção contra toda subtração sem indagar se esta é ou deixa de ser um crime.

Não pode haver questão sobre criminalidade quando uma pessoa possui *bona fide*, como própria, uma coisa de outrem que se confundiu com as suas; quando o comprador de um território rural começa a cultivar como própria uma parte do campo do seu vizinho ou quando compra uma porção de terra de quem se supõe proprietário, mas que na verdade não é senão rendeiro.

Em todos estes casos, se a proteção recuperatória da posse depende da pressuposição da subtração *vi aut clam*, o possuidor precedente deverá agir por meio do petitório, o que, em muitos casos, eqüivale à perda da coisa, atendendo-se à dificuldade de provar a propriedade.

Quanto a mim não vejo nisto senão injustificável rigor e pergunto se ao direito romano escaparia esta questão e em caso afirmativo qual deve ter sido o motivo?

Não esqueçamos, quanto ao primeiro membro da questão, que até Justiniano tal lacuna não existia a respeito das coisas *móveis*. O interdito *utrubi* pelo qual as coisas *móveis* podiam ser repetidas mesmo contra terceiros não supunha uma apreensão delituosa da posse e abolindo este interdito, a meu ver, Justiniano alterou essencialmente o antigo direito.

Além disto ele poderia ter recusado o interdito contra terceiros possuidores, mas conservando contra aquele que foi a causa imediata da perda da posse.

Os interditos recuperatórios, ao contrário, eram, como se sabe, limitados aos dois casos principais da subtração injusta da posse, *vi aut clam*.

Posso explicá-lo, mas não justificá-lo.

Ninguém ignora que as noções jurídicas muitas vezes em seu aparecimento na história têm um aspecto limitado que em dadas circunstâncias está longe de corresponder ao seu verdadeiro destino e ao seu verdadeiro fim; aspecto este de que se não despojam senão depois de largamente desenvolvidas.[123] Produtos de necessidades e experiências, não de idéias jurídicas abstratas, estas noções não ultrapassam, em regra, as efêmeras práticas que lhes deram nascimento e se limitam a um estado de fato que reproduz a substância de sua origem em uma forma acessível, tangível, mas, as mais das vezes, muito estreita.

Limito-me a citar de entre muitíssimos exemplos a noção do *damnum injuria datum*. Sua forma abstrata, tal qual a encontramos na jurisprudência anterior era muito mais elevada pela *lex Aquilæ* que a formulava concretamente; *quod usserit, fregerit, ruperit*.

O pretor procedia da mesma maneira em relação aos interditos possessórios, quando aplicava concretamente aos dois casos principais, *vi aut clam*, a noção da subtração injusta da posse. Esta fórmula

---

123. Ver meu *Espírito do direito romano*, *II*, Leit. 2, pág. 360 (2ª ed., pág. 321).

seria bastante para a maior parte dos casos, porque os jurisconsultos esforçavam-se, mediante uma inteligente interpretação, por lhe dar a necessária extensão.[124]

Mas encontraram, entretanto, um limite porque não podiam agrupar sob a noção da *vis* os três casos acima citados sem transformá-la inteiramente.

Mas o que não podiam os jurisconsultos podia a legislação e a meu ver a legislação posterior preencheu, com efeito, esta lacuna.

Esta opinião, outrora muito generalizada, contradita por poucos autores e que podia mesmo invocar a autoridade de um Cujas,[125] teve, no nosso século, de recuar diante da oposição que lhe moveu Savigny.

Todavia, a sua oposição não me convenceu.

Ao contrário, apenas compreendi como há quem a sustente quando se examina sem prevenção os pontos que a ela se referem nos Códigos de Theodósio e Justiniano.

É verdade que se admite com Savigny, como base de toda a teoria possessória, a opinião preconcebida, de que os interditos possessórios devem ser *actiones delicti* e que todo o interesse jurídico da posse consiste em que ela pode ser objeto de um crime; é natural que para salvar esta base errônea se tente o possível e até mesmo o impossível.

Cujas, que o próprio Savigny cita como defensor principal desta opinião, reuniu breve e sucintamente os motivos pelos quais se pode atribuir às fontes,[126] salvo um outro texto de que se não serviu, tendo eu menos necessidade de completar estes motivos que de os defender contra as objeções de Savigny.

Savigny atribui uma grande importância à circunstância a que Justiniano não atribui nenhuma, nem nas *Institutas* onde ele consagra ao interdito *unde vi* cerca de seis linhas, nem nas *Pandectas,* da pretensa extensão da proteção possessória no direito novo.

Mas, quantas coisas novas há no código de que ele não fez menção nestas duas coleções!

---

124. Particularmente pela noção da *vis,* que eles limitavam como Savigny à violência afetando diretamente a posse.
125. Ver Savigny, pág. 436.
126. Parágrafo último, I de *interd.* (4-15).

Além disso, não se tratava da inovação de que falamos, de abolir o interdito *unde vi*, como se podia crer que entendia Savigny, mas de o estender por analogia a casos especialmente determinados. Notemos, contudo, que Justiniano não faz nenhuma menção, nas *Institutas*, da inovação radical que, segundo a opinião de Savigny, ele introduziu na Lei 11, do Código, L. 8, Tít. 11 e pela qual teria abolido um princípio fundamental da teoria possessória antiga. Sobre a condição da existência atual da posse, requerida para o interdito *unde vi*, Justiniano não faz menção alguma nas *Institutas* e nem mesmo fez concordar com esta inovação as expressões empregadas pelos jurisconsultos das *Pandectas*.

Os textos que dizem respeito à inovação em questão pertencem todos, com exceção de um só, ao título do Código – *De acquirenda vel amittenda possessione* e aos títulos *unde vi* dos Códigos de Theodósio e Justiniano

Quando estes textos ordenam a restituição da posse para certos casos de perda não violenta, não se pode considerar como remédio aplicável, na opinião dos redatores destas coleções, a *reivindicatio*, como Savigny quer fazer crer, a propósito de uma lei do Código que ele força de maneira particular no seu sentido, mas somente um remédio possessório, isto é, um remédio que não suponha senão a prova da posse e da subtração alegada, seja o próprio interdito *unde vi*, seja outro análogo, a distinção sendo uma questão de forma, de pouca importância.

É conhecida a influência que o desaparecimento da *ordo judiciorum privatorum* exerceu sobre a noção dos interditos. O enfraquecimento e obliteração da antiga noção dos interditos que se pode ver nos termos empregados pelas constituições do fim do século III e começo do século IV[127] facilitou a extensão da esfera de aplicação do interdito *unde vi*, da mesma sorte que o aparecimento das ações *in factum* facilitou a da *actio legis Aquilæ*.

Apareceu mesmo um novo nome, o de interdito *momentariæ possessionis*, *actio momenti*, *momentaneæ possessionis actio*, o esbulha-

---

127. Ver por exemplo L. 3, Código, L. 8º, Tít. 1.: *interdicta autem licet in extraordinaris judiciis proprie locum non habent,* **tamen***, ad exemplum eorum res agitur.* Lei 2ª, Liv. 8º, Tít. 4º.: *restituendos esse interdicti exemplo.* Lei 4ª, ibidem. **Ad instar** *interdicti unde vi convenire potes.* Lei 1ª, L. 8º, Tít. 5º; *si per vim* **actionem** *recuperandæ possessionis.*

do tem a *facultas ad repetendum* **momentum**, e o juiz deve lhe restituir a sua *momentaria possessio*.[128]

Em uma época em que a linguagem está corrompida, como se deu nos últimos anos do Império, o aparecimento de expressões novas, não é senão indício certo da formação de novas noções correspondentes a essas expressões; no caso vertente, porém, dá-se o contrário.

A meu ver, pode-se demonstrar à evidência, que nesta *actio momentariæ possessionis* não se pode entrever o interdito *unde vi* no sentido dos jurisconsultos romanos.

Há duas particularidades essenciais que caracterizam esta ação e distinguem-na do interdito *unde vi* do antigo direito.[129]

A primeira, de que Savigny não faz menção em nenhuma fonte de seu livro, foi introduzida pelo edito de Constantino e brevemente resumida no edito de Theodósio e Honório (L. 3°, Tít. 6°; *momentaneæ possessionis actio exerceri potest* **per quamcumque personam**). A segunda inovação é a extensão da noção da apreensão injusta da posse além da idéia da *vis*, extensão de que nos ocupamos aqui e é demonstrada de modo inconcusso por numerosos testemunhos.

Além disso, ao lado a *vis* reconhece-se ainda a impossibilidade de uma outra perturbação da posse, como se vê, 1° Código, Liv. 8°, Tít. 5°: **si per vim vel alio modo** *absentis pertubata sit possessio;* 2° Lei única, Código Liv. 3°, Tít. 16; *ubi* **vis** *facta delitur* **aut** *momentania possessio postulanda est*.

Todavia, a importância desta distinção está claramente indicada para as matérias criminais na Lei 5ª, Código, Liv. 8°, Tít. 4°. *Invasor locorum* **pæna** *teneatur legitima si tamen vi loca eadem invassisse constiterit. Nam si* **per errorem** *aut* **incuriam domini** *loca aliis possessa sunt;* **sine pæna** *possessio restitui debet*.

---

128. Grande quantidade de textos encontram-se com expressões análogas em Gothofredus, no comentário sobre o Tít. cit., do Código de Theodósio.
129. Gothofredus cita mais de doze. A questão de saber se deve-se notar como particularidade a rapidez do processo referido em muitos textos (por exemplo: Código de Theodósio, L. 5², de *ærunt*, L. 4ª.: *jures suffragium, quod in celeri affirmationem consistit.*, L. 4ᶜ, *unde vi*, 4,22; *celere redhibitorem;* l. 1º, **utribi**, 4,23; *celeri reformatione*, L. 3, ad *leg., Jul. de vi*, 9,10. *Amissae possessionis jura reparentur endemque protinus restituta.* Código de Justiniano, L. 6º, *unde vi*, 8,4, *illico redatur*, L. 14, de *afric.* II, 47, etc.), depende da conhecida controvérsia sobre a natureza sumária dos interditos no direito clássico.

Lei 8ª, ibidem: *Momentariæ possessionis interdictum quod **non sebmper** ad vim publicam pertinet vel privatam, mox audiri interdictum etiam sine inscriptione meretur.*[130]

A obrigação de restituir a posse injustamente obtida encontra-se em grande número de textos colocados sob seus respectivos títulos, e não podem, de forma alguma, ser considerados sob o ponto de vista da violência.

Em primeiro lugar devo, antes de referir esses casos, rebater as objeções pelas quais Savigny tentou enervar a força probante dos quatro textos que precedem.

Ele julga poder eliminar a rubrica citada da maneira seguinte: A L. 2 do título, única à que se podem referir as palavras *vel alieno modo,* dispõe que no caso de uma disputa judiciária, quando uma das partes está ausente, o estado de posse não poderá ser modificado nem por um rescrito[131] do imperador, nem por uma sentença do juiz.

É evidente, na opinião de Savigny, que esta disposição não se refere senão ao processo e que os compiladores fizeram mal de inseri-la onde não era o seu lugar.

É o que eu contesto formalmente. Uma disposição que se refere tanto ao processo como à posse, pode ser aplicada às duas matérias, como fizeram os compiladores de Justiniano com a primeira particularidade mencionada acima da *actio momentaneæ possessionis.* O texto citado foi emprestado da L. 5°, Liv. 4°, Tít. 22, do Código de Theodósio de onde resulta que os próprios compiladores do Código de Theodósio, consideravam a relação desta disposição com a posse como sendo das mais importantes; o que se compreende facilmente depois do que acabamos de expor.

Não foi frívola e inconsideradamente que os redatores do Código de Justiniano seguiram este exemplo; longe disso a classificação sistemática deste texto foi objeto de suas mais sérias atenções, o que resulta, à evidência, de seus dizeres sob o título *unde vi* (Liv. 8°, Tít. 4°), que transportaram como novo título que lhes foi dado. No sentido dos compiladores do Código de Theodósio o caso ao qual se refe-

---

130. Nas palavras *non semper* deste último texto se vê que o interdito ou ação *momentariæ possessionis* abrange também o caso do interdito *unde vi.*
131. *Rescrito* = resposta de um imperador romano.

re este texto pertence indubitavelmente à espera de aplicação ampla do interdito *unde vi*.

Os compiladores das *Institutas* de Justiniano que tinham este fato sob as vistas não podiam mais claramente exprimir a extensão que entendiam dever dar ao princípio deste interdito, do que inserindo o título que lhe é relativo e no qual inserem duas inovações de princípios do antigo direito entre o título *unde vi*, Liv. 8°, Tít. 4°, e o título *uti possidetis,* Liv. 8°, Tít. 6°.

Savigny não examinou o segundo destes textos acima citados, os quais, que eu saiba, nenhum escritor tem citado até aqui. Quanto ao terceiro, surge de novo a questão da falta de classificação sistemática.

Esta objeção, digamo-lo de passagem, é para Savigny uma arma bigúmea: o argumento sobre o qual assenta sua opinião conhecida de que o interdito *unde vi* se estenderia no direito novo às coisas móveis, é a classificação da L. 7ª do Cód. citado. (Sobre as penas da defesa privada na subtração da posse) sob o título: *unde vi*.[132] É contradizer-se formalmente não ligar em um caso importância alguma à inserção de um texto sob determinado título e fazer dele fluir em outro caso as conseqüências mais várias. Aqui diz-se que os compiladores perderam a questão de vista, ali se reconhece que eles a examinaram, mas ligeiramente.

Savigny assenta suas objeções contra este texto nas palavras: *per errorem vel incuriam **domini*** (em lugar de *possessoris)* que provam suficientemente que é da *reivindicatio* que o texto cogita.

É difícil compreender como um Savigny pôde levantar uma objeção tão insignificante que ele próprio despreza, sem se incomodar em outras ocasiões,[133] e que não merece outra refutação no que lhe diz respeito, senão uma simples remessa aos numerosos textos nos quais o *dominus* intenta os interditos possessórios.

A quarta diferença, finalmente, teria essa significação, de que há casos em que se poderá invocar o antigo interdito *unde vi*, mas em que não pode haver a *accusatio ex lege Julia*. Savigny não provou, porque é produzir uma alegação puramente gratuita dizer que não há *crimen vis,* no exemplo que julgou oportuno citar, isto é, se na ausên-

---

132. Os compiladores das *Basílicas* colocam-no igualmente na posse, Liv. 5º, Tít. 23, L. 52.
133. Ele poderia com efeito, atribuir com mais razão à reivindicação os termos da L. 12, do Código, Liv. 7º, Tít. 32: *Nihil penitus domino præjudicii generatur;* mas aqui não se faz a menor dúvida de supor a continuação da posse.

cia do possuidor o imóvel é ocupado sem violência e voltando o possuidor não tenta entrar na posse do imóvel.

Não somente essa asserção não encontra apoio nas teorias dos autores das *Pandectas*,[134] como põe Justiniano em contradição consigo mesmo no próprio título, porque dispõe na L. 11, do título citado que semelhante ocupante deve ser tratado como *prædo*. Ocupemo-nos agora dos casos particulares, em que o direito novo admitiu o interdito ou ação *momentariæ possessionis* e são os seguintes:

1º) O *caso de erro*. Segundo a L. 5ª, do Código já citado, pode-se inquirir se a expressão *per errorem* deve ser entendida do erro do possuidor precedente ou também do ocupante; tudo depende da questão de saber se o complemento – *domini* – se refere a *per errorem* ou somente a *incuriam*.

Segundo a L. 11 citada, pode-se duvidar que a obrigação de restituir existia também no caso de erro do ocupante, porque Justiniano refere expressamente o pretexto de que se servia muitas vezes na ocupação dos imóveis do ausente, qual o de saber que se tinha falsamente considerado como própria a propriedade do adversário (*ridiculum et nim est dicere vel audire quod per ignorantiam alienam rem quasi propriam occupaverit omnes autem scire debent, quod suum non est, hoc ad alios modis omnibus pertinere*).

É manifesto o interesse prático deste caso. Na mutação da propriedade dos fundos rurais por sucessão ou venda, pode acontecer que o novo proprietário não tenha conhecimento exato do seu domínio e que tome por erro posse de menos ou de mais do que é seu. Se, no primeiro caso, seu vizinho se aproveita deste erro para se apropriar do restante ou se, no segundo caso, ele não se apercebe, este erro ocuparia uma mudança na relação possessória e segundo o direito antigo só podia ser remediado pela *reivindicatio* e não por um remédio possessório.[135]

---

134. Compare-se, por exemplo, as seguintes passagens do título *ad Leg. Jul. de vi privata* (48-7) que se ocupam tão somente da apreensão de *fato* das coisas de outro, sem mencionar a violência contra o possuidor: L. 3, § 2º, *per injuriam ex bonis* ablatum quid L. 7, si in rem debitoris intra verint nullo id concedente L. 8, sine auctoritate judicis res debitoris occupet.

135. Frag. 37, § 1º, *Dig.*, Liv. 41, Tít. 3º: *Fundi quoque alieni potest aliquis sine vi mancisci possessionem quæ vel ex negligencia dominio vacet vel quia dominus sine successore decesserit vel longo tempore ab fuerit. A negligencia domini* deste texto corresponde à *incuria domini* do outro texto citado.

A necessidade de um remédio neste caso é incontroversa, porque seria injustificável rigor exigir do proprietário a prova de sua propriedade para com o adversário que, como podia provar, lhe havia subtraído a posse sem nenhum fundamento jurídico.

Só aqueles que, desconhecendo os verdadeiros fins dos interditos possessórios, põem acima dos interesses práticos da vida cotidiana uma noção escolástica soberanamente restrita e por eles próprios criada, podem criticar a extensão neste caso da noção da *injusta possessio* operada pelo direito novo. Que importa para o possuidor, sendo o interesse o único ponto decisivo na matéria, que o adversário lhe tenha tirado a posse por qualquer outra forma?

Basta que isto seja de fato *injusto*, contra sua vontade, e que a posse seja reconhecida em princípio como um estado jurídico que merece e reclama proteção. Além disso, quantas vezes não será duvidoso, se o ato de terceiro deve ser qualificado como apreensão da posse ou simples tentativa de apreensão!...

Suponhamos que no caso acima, o proprietário que se acha presente à sua propriedade (e ao qual não se podem aplicar os princípios que se referem à perda da posse de pessoas ausentes), soube somente na primavera que no outono precedente seu vizinho cercou e cultivou uma porção distante de sua propriedade. Sua posse neste caso foi simplesmente turbada ou foi subtraída? Se o juiz se decide pela primeira alternativa, o possessório, isto é, a prova da posse basta para o autor; se o juiz se decide pela segunda alternativa, o autor deve recorrer ao petitório, isto é, fazer prova de sua propriedade! Qual seria a conseqüência de semelhante princípio? É que todo o juiz que tivesse certo senso prático se declararia sempre pela continuação da posse.

2°) *Infidelidade do representante.* Quando o detentor *alieno nomine* entregava a um terceiro a posse da propriedade, o proprietário não tinha, segundo o direito antigo, nenhum meio possessório contra este terceiro e ficava reduzido aos meios petitórios. Era, evidentemente, um perigo para o proprietário.

Dependia muitas vezes do rendeiro, deste modo, fazer o proprietário perder a sua propriedade, porque é sabido que a prova da propriedade, que é coisa tão fácil para a pena dos teóricos, apresenta numerosas dificuldades práticas.

Pode-se dizer em absoluto que o direito novo preenche essa lacuna?

Já o Código de Graciano e Valentiano, de que ainda não falamos até aqui, tinha previsto e chegado a tal hipótese, ao caso especial em que os tutores conluiados cediam ao adversário a posse do pupilo. O pupilo não devia sofrer por esta *culpa temeritatis alienæ* "*sed illico quidem possessio ei, a quo ablata est,*" *reddatur*. É de um remédio possessório que se trata aqui como se vê da disposição dos textos sob o título *unde vi* e da alusão à celeridade do processo (*illico reddatur*), que segundo a moderna terminologia é o sinal distintivo, certo da *actio momentaneæ possessionis*.[136]

Deocleciano editara a mesma disposição (Lei 5ª, Código, Liv. 7°, Tít. 32) para o caso da venda da parte ao rendeiro.

A expressão – *dominii tui jus non convelli* – pode, é certo, referir-se à reivindicação, mas o Imperador teve palpavelmente em vista a proteção possessória, o que resulta não somente da rubrica do título – *de acquirenda et retinenda possessione* – mas ainda da proposição enunciada no começo do texto – *nemo causam possessionis sibi mutare potest* – a menos que se queira admitir que o Imperador fosse capaz de dizer uma banalidade como esta: que o rendeiro pode privar o senhorio de sua propriedade.

Justiniano (L. 12, Código L. 7°, Tít. 32) estendeu esta disposição de uma maneira geral à representação em matéria de posse:

Ut sive servus, sive procurator, vel colonus, vel inquilinus, vel quispiam alius per quem licentia est nobis possidere, corporaliter nactam possessionem cujuscumque rei deleriquerim, vel alii prodiderit, desidia forte aut dolo, ut locus aperiatur alii eadem possessionem detinere: nihil penitus domino præjudicii generetur, ne ex aliena malignitate alienam damnum emergat.

O proprietário não sofrerá, pois, dano algum, isto é, se lhe restituirá a coisa e isto não por causa de sua propriedade, o que ainda ninguém sustentou, posto que Savigny pudesse sustentar com tanta razão com relação a Lei 5ª, do Código *unde vi*, fundando-se sobre a palavra *domino*, mas por causa da posse.

Há, entretanto, uma grande divergência de opiniões, que remonta até à época dos glosadores, sobre a natureza jurídica desta relação

---

136. Ver as passagens citadas por Gothofredus, loc. cit.

possessória; deve-se admitir que a posse *continua* ou que *cessa*?¹³⁷ É apenas necessário dizer que Savigny defende a primeira opinião, porque a segunda está em contradição flagrante com sua idéia da natureza restrita da proteção recuperatória da posse.

Semelhante opinião não acha apoio senão no Frag. 3°, §§ 6° e 9°, *Dig.* L. 41, Tít. 2°, de Paulo.

Savigny procura induzir que na opinião desse jurisconsulto a posse não continua somente no caso que ele menciona expressamente, isto é, quando o representante se limita a fugir, mas também no caso em que ele entregou a coisa a outrem.

Mas Africano e Papiniano ensinam formalmente o contrário para este último caso (Frag. 40, §§ 1° e 44, § 2° do Título citado).¹³⁸

De outro lado a pretendida opinião de Paulo, encarando-se-a no sentido de Savigny, é expressa em termos que mal respondem tão importante divergência; (§ 9°, citado: *nam* **constat** *nos possidere donec, etc.*)

O ilustre Rudorff acrescenta aos testemunhos supra citados a citação emprestada por Gellius à obra de Sabinus, *de furtis*, sobre a condenação do autor do roubo de um rendeiro que vendera a propriedade e que por essa razão – **possessione** *ejus dominum* **intervertisset**. Posso, a meu turno, trazer uma nova prova, isto é, a Lei 3, § 1°, do Código *unde vi* já citada acima, que faz resultar da entrega dolosa da posse pelo tutor a perda da posse na pessoa do pupilo; (*possessio ei a quo* **ablata** *est reddatur).*

O alcance prático dessa diferença não é sem importância para a questão da proteção possessória, ainda mesmo que se faça completa abstração da usucapião.

Ambas as opiniões tendem, certamente, a fazer o possuidor recuperar a posse que de fato lhe tinha sido tirada.

Mas na opinião de Savigny, o possuidor deve, logo que se põe ao corrente do estado de coisas em relação a sua posse, tomar medidas judiciárias ou extrajudiciárias para representar a posse como *ainda*

---
137. Savigny, pág. 346.
138. O Frag. 33, § 4º, Liv. 41, Tít. 3º parece não ter tido em vista senão coisas móveis, mas é sabido que a perda da posse destas regia-se por princípios diferentes.

existente; ao contrário, ele a perderá e por conseqüência, como não há violência, perderá também o remédio recuperatório; a opinião contrária, porém, ao em vez disso, lhe concede o interdito *unde vi,* durante todo o tempo necessário à prescrição, permitindo-lhe intentá-lo mesmo no caso de alienação,[139] enquanto que o interdito *uti possidetis* supõe a posse atual na pessoa do réu.

3º) Disposição judiciária ilegal.

O princípio da invalidade de uma mudança da posse operada por uma decisão judiciária ilegal é apoiado em duas passagens do Código de Justiniano, no Frag. 2º, Liv. 8º, Tít. 5º, e no Frag. 3º, Tít. 6º.

Nos termos do primeiro texto, um rescrito imperial ou uma disposição judiciária que pronunciasse a transmissão da posse, não seria exeqüível na ausência do possuidor atual.[140] A contravenção desta proibição entra nas hipóteses previstas e consideradas sob a rubrica do título: *Si (per vim) vel* **allio modo** *absentis* **perturbata** *sit possessio,* de onde se conclui que a restituição da coisa, em virtude da simples posse e não da propriedade, resulta da posição da contextura do título.[141] O segundo texto dispõe nestes termos: a imissão na posse judiciária obtida por surpresa *(sub colore adipissendas possessionis obreptitia petitio),* sobretudo quando o adversário não foi ouvido, não pode prejudicar a este, e a execução eventual da ordem de imissão pode ser invalidada por meio da *actio momentaneæ possessionis.*[142] A aplicação desta passagem parece à primeira vista difícil, mas tal dificuldade desaparece lembrando-se que ela se refere à ordenança de Constantino, já mencionada acima e transcrita no Frag. 1º do Código de Theodósio, e na qual Constantino dispõe que: *si possessio absentis quam propinquus vel amicus vel servulus quolibet titulo retinebat, quolibet pacto ablata sit,* estes detentores

---

139. E mesmo contra quem não fez senão esbulhar o possuidor sem se apossar da coisa.
140. Ver J. Gothofredus sobre o Frag. 1º, Código de Theodósio, falando sobre a necessidade de proteger os ausentes contra estas e outras formas de tirar subrepticiamente a posse.
141. No Código de Theodósio encontram-se estes casos sob os nºs 5 e 6 do título *unde vi.*
142. Ver Bruns, sobre a questão, outrora muito debatida de ser admissível o interdito *unde vi* contra as execuções ilegais da autoridade. Bruns, resolveu-a afirmativamente e com razão por analogia com o Frag. 3º, § 1º, Liv. 4º, Tít. 2º, *Dig.*

deveriam ser autorizados a intentar a ação *momentaneæ possessionis*. E o Frag. 4° do mesmo Código concedia a todos os afins do ausente (*servis, amicis, parentibus, proximis vel libertis*), mesmo independente da condição de detenção.

Ora, o Frag. 3° acima citado, por isso mesmo que põe mais em relevo esta propriedade da ação por ser uma ação popular, comum e conhecida (*momentaneæ possessionis actio exerceri potest per quam cunque personam*), faz a aplicação dela no caso de que se trata de uma imissão de posse judiciária obtida por surpresa, caso que os dois textos não excluem claramente, ainda que não o mencionem em termos expressos.[143]

A ação que na ausência do possuidor é concedida em seu interesse a qualquer terceiro, com melhor razão é concedida ao próprio possuidor, pouco importando que ele estivesse presente ou ausente no momento da tomada da posse pelo adversário. Cumpre-lhe provar sua posse e a ilegalidade da imissão nela do adversário. O Frag. 2° do Código de Theodósio, Liv. 4°, Tít. 22, encerra ainda um caso semelhante da apreensão subreptícia da posse com aparência de direito. É o caso de abuso do rescrito imperial (*neque vulgato rescripto neque adversario solemniter intimato*), ou de alegação falsa de sentença passada em julgado para o fim de intimidar o possuidor.[144]

Dava-se também neste caso lugar a uma ação possessória, como se vê pela inserção do texto sob o título *unde vi*, texto este visivelmente desnaturado no Frag. 6° do título correspondente do Código de Justiniano.

4°) A apreensão da posse de um ausente.

No Frag. 11 do Código de Justiniano encontra-se a disposição de que aqueles *que vacuam possessionem absentium sine judiciali sententia destinuerunt*, serão considerados como *prædones*, e a respeito

---

143. De fato, posto que o Frag. 1º citado empregue também os termos *deject* e *violentia*, as suas demais expressões são muito latas: *cujuslibet rei possessione privati*, **quolibet pacto** *poss. ablata* (tal é a versão de Hanel, segundo os melhores manuscritos), outros dizem: *quolibet pacto et peregrinatur*, como se vê ao Frag. 1º, Código, Liv. 8º, Tít. 5º, *status qui* **per injuriam sublatus** *est*. Vê-se o mesmo no Frag. 5º: *si perturbatus possessionis status sit vel diseptum aliquid, quæ probantur ablata*.
144. Ver Gothofredus, *cit.*, pág. 454.

dele deve-se observar tudo o que no direito antigo se observava a respeito dos *prædones*, no que concerne à restituição da posse. Ali trata-se do interdito *unde vi*, como reconhece o próprio Savigny, mas sobre o sentido das palavras **vacua** *possessio* não são acordes as interpretações. Deve-se no caso considerar com Savigny[145] uma posse perdida pelo único fato da ausência do possuidor (a *possessio* do Frag. 37, § 1º, Liv. 41, Tít. 3º, *quæ ex negligentia domini vacat*) ou trata-se de uma posse que ainda dura, posto que não exercida nem pelo possuidor nem por algum representante seu, como no caso de ausência do rendeiro ou de escravos?[146]

Acho exata a segunda opinião. A de Savigny empresta a Justiniano a anomalia de haver criado uma proteção para a posse abandonada pelo próprio possuidor, o que não se concilia de modo algum com o que ele próprio diz sobre direito anterior. Este, diz ele, não concedia proteção alguma ao possuidor, *violentia in ablatam possessionem minime præcedente*. Ora, num caso em que faltasse a própria posse, nenhum jurisconsulto antigo deixaria de revelar um motivo tão importante que impossibilitava a concessão da proteção possessória em lugar de procurar a razão dela na *vis*, que na espécie falhava inteiramente. Tal seria o caso daquele que para repelir a acusação de assassinato de pessoa já assassinada alegasse, não que a vítima estivesse já morta, mas que o golpe que lhe vibrara não lhe poderia ocasionar a morte. Proclamar que no caso acima, em que a *vis* é notoriamente impossível, não pode ter lugar a proteção possessória, é implicitante reconhecer a existência da posse.

Acrescente-se além disso a escusa que o ilustre Justiniano põe na boca dos ocupantes: *quod per ignorantiam rem alienam quasi propriam occupaverint*, na suposição de que a coisa não estivesse na posse de ninguém, do contrário eles teriam uma justificação muito diversa e inteiramente legal na alegação desse fato.[147]

---

145. Segundo Bruns, nos Anais de Bekker e Muther, Liv. 4º, pág. 65, esta opinião é hoje fora de dúvida.

146. Neste caso, segundo a teoria dos jurisconsultos romanos, a posse continuava *provisoriamente*.

147. Frag. 37, § 1º, Liv. 41, Tít. 3, *Dig. Fundi quoque alieni potest aliquis sine vi nancisci possessionem, quæ vel ex negligentia domini vacet, etc.* Frag. 4º, § 28, *ibidi*. *Item si occupaveris* **vacuam** *possessionem, deinde venientem dominum prohibueris non videberis vi posse disse*, etc. Há mais o Frag. 8º, Liv. 11, Tít. 58, que autoriza toda a pessoa que deseja cultivar as *agros domino cessante desertos*, isto é, as

Estas duas considerações estabelecem à toda a evidência, que na questão submetida à decisão do Imperador, tratava-se de uma relação possessória *existente*, e, enquanto se não oferecer um testemunho em favor da opinião contrária (eu não conheço nenhum),[148] sustentarei com Justiniano, que o direito antigo no caso vertente não concedia nenhuma proteção possessória pela razão de que a noção da *vis* não se podia aplicar às coisas. Em nenhuma passagem referente ao caso se encontra o interdito *unde vi* concedido ao possuidor esbulhado, que se conforma com o esbulho depois de ter conhecimento dele. Longe disto, para concessão desse interdito supõe-se sempre que o possuidor mantém a sua posição opondo-se à violência feita à sua pessoa. É o próprio Savigny que indica a *violência pessoal imediata* como condição deste interdito.

O antigo direito não concedia remédio algum possessório àquele que cedia à violência, por vezes perigosa ou que estava impedido de repeli-la por achar-se ausente, concedendo-lhe neste caso apenas o recurso de reivindicação. Mas não é somente no testemunho de Justiniano que eu fundo esta doutrina: encontro-a ainda claramente enunciada nos termos de que se servem os jurisconsultos romanos em relação aos dois casos de perda da posse nos textos citados na nota antecedente. No Frag. 3º, § 8º cit., o jurisconsulto fala do caso em que o possuidor se esconde por medo e diz: *amisisse eum possessionem,* ao passo que não lhe seria difícil, antes bastavam-lhe mais duas letras para acrescentar ao texto a expressão *vi*. No Frag. 7 encontra-se a mesma expressão, e principalmente ali a omissão da palavra *vi* é muito significativa, porque o Frag. 6º, que, com o anterior, tem uma conexão íntima, acrescenta expressamente a palavra *vi* para o caso – *si revertentem dominum non admiserit (vi magis intelligi possidere, non clam)* e finalmente o Frag. 25, § 2º, designa o modo pelo qual tem lugar, no caso acima, a perda da posse nas palavras seguintes: ***animo*** *desinamus possidere*.

---

propriedades incultas e saídas da posse do proprietário. Justiniano não podia, sem se contradizer grosseiramente, autorizar aqui um ato contra o qual ele comina, em outra parte penas severas. Não se pode jamais conciliar com esta opinião o Frag. 4º. Código, Liv. 7º, Tít. 32, que reconhece expressamente que, a abstração feita do caso do *metus necessitas,* o abandono longo das propriedades redunda em prejuízo do possuidor, isto é, a perda da posse.

148. O próprio Bruns, partidário da opinião contrária, deve convir que os textos por ele citados, Frag. 3º, § 8º, Frag. 70, L. 25, § 2º, Frag. 41, Tít. 2, não se referem em realidade senão à perda da posse e não à procedência do interdito.

Como conciliar esta expressão com a hipótese de uma *dejectio,* na qual é sabido que a posse se perde *corpore* e não *animo?* Acrescentarei ainda, como conciliar esta hipótese com a teoria do próprio Savigny? Colocou-se ele, não aprofundando bem o seu estudo na questão e desconhecendo a relação do que se trata, em terreno lúbrico, em que é difícil se manter.

E efetivamente, ele se vê desde logo obrigado a contradizer, a destruir até a definição que ele próprio dera da *vis* como condição do interdito *unde vi: uma violência que afete diretamente a pessoa?* Se a ocupação arbitrária do terreno contém, de uma maneira absoluta, quer o possuidor esteja presente ou não, uma violência imediatamente pessoal, que outra espécie de violência deixará de merecer esta classificação? Por que acrescentar-lhe desde logo a idéia de *imediata,* a personalidade da violência? Pode-se deste modo fazer de um roubo um assalto. "Mas", diz Savigny (pág. 431), "pouco importa que a violência tenha sido realmente exercida ou que um temor fundado tenha feito evitá-la, porque neste caso, não há temor de um perigo *futuro* mas temor de um perigo *atual e imediato".*

"É indiferente, outrossim, que o possuidor tenha sido expulso de sua casa, ou simplesmente impedido de entrar nela"; e, isto posto, Savigny proclama como evidente que, "quando a casa foi ocupada na ausência do possuidor, e este poderá como *objectus* invocar o interdito, ainda mesmo que não tivesse feito esforço algum para reentrar à força na sua posse". Na verdade, se o livro que tal doutrina prega não tivesse em seu frontispício o nome de Savigny, eu teria dúvida de que ele o tivesse escrito. Assim, quando sou avisado que um terceiro se apossou de minha casa, com a firme intenção (concedo) de defender a posse à mão armada, haverá para mim, neste caso, não um perigo *futuro* mas um perigo atual e imediato?

Se isto é certo, pergunto ainda, qual será o caso de um perigo futuro que não seja ao mesmo tempo *atual e imediato?*

Não pode haver, assim como não haverá *violência pessoal não imediata*. Toda apreensão violenta da posse em caso de ausência, contém, por certo, não só uma violência pessoal contra mim, como também um perigo imediato para mim. Mas, como sabemos nós então que o ocupante tem realmente no caso vertente a intenção de sustentar a sua posse pelas armas? Uma família pobre ocupa parte de uma casa ou barraca dependente do meu jardim, ou ainda o comprador de meu terreno põe-se a cultivar, por erro, uma parte de terreno vizinho que me pertence: qual é o perigo que me ameaça, se eu me coloco neste lugar para defender a minha posse?; *facile expulsurus finibus simulaque sciero*, como diz o Frag. 18, § 3°, *Dig.*, Liv. 41. Tít. 2°. Mas, suponhamos que seja um homem excessivamente tímido e tenha medo de o fazer; o meu medo claro é que não gera a *vis* na pessoa de meu adversário.

Ora, como provarei eu esta *vis* se não dei possibilidade de que ela se revelasse por fato? Como poderei eu somente provar o meu medo? E esta prova é entretanto necessária, porque diz Savigny na página 350, "se eu me abstenho por um motivo, como o medo, de fazer valer minha posse, a posse do meu adversário não é uma *vitiosa possessio*, porque ela começa por minha própria vontade."

Quem não preferia, pois renunciar inteiramente ao interdito *unde vi*, a fazer duas provas tão impossíveis uma como a outra; a prova que meu adversário ofereceria, até que eu lhe opusesse uma resistência violenta, se eu aparecesse, e a prova de que o motivo de minha abstenção não eram as minha conveniências, mas o receio de ser pessoalmente maltratado. O interdito nesta forma não vive no mundo exterior, mas na alma das duas partes e o juiz que o tiver de firmar deverá ter o dom de ler nos corações e pressentir os pensamentos e as resoluções futuras. Os jurisconsultos romanos, cortavam estas dificuldades não mencionando interditos para tal caso. Havia nisto uma lacuna evidente.

Justiniano procedeu sabiamente guardando e garantindo o possuidor do vexame e perigo de ser pessoalmente expulso. E quando Puchta (*Pandectas*, § 135, not. C) chama a doutrina do Imperador o *caminho do arbítrio*, por causa da ausência das duas condições essenciais, "a violência sofrida e a perda da posse", faz apenas uma referência que mais atinge o próprio Puchta que ao Imperador. Com efeito, quanto a esta última condição, Puchta esquece que a posse se perde quando o possuidor não faz por conservá-la (XIII); e quanto à primeira, sua opinião se reduz no fundo à ingênua pretensão de que os possuidores exporão sua vida e verterão seu sangue para ganhar o interdito, unicamente no intuito de salvar a noção escolástica da *vis*. Muito diverso é entre os homens o modo de estimar o valor dos bens de que aqui temos feito menção. Aqui termino a exposição do desenvolvimento do interdito *unde vi* no direito novo.

Pouco importa que se a designe como uma extensão por analogia deste interdito, ou ainda, nos termos das fontes, como o interdito ou ação *momentaniæ possessionis*. O nome pouco importa para a coisa. Não compreendo como se possa ignorar ou combater este desenvolvimento de que tenho falado. Se Savigny, entretanto, o fez e isto com tal sucesso, que na matéria deixou de haver questão para maior parte dos seus sucessores,[149] não há neste fato senão uma prova pujante do poder das opiniões preconcebidas, e da fatal influência que pode exercer a autoridade de um nome célebre, mesmo nos nossos dias tão dominados pelo espírito da crítica.

A evolução aí atingida é a passagem da forma da injustiça, circunscrita à simples *vis*, à idéia da injustiça pura, da *quæcunque injusta causa amissionis*, como se diz a propósito da *actio spolii*. A analogia entre esta ação e o remédio jurídico de que nos temos ocupado é frisante[150] e é precisamente esta circunstância que serve para desacreditá-la aos olhos de alguns autores que a recomendam aos meus.

Com efeito, não se deve considerar de *parti pris* qualquer transformação da teoria possessória romana em uma época posterior, como uma corrupção e um disfarce resultantes da falsa compreensão e da ignorância, como uma apostasia ao único e salutar evangelho da teoria possessória romana. Ao contrário, ainda que se compenetre, como eu, da convicção de que uma forma jurídica que não se limita a aparecer um momento para desaparecer logo depois, mas que subsiste durante muitos séculos e se mantém energicamente a despeito de todos os ataques, deve ter nascido sob o impulso de uma irrecusável necessidade prática; e atendendo-se à circunstância de que semelhante forma soube se impor duas vezes em épocas diferentes, tão afastadas uma da outra, sendo da segunda vez de um modo absolutamente independente da primeira, se verá um atestado brilhante da autoridade e do poder que a nova noção tra-

---

149. Além de outros podia citar Sintenis, *Gem. Civilrechts (Direito civil comum)*, 11, § 124, nota 48, que procura por em relação a *actio spolii actio momentariæ possessionis*, mas sem ter idéia nítida desta última. – Ver Brinz, *Pandectas*, 1, pág. 86.
— Uma influência fatal, digo eu, porque a latitude introduzida pelo direito novo (que assim se diga de passagem) é, a meu ver, um dos raros progressos da legislação nos últimos anos do Império.

150. É expressamente reconhecido pelos antigos jurisconsultos, por exemplo, Cujas, Obs. XIX. 16: *Generale interdictum restitutorum momentaneæ possessionis quod hodie beneficium redintegraudæ possessionis vocamus*.

zia em si. Como desconhecer esta autoridade? É bom que se não esqueça por um momento o pretenso interesse científico que não pode ser invocado senão com grave perigo dele mesmo, perante as noções que nos legaram os jurisconsultos romanos; que se pergunte sem *parti pris*, se se pode justificar de qualquer modo esta tese que no caso em que a subtração da posse incide sob a noção da *vis*, basta a prova da simples posse, ao passo que nos outros casos é preciso a prova da propriedade.

Se se reconhece que a posse é uma relação digna de proteção jurídica, por que razão parar em meio do caminho e não lhe conceder proteção completa? É que por acaso esta semi-proteção, que se não pode deixar de reconhecer no antigo interdito *unde vi*, seria uma vantagem de tal modo considerável, legada pelo direito romano antigo que fosse necessário mantê-la a todo o preço? Não será antes uma imperfeição a que se não atribui certa autoridade histórica, senão por que os jurisconsultos romanos, ligados pela forma citada no interdito eram impotentes, quando interpretavam este último interdito, para dar à noção da *vis* uma extensão tal que te-la-ía feito desaparecer?

Se a jurisprudência romana não ultrapassou na posse as noções da *vi, clam, precario*, eu não admito com muitos autores, que razão a seja – que esses limites fossem traçados pela própria natureza da posse; aí vejo unicamente o resultado de dadas condições históricas, da fixação tradicional dos interditos possessórios em relação com os três *vitia possessionis*.

Se se reflete que esta tripartição cresceu com toda a matéria possessória em seus detalhes menores e mais íntimos, que ela se reproduz em todas as formas, compreender-se-á facilmente que não era possível torcê-la em uma época em que o sistema de processo estava em pleno vigor, sem abalar ao mesmo tempo este em todas as suas partes. Semelhante obstáculo desapareceu na época imperial posterior: se a jurisprudência usou desta liberdade para estender os limites da proteção possessória além da noção da *vis*, semelhante esforço merece mais elogio que censura.

Eu vou ainda mais longe, e não hesito em sustentar que, longe de se pôr em oposição com a idéia da posse, tal qual era concebida e expressa no direito anterior, livrou-a pelo contrário de uma contradição interna. E com efeito, não posso ver senão uma contradição íntima no fato de ser o herdeiro tratado em relação à posse com mais favor que seu antecessor. Tive, acima, ocasião de pôr em relevo a função possessória da *hereditatis petitio;* o que eu disse se aplica também aos interditos *adipiscendæ possessionis* do herdeiro, isto é, ao interdito *quorum bonorum, quod legatorum* e ao *remedium ex lege ult. Código de edicto Divi Hadrini tollendo.*

Ora, compare-se a posição jurídica que esses remédios de direito geram para o herdeiro, com aquela que os interditos possessórios geram para o *de cujus.*

O herdeiro obtém sempre os remédios possessórios[151] contra todas as pessoas que se apoderam da posse das coisas hereditárias: o interdito *quod legatorum* contra aquele que se apossou em virtude de um legado suposto ou real, a *hereditatis petitio,* o interdito *quorum bonorum* e o *remedium* sobredito, contra aqueles que se apossam delas em virtude de um pretendido direito de herança ou sem direito algum. O *de cujus,* ao contrário, não é protegido senão contra quem o esbulha violentamente da posse.

Não se objete que estes remédios jurídicos dos herdeiros são *adipiscendæ possessionis,* enquanto que os do *de cujus* são *recuperandæ possessionis.* O *adipiscendæ* na pessoa do herdeiro tem unicamente por fim *recuperare* a posse do *de cujus,* e a reaquisição da posse que ele busca não tem a forma da aquisição senão pela razão de que, conforme a teoria possessória romana, a posse cessa com a morte do *de cujus* e não passa *ipso jure* a seus herdeiros.[152] Todavia o fundamento de sua pretensão não é senão a posse precedente do *de cujus;* é esta posse e não a propriedade que deve ser provada. Mas, se o próprio *de cujus* ou herdeiro, depois de haver tomado posse vê-se em posição de reclamar a restituição da posse que lhe foi injustamente tirada, esta facilidade de prova não lhe será concedida senão no único caso em que a subtração da posse pelo adversário pode ser considerada uma manifestação da *vis.* Suponhamos, por exemplo, um legatário verdadeiro ou suposto que se apropria da coisa, fazen-

---

151. Já me expliquei com relação ao direito que se tem de dar-lhe este nome.
152. Dá-se o mesmo com o interdito *adipiscendæ possessionis* de que faz menção o Frag. 2º, §3º, Liv. 43, Tít. 1º, *quo itinere venditor unus est quominus emtor utatur, vim fieri veto.* – Ver também o Frag. 1º, § 37, Liv. 43, Tít. 20.

do-se entregar o legado pelo rendeiro antes que o herdeiro tomasse posse do legado: neste caso o herdeiro poderá forçá-lo pelo interdito *quod legatorum* a lhe restituir a posse, porque ao caso se aplicam os termos gerais deste interdito, *quod quis legatorum nomine non ex voluntate heredis occupavit* (Frag. 1°, § 2°, *Dig.* Liv. 43, Tít. 3°). Quer este fato se dê em vida do testador, ou depois que o herdeiro se imitiu na posse, um e outro são obrigados a agir pelo petitório, a menos que não possam alegar uma violência na pessoa de seu adversário.

Pode haver maior contradição? É, pois, necessário que o homem morra para que a idéia da proteção possessória seja cabalmente reconhecida em direito, é necessário que a posse, e com ela a possibilidade de limitar a sua proteção à condição da *vis*, deixe de existir para que o princípio acima, *quod quis non ex voluntate (ejus ad quem res pertinet) occupavit, restituat*, tenha eficácia?

Se isto é certo, a posse *passada* é mais eficaz que a posse atual, a sua *cessação* é uma vantagem, a sua *continuação* uma desvantagem. É necessário morrer para se ter direito a plenitude da proteção possessória! Isto faz lembrar um posto policial, no qual se recolhiam todos os passageiros para examinar se estavam munidos do respectivo passaporte, deixando, entretanto, que passassem livremente todos aqueles que não tinham o dito passaporte!

E tão hilariante desproporção entre os efeitos da posse passada e da posse atual seria sugerida pela idéia da própria posse? Posso convir que assim fosse no direito romano antigo. Se os jurisconsultos romanos não se opuseram a tal doutrina não é que eles não *quisessem*, mas sim porque eles não podiam, como já fizemos notar. Mas a ciência moderna que pelo desenvolvimento, acima indicado, dos remédios possessórios na época imperial posterior, conquistou a liberdade necessária para se emancipar desses obstáculos históricos, peca contra si própria e contra a vida prática quando se submete a antigos elos por uma cega adesão à teoria dos jurisconsultos romanos, e quando em lugar de reconhecer estes elos pelo que eles o são e regozijar-se de que eles se hajam quebrado, emprega toda a sua sagacidade para justificá-los e torná-los necessários. Por nossa parte lhe opomos esta simples proposição: a posse, uma vez reconhecida como relação jurídica, exige não uma *meia proteção,* mas uma proteção *inteira;* para o interesse e o direito da posse deve ser inteiramente indiferente que ela tenha sido lesada desta ou daquela forma, por violência ou por outro modo, e a mesma generalidade de proteção que se realiza no interdito *retinendæ possessionis,* no que concerne ao reconhecimento e à manutenção da posse, deve também ser exigida para o interdito *recuperandæ possessionis.*

Só deste modo a teoria da posse obtém uma solução harmônica e se mostra o que deve ser e efetivamente é: um baluarte garantindo o proprietário contra todos aqueles que invadem a exterioridade do seu direito. O caso da *hereditatis petitio* de que nos temos ocupado até aqui não era o único caso em que o próprio direito antigo se desenvencilhava das três condições tradicionais dos interditos possessórios – *vi, clam aut precario,* para estender a noção dos vícios da posse do modo mais geral. Havia um outro caso em que se dava o mesmo fenômeno, a posse da liberdade da parte de um escravo. A fórmula não dizia: *vi, clam, precario,* mas unicamente **sine dolo** *malo in possessionem libertatis fuisse,* o que é ponto de vista tão geral como o **pro possessore** *possidere* da *hereditatis petitio.*[153] Resta-nos agora determinar e formular de modo mais preciso o princípio da proteção recuperatória da posse tal qual se realizou nas decisões isoladas, acima citadas, da época imperial posterior.

Os três motivos especiais do antigo direito: *vi, clam, precario* ampliaram-se na noção geral da *injusta possessio* que é a base da posse do *pro possessore possidens,* na petição da herança e da *actio spolii* da Idade Média (*quæcunque injusta causa amissionis possessionis*).

Pode-se aqui empregar exatamente a mesma fórmula de que se serviu o pretor no interdito *quod legatorum: quod quis non ex voluntate* (*actoris*) *occupavit.*

A *apreensão da posse contra a vontade do possuidor.*

Sob este ponto de vista incidem todos os casos acima citados: o erro tanto do ocupante, como do precedente possuidor (desde que se tratasse de *subtração* unilateral da posse e não de *transmissão* da posse motivada por erro), a tomada da posse sub-receptícia por conluio com o representante do possuidor por meio de ordem judicial ilegal, a apropriação de bens de ausente. Excluem-se, ao contrário, todos os casos de perda da posse que se apóiam na tradição por parte do possuidor, pouco importando que esta se efetuasse de forma a

---

153. A este propósito ver Frag. 7º, § 5º, Frags. 10, 11, 12, Liv. 40, Tít. 2º, *Dig.*

poder ser demandada por outros remédios jurídicos na hipótese de constrangimento ou dolo. Precisar estas idéias nos casos especiais de que tratamos é difícil, principalmente no caso de constrangimento. Existe *metus* ou *vis* quando alguém nos obriga por ameaças a deixar a posse da nossa casa? No primeiro caso deveria se recorrer à ação *quod metus causa*, no segundo, ao interdito *unde vi*.

O interesse da distinção é de grande importância porque, como se sabe, a primeira ação permite exceções petitórias,[154] inadmissíveis na segunda.

Sob o ponto de vista do processo, o interdito *unde vi* podia satisfazer na maioria dos casos, porque para provar a *vis* bastavam ameaças e violências, tais como já vimos acima,[155] e caberia ao réu provar que ele recebeu efetivamente a tradição da coisa. O mesmo se podia dizer do esbulho em virtude de decisão judiciária; ainda aqui, a *vis* e o *metus* têm fundamentos semelhantes, posto que se não possa contestar a admissibilidade do interdito *unde vi* contra aquele que está na posse, quando o possuidor, prevendo os atos de violência, tivesse largado voluntariamente a posse. A proteção recuperatória da época imperial não é limitada ao caso de delito, isto é, a presunção de uma falta na pessoa do réu. Aquele que convencido do seu direito obteve do tutor a entrega das coisas que estavam na posse do menor não está em falta,[156] do mesmo modo que aquele que, ignorando os limites de seu terreno, põe-se a cultivar uma parte do terreno do vizinho.[157]

De acordo com os princípios gerais, conhecidos, não se lhe pode impor a obrigação de reparar os danos, como é expresso no interdito *unde vi* assim como não se pode impô-la ao herdeiro do verdadeiro culpado de uma violência frustrada; esta obrigação pressupõe a existência de uma falta. Onde ela não existe, a obrigação se reduz à restituição do que o réu ainda detém. A necessidade da falta não se limita

---

154. Frag. 12, § 2º, Liv. 43, Tít. 16, *Dig*.
155. Encontra-se a expressão *vis* empregada na ação *quod metus causa*, como a expressão *metus* no interdito *unde vi*. Ver Frag. 3º, 14, § 2º, Liv. 4º, Tít. 2º, Frag. 1º, § 29, Liv. 43, Tít. 16.
156. O Frag. 7º, § 1º, Liv. 8, Tít. 4º, Código não se aplica somente ao caso de conluio, isto resulta das palavras *habito plerumque colludio*.
157. O Frag. 11 do Código h. t. não é evidentemente contrário. Justiniano fala ali não dos que ocupam o terreno de outro por erro, mas dos que ocupam cientemente e se servem do erro como pretexto.

ao caso de violência, basta notá-la. Aquele que se apodera cientemente dos bens de um ausente não comete nenhuma violência e isto não impede que, segundo o Frag. 11 do Código h. t., seja ele considerado como *prædo*, sendo a ele aplicáveis todas as odiosas disposições do direito antigo, aplicáveis a estes. Deixo ao leitor, isento de preconceitos, o trabalho de julgar se a teoria que eu acabo de desenvolver e que no fundo reproduz inteiramente a antiga doutrina de Cujas, sobre o *generale restitutorium interdictum*, com o mérito exclusivo de havê-la mais cuidadosamente fundamentado, merece o reparo que lhe fez Savigny (pág. 466), de que "a nova teoria das ações possessórias seria tão vaga e arbitrária quanto a antiga teoria era precisa e conseqüente." Ela não será mais vaga, nem menos obscura que a teoria da petição de herança e dos interditos possessórios do herdeiro de que temos falado; não tem outro fim que o de dar à proteção possessória dos *vivos* a mesma extensão que esses remédios jurídicos têm no caso de morte, e não conheço ninguém que se queixasse até hoje do caráter vago desses últimos.

A noção de *pro possessore possidere* é mais *ampla* que a noção da *vi possidere;* porém *ampla* e *vaga* são coisas distintas. Acho a idéia desenvolvida até aqui, isto é, a apropriação da posse *sem* ou *contra* a vontade do possuidor infinitamente mais precisa que a da violência desenvolvida por Savigny, bastando notar-se que ele, depois de a ter definido – *uma violência afetando diretamente a pessoa* (pág. 429), fá-la, três páginas mais adiante (pág. 431), bastante elástica para compreender um caso em que não há o menor traço de violência pessoal. Quanto ao reparo de arbitrária que Savigny lança contra a nossa teoria, é igualmente improcedente.

Todo aquele que não parte da idéia fixa de que o mundo não pode prescindir do interdito *unde vi* do pretor romano que, ao contrário, pensa que o edito pretoriano deve ser eternamente a regra a que se devem submeter o espírito e o movimento jurídicos, todo aquele, digo eu, que não parte desta idéia fixa, não verá na emancipação da proteção recuperatória da condição de violência, senão um progresso justificado pelos interesses da vida prática e pela idéia da proteção possessória; não verá, ao contrário, o arbítrio senão na restrição desta proteção à estreita condição da violência. Com efeito, se a posse deve ser protegida, por que tal proteção deve ser limitada à violência? Que importa ao possuidor o modo pelo qual seu adversário o priva da posse? O centro de gravidade da posse reside, penso eu, no próprio possuidor, e não no seu adversário. Mas se se inverte esta opinião, assim como a natureza das coisas, tal qual o faz Savigny, então se verá que o que é natural deixa de sê-lo e vice-versa. O próprio Savigny que desprezava a opinião que temos desenvolvido como inconcebível corrupção da teoria possessória romana, estende e torce, como já vimos, de tal modo a noção da violência, que prejudica a sua própria definição: ele próprio não encontra fundamento para censurar Justiniano por ter o Frag. 11 do Código concedido o interdito *unde vi* no caso de posse já *anteriormente perdida*. Um remédio possessório sem posse!

À vista de semelhante extravagância, que sacrifica toda a idéia fundamental da posse e a protege onde ela não existe, a nossa tese do desenvolvimento do interdito *unde vi* no direito posterior não pode merecer nunca o *estigma de arbitrária*.

Resta-nos, enfim, examinar se o resultado que obtivemos refere-se somente às coisas imóveis ou se compreende também as coisas móveis. Se é exato dizer-se com Savigny que o interdito *unde vi* estabelecera-se tacitamente para as coisas móveis, como resulta do fato de se tê-lo colocado sob o título *unde vi*, Frag. 7º do Código, Liv. 8º, Tít. 4º, de Valentiniano, sobre as penas da defesa privada que se aplicam tanto no caso de imóveis como no caso de móveis; se isto é exato, a extensão da proteção possessória que temos desenvolvido dever-se-ia também aplicar às coisas móveis. Considero esta asserção, com quase todos os outros jurisconsultos, como insustentável.[158]

Não obstante isso, todavia, a necessidade desta extensão da proteção possessória me perece tão necessária para as coisas móveis como para as imóveis.

Com que facilidade uma coisa móvel pode cair injustamente na posse de outro, sem que se possa reconhecer a condição de uma *vitiosa possessio,* no sentido técnico dos jurisconsultos romanos! Alguns pombos alheios voaram para o meu pombal, um cão alheio me acompanhou, alguém esqueceu o seu chapéu de sol em minha casa, um volume destinado a outrem veio por erro ter em minha casa: em

---

158. As objeções importantes opostas por diferentes escritores, nomeadamente Bruns (loc. cit., págs. 74 a 77), não foram rebatidas nem pelo próprio Savigny (pág. 438), nem por Rudorff.

todos esses casos eu não tomei a posse nem *vi* nem *clam*. Se tal fosse a condição da proteção possessória para meu adversário ele não a teria neste caso. O direito antigo tinha para tal caso o interdito *utrubi*, mas desde que esse interdito assimilou-se ao interdito *uti possidetis*, semelhante meio desapareceu. Podem outras ações suprir a sua falta? Será muito difícil.

As *actiones delicti* provindas da apropriação injusta das coisas alheias (*condictio furtiva, actio furti, actio vi bonorum raptorum*), não são suficientes: a retenção da coisa alheia nem sempre merece a classificação de *furtum*. Imagine-se, por exemplo, no caso seguinte: meu próprio adversário diz-me que o meu cão o seguiu, mas recusa-se por qualquer pretexto a restituí-lo a mim, seja por uma pretensão noxal ou porque se julgue proprietário do cão. É igualmente muito duvidoso que a *actio ad exhibendum* possa em tal caso ser aproveitável, porque não oferece a decisiva vantagem das ações possessórias, de deixar não só fora de dúvida o interesse do autor como também o direito do réu.[159] Tenho as mesmas dúvidas a respeito da *condictio possessionis* de que fala Bruns.

Não há dúvida que, como toda *condictio*, a *condictio ob injustam causam* ou *sine causa* pode se assentar na posse em lugar de se assentar sobre a propriedade,[160] e que a noção da *injusta causa* ou completa ausência de causa (*sine causa*) pode se aplicar também aos casos de retenção injusta ou infundada da coisa.

Entretanto, nesta ação não se pode nunca recusar ao réu nem a exceção da falta de interesse do autor, como quando ele próprio roubou a coisa,[161] nem a exceção da propriedade em sua pessoa, e deste modo ainda uma vez vem a desaparecer uma vantagem principal dos remédios possessórios: o réu tem ocasião de protelar a entrega da coisa, opondo exceções despidas de todo o fundamento, que não deveriam ser recebidas em matéria possessória. A necessidade de vir em auxílio do possuidor pelos remédios possessórios conserva, pois, toda a sua importância

---

159. Frag. 3, § 11, Liv. 10, Tít. 4º...*alio quin et fur et raptor (ad exhibendum agere) poterit, quod nequaquam verum est.* Frag. 31, § 1º, Liv. 16, Tít. 3º...*non est ex fide bona rem suam dominum prædoni restituere compelli.*
160. Frag. 1º, § 1º, Frag. 2º, Liv. 13, Tít. 3º, Frag. 25, § 1º, Liv. 47, Tít. 2º.
161. Não compreendo como Rudorff (Savigny, pág. 712), possa apoiar a opinião contrária nos textos acima.

Há muito tempo que a nossa prática reconheceu esta necessidade e procurou um remédio na *actio spolii* que ela estendeu a todos os casos de apropriação ilegítima da posse[162] no que foi seguida pelas novas legislações.[163] É certo que no nosso século a *actio spolii* caiu em desuso, depois que Savigny a condenou sob o ponto de vista da sua teoria do direito romano, e seria temeridade tentar restabelecê-la.

Não trepido, entretanto, em exprimir minha convicção de que a extensão da proteção possessória por meio desta ação a todos os casos de perda da posse, sem ou contra vontade do possuidor, era uma doutrina eminentemente sã e prática: infinitamente mais sã que esta afetação doutrinária que quer manter a todo preço a teoria dos jurisconsultos romanos, sem refletir que o desaparecimento do interdito *utrubi*, na sua primitiva forma, produziu uma lacuna no próprio direito romano que não pode perdurar sem comprometer os interesses mais vitais. Para as coisas móveis, a proteção da propriedade, na maioria dos casos, não está senão na posse; recusar a proteção possessória equivale muitas vezes a fazer perder a propriedade. Seria difícil não se estar de acordo sobre o modo irregular pelo qual a proteção possessória está organizada para as coisas móveis na teoria dominante. Recusa-se a proteção onde ela é necessária, concede-se onde ela é supérflua. O interdito *utrubi* serve, segundo Savigny, contra as turbações ulteriores. Eu desejaria saber quando e onde tal interdito foi aplicado!

Seria contra o ladrão ou salteador que fizera uma tentativa abortada para se apropriar de nossas coisas? O único caso possível de sua aplicação é o da *controversia de possessione*, e será necessário neste caso, segundo a teoria de Savigny, a existência de uma turbação anterior. Restam os casos de subtração violenta ou clandestina da posse, aos quais Savigny aplica o interdito *unde vi* e as ações *delicti*, ao passo que a nova teoria que dá ao interdito *retinendæ possessionis* uma função recuperatória resultante de sua duplicidade substitui o primeiro pelo *interdictum utrubi* e lhe assegura assim certa utilidade prática.

Mas semelhante teoria, mantendo neste caso a condição da posse viciosa no sentido da teoria romana, restringe esse interdito aos casos em que não tem valor especial, por concorrerem com ele as ações

---

162. Ver em Bruns o desenvolvimento desta matéria, §§ 44 e 45.
163. Especialmente o direito prussiano, Bruns, págs. 441 e 442.

delicti, ao passo que o recusa em casos nos quais, por serem inadmissíveis tais ações, era duplamente necessária a sua aplicação. Bruns[164] tentou ultimamente superar esta lacuna e procurar o fundamento da *actio spolii*[165] tal como a que temos considerado, no direito justiniano. Ele julgou havê-la encontrado no Frag. 11, Código, Liv. 8°, Tít. 4°, que aplica como Savigny a uma posse perdida e vê uma prova de que "os próprios romanos consideravam como compatível com a essência de uma ação possessória, e até com o interdito *unde vi*, que podia ser aplicada mesmo em caso de posse perdida sem culpa do possuidor e ocupada por terceiro depois de perdida." Se bem que Justiniano, neste texto, não tivesse em vista senão as coisas imóveis, todavia o espírito e os termos dele se aplicam também aos móveis e daí resulta que, "a admissão das ações possessórias, em caso de perda da posse sem violência estranha, não excede de modo algum o campo das ações possessórias, segundo o direito romano posterior, mas deve até ser considerada um princípio de direito romano."

Posto que eu não possa me conformar com esses dizeres, não tenho senão a desejar que a prática adote novamente para as coisas móveis a *actio spolii*, que tem por si a experiência e a jurisprudência de meio século. Como já vimos, semelhante doutrina figurou no direito novo em relação às coisas imóveis em virtude da transformação do interdito *unde vi*; não resta agora senão procurar um ponto de vista que permita aplicar aos móveis o progresso realizado para os imóveis. Se a legislação posterior achou-o oportuno, por que razão, pergunta-se-á, não o fez? Eis a minha resposta: "para as coisas móveis tinha-se ainda nessa época o interdito *utrubi* em sua primitiva forma,[166] que concedia ao possuidor uma proteção contra toda a perda da posse, desde que ela fosse judicialmente reclamada em tempo oportuno. Gozavam assim os móveis de muito maior proteção que os imóveis, e o desenvolvimento completo do interdito *unde vi* não tinha, pode-se dizer, outro escopo senão o de compensar esta vantagem. A assimilação (que para mim foi sempre enigmática) dos interditos *utrubi* e *uti possidetis*, inverteu completamente esta doutrina? Infelizmente Justiniano não se pronunciou sobre este ponto, com pesar o digo.

---

164. *Jahrbuch des gemeinen deutschen Rechts (Anais de Direito Comum Alemão)*, Bekker e Mutter, IV, pág. 65.
165. Bruns já havia considerado a sua importância histórica no seu livro sobre a posse.
166. Vide por exemplo Frag. 1º, Código de Theodósio, Liv. 4º, Tít. 23.

Poder-se-ia, de tal modo apegar-se a essa doutrina para recuperar às coisas móveis o terreno que na aparência perderam. Segundo as novas descobertas, o *possessor justus* pode, por um interdito recuperatório, acionar o *possessor injustus* para restituição da posse, e também pode fazê-lo pelo interdito *retinendæ possessionis*.[167] Mas, como demostramos acima, a extensão da noção de violência, colocada pela noção da *possessio injusta* em sentido inteiramente abstrato, deve ter aplicação tanto no interdito *uti possidetis*, como no interdito *unde vi*, e por isso que se aplicam ao interdito *utrubi*, as mesmas regras que a esse último; é desde então necessário também aplicá-las ao interdito *uti possidetis*.

A idéia da proteção da posse contra todo o ato injusto, tal como se realizou na fase de maior desenvolvimento do interdito *unde vi*, é uma idéia inteiramente generalizada. Para restringi-la às coisas imóveis não se pode invocar outro motivo senão o da sua relação histórica com o interdito *unde vi*. Esta restrição explica-se cabalmente pela proteção possessória inteiramente suficiente de que gozavam então as coisas móveis, e pode-se considerá-la como inteiramente abandonada pelos interditos *retinendæ possessionis* em conseqüência da inteira simulação das coisas móveis e imóveis operada pelo direito justiniano.

Eis, em suma, o resultado a que chegamos: no direito moderno reconhece-se como regra aplicável aos móveis e aos imóveis, e isto em virtude dos princípios do direito justiniano, que o possuidor pode pretender a proteção possessória contra toda e qualquer apropriação da posse por terceiro, sem que se possa remontar até sua *própria* vontade (como no caso do *dolus* ou no de *metus*); as circunstâncias particulares desta apropriação da posse por terceiro – a violência, a clandestinidade, o erro, o dolo ou a falta de terceiro são inteiramente indiferentes, o autor não tem que provar senão a sua posse até o momento em que é atacada e o modo pelo qual ela passou ao réu.[168]

---

167. Se isto é certo para o caso em que o réu ainda possui, deve sê-lo também para o caso em que deixou a posse por abandono: a tese contrária (e isto se esquece muitas vezes) está em contradição com o conhecido princípio *dolus pro possessione est*.
168. "Não quisemos interromper (diz o Sr. A. Posada, *loc. cit.*) freqüentemente a dissertação de Ihering, chamando a atenção do leitor sobre as modificações que em matéria tão complexa como o sistema das ações possessórias romanas introduziu-se no direito moderno. Esta matéria simplificou-se de um modo notável sob a

lei do tempo e em virtude das influências gerais que destruíram o formalismo lógico do direito romano, e que esclareceram as relações de posse e de propriedade". De Parien em seus *Estudos históricos e críticos sobre as ações possessórias*, nota mui adequadamente que "a defesa da posse organizada pelo direito romano num grande número de diversos interditos, foi ulteriormente resumida em um número muito menor de ações possessórias, cujas condições foram se equiparando e confundindo-se, de modo que afinal não subsiste hoje senão uma só, a *complainte* com a qual a *reintegranda* e a nunciação de obra nova relacionam-se como ramos apenas distintos do tronco principal." Alguns tratadistas como Scialoja (*Trattato sulla azione possessoria*) e Lomonaco (*Diritto civile italiano*) explicam esta tendência de *unificar-se* as ações possessórias, por não verem na posse e na propriedade relações distintas, o que ajuda muitíssimo a maneira de ser *pública* da propriedade de cada pessoa em virtude da necessidade da inscrição da mesma no registro hipotecário. Na hipótese desta tendência Scialoja chega a afirmar que as precitadas ações se transformarão, parte em ações vindicatórias e parte em ações penais (pág. 660 e 661). O Código Civil francês, por exemplo, já chegou em matéria de unificação dos remédios possessórios a um ponto tal que se pode considerar como culminante, a ponto de Troplong dizer que com o seu laconismo, em vez de simplificar na vida real as relações possessórias, produz o efeito contrário de avivar dissenções e disputas. Segundo o art. 23 do Código de Processo Civil francês, *les actions possessoires ne seront recevables qu'autant qu'elles auront eté formées dans l'année du trouble, par ceux qui, depuis une année au moins et aient en possession paisible par eux, ou les leurs à titre non precaire.*

Um dos códigos modernos em que vêm melhor sistematizadas as ações segundo o critério da simplificação, é o italiano. Nos arts. 694 a 697, regulam-se as ações de *manutenzione* e de *reintegrazione*. São exclusivamente estas as duas ações possessórias reconhecidas. Há as nunciações de obra nova e a *azione di damno temuto* (arts. 698 e 699); mas comentador algum afirma que se podem considerar como ações possessórias propriamente ditas; são, dizem eles, medidas extraordinárias que o magistrado tem a faculdade de conceder em casos urgentes, e que tanto se referem à posse como à propriedade.

Quanto às ações possessórias de *manter* a posse e de *reintegrá-la*, estabelecem-se diferenças importantíssimas, porém caracterizam-se ambas por proteger a posse que se pede quando num caso se a *tem* e noutros se a *perdeu*.

No direito português, espanhol, chileno e nos *projetos* do código civil brasileiro (Coelho Rodrigues e Clóvis Beviláqua) assinalam-se também a mesma tendência de simplificação do sistema das ações possessórias. *(N.T.)*

O Código Civil brasileiro de 1916 regulamentava a posse nos arts. 485 a 523 (Livro II, Título I) seguindo a regularização da propriedade no título seguinte. O Código Civil vigente (Lei nº 10.406, de 10.1.2002) regulamenta a posse nos arts. 1.196 a 1.224. Observa-se a sensível alteração da lei anterior à vigente: o art. 485 considerava possuidor todo aquele que tinha de fato o exercício, pleno ou não, de algum dos poderes inerente ao *domínio* ou propriedade. O art. 1.196 suprimiu a palavra "domínio". Pela leitura comparativa dos demais dispositivos observa-se que a tendência à simplificação continua. *(N.R.)*

Capítulo IX
A IDÉIA DA PROPRIEDADE NA TEORIA DO DIREITO DE POSSE MATERIAL

1. CORRELAÇÃO EXTENSIVA DA POSSE E DA PROPRIEDADE

O escopo dos itens seguintes (IX a XIII) deste livro é provar que a razão de ser até aqui desenvolvida da proteção possessória tem sido a base de toda a teoria possessória, isto é, que a relação da posse com a propriedade tem sido o ponto de vista sob o qual têm se guiado os jurisconsultos romanos ao delinear esta teoria. As deduções que se seguem vão aparentemente muito além do meu objetivo; mas, em realidade, não encerram senão o complemento e a prova da idéia fundamental de todo o meu trabalho. Se a posse, tal como a concebo, não é senão um fato despido de importância jurídica, que apenas recebe o reflexo de importância jurídica da propriedade, a relação entre a posse e a propriedade, tal como figura a teoria dominante, embaralha-se inteiramente.

Efetivamente, ao passo que esta teoria, partindo da posse chega à sua proteção como conseqüência, enquanto procura as condições da posse no exame do estado de fato com as coisas, que nós comumente chamamos posse, eu sigo caminho diametralmente oposto. Partindo da propriedade, chego logo à proteção possessória e só em seguida chego à posse. Para mim, pois, a teoria das condições da posse não nasce da própria posse, mas exclusivamente do fim prático da proteção possessória. Seja o que for a posse, exista ou não conforme a idéia que comumente se faz dela, eu não tenho que considerá-la em face das condições que decorrem deste fim prático. A inteira independência da proteção possessória em face da existência natural da posse, isto é, a circunstância de que uma posse pode existir sem ser reconhecida, isto é, protegida como tal pelo direito, e ao contrário a circunstância de que a proteção possessória se concede mesmo não existindo a posse, nada tem de surpreendente para a minha teoria que faz depender a questão da proteção, não da idéia da posse, mas do interesse da propriedade,[169] enquanto que a mesma circunstância torna-se um verdadeiro enigma em suas aplicações, conforme a teoria de Savigny. Se se há de procurar na própria posse a razão, o fundamento de sua proteção, como conclui ele que o direito recuse a proteção em casos em que a posse existe e conceda-a em casos em que ela falta?

Vamos mostrar agora sob um duplo ponto de vista a influência decisiva que exerceu a idéia da propriedade na formação da teoria da posse:

1º) em relação ao campo de aplicação da noção possessória – *os limites da possibilidade para a propriedade são também os da posse; posse e propriedade são perfeitamente paralelas;*

2º) em relação às condições *internas* da noção possessória, isto é, à questão da existência e das condições de geração e continuação da posse, o ponto de vista que serviu de guia na formação desta teoria foi este:

---

169. A mesma coisa acontece quando se encara a pessoa e vê-se na condição da posse atual, material (porém fundada) ou futura, uma exigência jurídica racional, portanto, daquela. A propriedade pede a proteção jurídica porque é o resultado de uma manifestação da atividade humana para cumprir fins racionais; ação de sua atividade sobre a natureza com o fim de aproveitar toda a utilidade que a natureza oferece-lhe como conjunto de meios. A *posse* dos meios pela pessoa, condição essencial para verificar a condição econômica, é o que se protege nos remédios possessórios.

— A imitação da propriedade em sua manifestação exterior normal; a posse na exterioridade, a visibilidade da propriedade.

Para estabelecer a correlação *extensiva* da propriedade da posse, bastam duas condições:

a) a prova de que a posse não vai além da propriedade: *onde não há propriedade, não há posse;*

b) a prova de que a posse vai precisamente até onde chega a propriedade: *onde há propriedade, há também a posse.*

a) Onde não há propriedade não pode haver posse

Onde não se pode conceber a propriedade, quer porque a coisa não possa ser objeto dela, quer porque a pessoa não possa ser o seu sujeito, o direito se contradiria se quisesse proteger provisoriamente a relação exterior da pessoa com a coisa, como propriedade de fato.[170] O que não é possível, não pode existir de fato. O próprio direito romano exclui a posse quando a capacidade subjetiva ou objetiva falta em virtude deste obstáculo encontrado na pessoa ou na coisa. Temos já muitas vezes notado na crítica das diversas teorias possessórias, que esta proposição do direito romano não se pode de forma alguma conciliar com as teorias que deixam de assentar a posse na propriedade.[171]

Que importa a capacidade da pessoa ou da coisa, se não se trata senão de saber se a ordem jurídica ou a personalidade foram perturbadas por ato de violência ou se a vontade foi traída, deixando de se revelar por fatos?

---

170. Acentuando-se ainda mais certas declarações feitas nas notas anteriores, pode-se quiçá afirmar que a separação *real* da posse e da propriedade resulta de uma abstração. Não há *posse* que não tire a propriedade do meio jurídico, porque com o fato de possuir-se uma coisa não se satisfazem as necessidades para que ela serve. A este respeito parece-nos muito razoável o que disse Ihering. A proteção possessória, porém, funda-se na propriedade, não no sentido que Ihering afirma, mas enquanto a propriedade é da pessoa; isto é, protege-se a posse, porque o *possuidor* é pessoa que se apresenta tendo a coisa ou devendo tê-la, como pessoa que se produz bem e honradamente nessa relação especial. A distinção respectiva de propriedade (exclusiva, domínio), e a posse (detenção material) é formal e depende de certas necessidades de organização social e até do influxo do Direito Romano.
171. Temos em sentido inverso a teoria de Hufeland e Thibaut.

Não me lembro de encontrar respostas satisfatórias a esta objeção em nenhum dos autores ou defensores destas teorias.

Savigny limita-se a afirmar simplesmente que os casos de incapacidade possessória objetiva são a conseqüência imediata da noção da posse sem acrescentar uma só palavra para fundamentar esta asserção: tudo o que ele diz é que, as *res extra commercium* não podiam ser possuídas, que é natural que os escravos sejam incapazes de toda a posse jurídica, pois que eles não têm *direito* algum, e que a incapacidade dos filhos-família resulta da regra geral de que não podem ter *direitos patrimoniais.*

Não consegui descobrir, por mais que procurasse, onde Savigny achou o direito de dizer que isto é *muito natural.* E, na verdade, que tem de comum a capacidade de ter direitos patrimoniais com a noção da posse, segundo Savigny? A posse não é para ele um direito patrimonial, é apenas o teatro em que se encena qualquer violência contra a pessoa e indiferente que este teatro seja um *locus publicus* ou *privatus.*

Será talvez útil examinar mais de perto a posição do filho-família em relação à posse, passiva e ativamente, isto é, como objeto e como sujeito da posse. A relação de fato do pai com o filho-família não pode ser considerada como posse: o Frag. 1º, § 8º, Liv. 41, Tít. 2º, assim declara expressamente, o que afinal não é senão a aplicação da regra geral de que as pessoas livres não podem ser possuídas. No meu modo de pensar, isto se explica muito facilmente, porque o poder jurídico sobre o filho-família não é, como sobre o escravo, uma manifestação da propriedade, mas a conseqüência da *patria potestas,* que com a possibilidade de *reivindicatio*[172] pode ser objeto dos interditos possessórios.

Chamo os meus adversários à explicação desta regra. O filho-família está menos sob o *poder* do pai (e a posse, segundo eles, é também um poder) que o escravo sob o poder do senhor? Não, ao menos de *fato,* se o senhor conserva a posse do escravo que fugiu, nesse caso que o seu *poder* se reduz a nada, também penso eu, podia conceder-lhe a posse sobre o filho que governa. Se se reflete no caráter jurídico deste poder, o domínio jurídico do filho, tendo em

---

172. Lei 1, § 2º, D. d. R. (6-1).

consideração a sua origem, vê-se que foi sempre idêntico ao poder do senhor sobre o escravo; era uma *potestas* o poder sobre o escravo e sobre o filho; sendo que o afrouxamento, operado pelos tempos no poder relativo a este, não alterou em nada o seu caráter.

A *potestas* sobre o escravo foi também modificada no direito novo e, entretanto, nunca se deixou de considerar a existência da *potestas* como um ato de posse, e isto quer no antigo, quer no moderno direito.

Em face da teoria do delito e da vontade não se compreende a razão pela qual os romanos deixavam de ver na retenção de um filho-família uma perturbação à ordem pública ou uma lesão da vontade do pai de família, tal como na retenção de um escravo. Mas o simples poder físico sobre um homem não é posse, pois que, se o fosse, o homem livre que eu prendesse deveria incidir na minha posse;[173] com efeito, é indiferente que eu tenha prendido um animal ou um homem, no que respeita à dependência de *fato* de um ou outro de minha vontade. Mesmo o elemento *jurídico* não dá ainda a este poder o caráter da posse.

O poder físico sobre os objetos animados ou inanimados não reveste o caráter de posse, senão *quando o poder jurídico correspondente a este poder físico vem a ser a propriedade*.

Ocupemo-nos agora da incapacidade possessória ativa do filho-família. Também esta não pode ter uma explicação satisfatória na opinião que sustento.[174] O filho-família não pode possuir coisa alguma porque ele não pode possuir em seu próprio nome; de que lhe serviria um remédio protetor da propriedade, se esta é inconcebível na sua pessoa? É precisamente por este motivo que, ao contrário, o *filius-familias miles* é capaz de possuir no que respeita a seu *peculium castrense*.[175] Vamos, pois, para sermos conseqüentes, aplicar no direito moderno a regra contrária a todos os meninos, desde que este

---
173. Em sentido contrário, Frag. 23, § 2º, Liv. 41, Tít. 2º, *de possessione*
174. Aproveito esta ocasião para citar o Frag. 38, § 6º, Liv. 45, Tít. 1º, que não deixa de ter importância para a decisão da questão. O jurisconsulto pergunta-se se a estipulação do filho-família tendente a *sibe habere licere* é valiosa em direito, e faz logo valer pela afirmativa que: *auferri res et ipse eadem auferre potest*, mas ele próprio combate esta razão pela reflexão de que: *non factum, sed jus in hac stipulatione vertitur*, chegando enfim a este resultado: *licet juris verb hoc contineat stipulatio, tamen sic essen accipiendum, ut in filio familias videatur actum esse **de possessione** retinenda aut non auferenda et vires habeat stipulatio*.
175. Frag. 4º, § 1º, Liv. 41, Tít. 3º, 3 ...*us. capiet.*

impedimento desapareceu pelo desenvolvimento do patrimônio separado do filho-família, conseqüência que a glossa já reconheceu e à qual o próprio Savigny se apega. Ainda aqui procurou-se uma outra aplicação. Só uma explicação nos resta admitir, e é que a relação pessoal de dependência em que o pátrio poder coloca o filho-família, exclui a possibilidade da vontade de possuir. Mas o caso do *filiusfamilias miles* mostra quão pouco essa relação de dependência se opõe à vontade de possuir e à posse. Na verdade, como em direito, no caso acima não há, quanto à *potestas* nenhuma diferença entre ele e o *filius familias paganus,* ao passo que a capacidade de possuir é reconhecida em um e negada em outro.

O Frag. 44, § 7°, Liv. 41, Tít. 3°,[176] nos mostra quão pouco, em regra, a vontade entra em linha de conta para a relação possessória do filho-família. O filho-família na ausência de seu pai comprou em nome deste e recebeu algumas coisas: o pai morre distante, quem fica na posse desses objetos? Eis a resposta: desde o momento da morte do pai (e não somente desde o momento em que o filho teve conhecimento dela) o filho ficou na posse. Por quê? Desde então ele tornou-se *sui juris, suus heres,* proprietário, e também por uma conseqüência inevitável aos olhos do jurisconsulto, possuidor. E, entretanto, não se operou a menor mudança em sua vontade; após, como antes, ele se julga filho-família e quer deter as coisas em nome de seu pai. Não é, pois, a falta de vontade que exclui o filho-família da posse, mas sim a falta de capacidade para ser proprietário; desde que adquire esta, adquire também, sem saber e sem querer, a capacidade de possuir e a posse.

Também os jurisconsultos romanos teriam, ao contrário, recusado a posse ao filho-família que tivesse tido uma notícia falsa de morte de seu pai, embora tivesse vontade de possuir. Daí resulta que o obstáculo à posse do filho-família não está no poder, mas na falta de capacidade para ser proprietário; onde esta capacidade existe, como no *filius familias miles,* o poder não é obstáculo. A posição do filho-família nos serve também de prova para as duas proposições que temos de demonstrar: *onde a propriedade não é possível, a posse também não o é – onde a propriedade é possível, a posse também o*

---

[176]. Savigny não acha nada que dizer desta decisão inarmonizável com a sua teoria, e sobretudo com o seu sistema do *animus domini*, mas contém algo de singular.

é. Em compensação, esta posição é inteiramente inexplicável em todas as teorias possessórias que tomam outro ponto de partida que não seja a propriedade.

Resta-me examinar um ponto em que se poderá ver a condenação da proposição que acima avancei. *Forum autem et basilicam hisque simila* **non possident** *(municipes) sed promiscue his utuntur*, diz Paulo no Frag. 1º, § 22, Liv. 41, Tít. 2º: entretanto, a cidade tem um direito de propriedade sobre as coisas. Eis, pois – se dirá – em falta de pretenso paralelismo entre a posse e a propriedade. Não – direi eu – porque nego o ponto de partida.

Já combati algures[177] a asserção de que a relação do Estado com os objetos de uso comum (*res publicæ*) deva se considerar como propriedade, e me vejo aqui obrigado a repetir a substância do meu raciocínio, porque o trabalho de ocasião em que o desenvolvi com certeza não chegou às mãos de metade de meus leitores.

Eu parto do princípio de que a noção de *pertencer (alicujus esse)* e a propriedade não são uma e a mesma coisa; ao contrário, uma coisa pode me *pertencer* sem estar na minha propriedade, isto é, sem ficar submetida aos princípios desta, no que respeita à aquisição, à perda, à proteção, à co-propriedade, etc. Meus cabelos me *pertencem* e os cabelos cortados são objetos de comércio e de propriedade, mas enquanto ligados à cabeça não se lhes podem aplicar as noções de posse e de propriedade.[178]

As *res sacræ* pertencem às corporações religiosas,[179] *as religiosæ* às pessoas particulares, e esta relação jurídica tem grande afinidade com a propriedade,[180] porque é uma relação da coisa com a pessoa, protegida por ações com destino limitado, mas exclusivo a certo fim.[181]

Entretanto, os romanos não as compreendiam sob a noção da propriedade, pois que, para isso, teriam de aplicar uma série de prin-

---

177. Em dois pareceres que dei na causa da regência do cantão de Basiléa. — Ver *Espírito do direito romano*, vol. III, pág. 346, not. 534.
178. Frag. 13, Liv. 9², Tít. 2º, *Dominus membrorum suorum nemo videtur*.
179. Frontinus... *de æde Minervæ jam multis annis litigant*.
180. Frag. 2º, § 2º, Liv 43, Tít. 1º... *sed et illa interdicta quæ locis sacris et de religiosis proponuntur*, **veluti proprietatis causam** *continent*.
181. Vejam-se os textos confirmatórios em meu *Espírito do direito romano*, vol. I, pág. 344.

cípios inteiramente inaplicáveis a estas coisas, como a liberdade de alienar, a possibilidade da co-propriedade e da ação de partilha, o estabelecimento de servidões, a usucapião, etc. Que dizer das *res publicæ*? O fim destas não é servir ao Estado como pessoa jurídica, mas aos cidadãos (*usus publicus*).

Ora, com este fim é perfeitamente conciliável uma relação jurídica secundária do Estado com tais coisas, e reconheço que a pretensão do Estado a respeito das *res publicæ*,[182] assim como a propriedade que lhe vem destas coisas, no caso em que as *res publica* se transmuda em *res privata*, excedem o ponto de vista do *jus magestatis* a que Keller[183] quis limitar o direito do Estado sobre a *res publicæ* e lhe dão um caráter de direito privado. Mas o que eu nego é que se deva considerar esse direito como *propriedade*.

Se se quer empregar esta expressão no sentido indeterminado de pertencer juridicamente, como quando se fala da propriedade de uma dívida ou de uma letra de câmbio e de uma propriedade literária, nada tenho a objetar nesse caso: os próprios romanos permitiram-se tal inexatidão em falta de outra expressão,[184] mas outra coisa é aplicar a esta relação a noção da propriedade, e aí está toda a questão. Este ponto implica a aplicação de todas as regras da teoria da propriedade. Entretanto, o direito romano nega claramente a aplicabilidade da noção de propriedade às *res publicæ*, porque não só estas coisas são antagônicas com o *verdadeiro* patrimônio do Estado (*patrimonium, pecunia, bona, populi, fisci*),[185] como se encontra for-

---

182. Por exemplo: a erva que cresce nos caminhos públicos, as árvores aí plantadas, o *salarium* de uma *superficies* levantada em terreno público. Frag. 32, Liv. 18, Tít. 1º; Frag 2º, § 17, Liv. 43, Tít. 8º, pode-se também enumerar o direito do fisco, a metade do tesouro encontrado em terreno público, segundo o Frag. 39, Liv. 2, Tit. 1º. Segundo o Frag. 3º, § 10, Liv. 49, Tít. 14, este direito pertence aos fisco sobre os tesouros encontrados *in locis religiosis, in monumentis*.
183. Na opinião emitida por ocasião do processo já mencionado e reproduzida em suplemento na informação relativa às fortificações de Basiléia J. Ruttmann (Zurique, 1860), *Pandectas*, § 48.
184. Eles dizem por exemplo: *dominium usufructus* (em oposição à *possessio usufructus*) Frag. 3º, Liv. 7º, Tít. 6º. *Dominus hereditatis*, Frag. 48, Liv. 28, Tít. 5º; *dominus sepulchri*, Frag. 6º, Liv. 47, Tít. 12.
185. Frag. 6º, 72, § 1º, Liv. 18, Tít. 1º... Frag. 14, Liv. 41, Tít. 1º, Frag. 2º, § 4º, Liv. 43, Tít. 8º, Frag. 17, Liv. 50, Tít. 16. Em face desses textos não é duvidoso que as expressões: *res publicæ* **nullius in bonis** *esse creduntur*. (Frag. 1º, Liv. 1º, Tít. 8º) e *sacræ res et religiosæ et sanctæ* **nullius in bonis** *sunt*, não podem significar senão a negação da propriedade privada. Sobre esta nota e sobre a matéria ex-

malmente contestada, no que lhes respeita, a aplicabilidade das noções que supõem coisas suscetíveis de ser objeto da propriedade, como a usucapião, as servidões, a venda, a estipulação, etc.[186] Não é também por acaso que os jurisconsultos romanos evitam com cuidado a expressão *dominium*, falando desta relação, e da mesma sorte quando querem designar o direito do Estado sobre estas coisas servem-se da expressão indeterminada – *jus civitatis*.[187]

Não sei a razão porque se há de abandonar esta apreciação. Se se diz, com efeito, que a *res publica* tirada ao uso público incide na propriedade do Estado, tal alegação não é em parte verdadeira (*alveus derelictus et insula in flumine nata*), e naquilo em que é verdadeira (caminhos e praças públicas) contrabalança-se pelas *res religiosæ*:[188] em ambos os casos desaparece o obstáculo até aqui admitido para que estas coisas não fossem objeto de propriedade; a coisa torna-se, de tal forma, *res in commercio*, objeto de propriedade privada para o futuro, mas não decorre conseqüência para o passado.

Os direitos acessórios das *res publicæ* nada provam, a não ser que a relação jurídica do Estado com estas coisas não é somente relação de direito público, mas também ao mesmo tempo de direito privado, o que não quer dizer que tais relações importem um direito de propriedade.

Sempre que haja uma outra forma de haver jurídico – e o direito sobre a *res sacræ et religiosæ*, nos apresenta uma – o jurisconsulto não seria obrigado a deixar a linguagem correta do direito romano

---

pendida em meu *Espírito do direito romano*, me vem uma comunicação do Dr. von Kernstorf, de Augusbourg, em que me explica que no Frag. 49, Liv. 5º, Tít. 16, a expressão *bona* abrange não somente a propriedade, mas todas as formas e espécies de *haver* jurídico e por isso a frase de que me ocupo nesta nota – *nullius in bonis sunt*, não deve ser unicamente entendida a respeito da propriedade, mas nem mesmo contradiz a minha teoria, porque não se refere à questão do direito do Estado em tese geral, mas recusa somente aos particulares (*nullius*) uma pretensão jurídica sobre estas coisas. Duvido que esta tentativa de explicação possa parecer satisfatória, porque se *in bonis esse* devia significar somente o *haver* jurídico, podia-se, tentando atribuir a sua negação somente aos indivíduos e não ao Estado, opor a objeção de que sob a palavra *nullius* se compreendem não só as pessoas físicas, mas ainda as pessoas jurídicas.

186. Frag. 83, § 5º, Liv. 45, Tít. 1º, Frag. 34, § 1º, Liv. 18, Tít. 1º; Frag. 1º, Liv. 8º, Tít. 2º; Frag. 9º, Liv. 41, Tít. 3º; Frag. 2º, Liv. 43, Tít. 11.
187. Frag. 2º, § 2º, Liv. 43, Tít. 8º ...*loca publica privatorum usibus deserviunt, jure scillicet civitatis, non quasi propria cujusque*.
188. Frag. 44, § 1º, Liv. 11, Tít. 7º.

para atribuir ao Estado uma propriedade a que falta tudo o que caracteriza a diferença entre a propriedade e tal relação jurídica. O sistema desenvolvido até aqui, e o paralelismo que tenho sustentado existir entre a posse e a propriedade, tem no Frag. 1°, § 22, acima citado, um apoio sólido pelo qual mutuamente se completam. Com efeito, negando a posse das *res publicæ* e substituindo-a pelo *usus publicus*, este texto confirma a verdade da minha proposição: "Onde a propriedade não é possível, a posse também não o é"; assim este texto me fornece um novo argumento contra a teoria da propriedade do Estado sobre as *res publicæ*. Na verdade, se o Estado tinha a propriedade dessas coisas, por que a jurisprudência romana não havia de reconhecer como posse a exterioridade desta propriedade, como fazia em outros casos, e por que se havia de recusar ao Estado a proteção possessória que tem grande importância sob o ponto de vista da proteção da propriedade?

b) *Onde a propriedade é possível, a posse também o é*

Se a proteção possessória é um complemento indispensável da proteção da propriedade, a posse deve sempre andar a par da propriedade, visto como afinal são comuns as condições de sua existência. Esta asserção me livrará da objeção de que a propriedade pode continuar sem a posse, porque para a continuação desta, não basta que continue a própria propriedade, é necessário que continue o seu exercício de fato. Responde a teoria romana da posse a esta exigência?

Desconheço completamente alguma fase da propriedade em que desapareça o paralelismo de que aqui se trata entre ela e a posse. Onde admitem a propriedade, os romanos admitem sempre a posse, donde se vê que estes, nas relações da posse com a propriedade puzeram de lado a noção escolástica daquela. Citam, não como prova desta *última* verdade, mas somente como exemplo deste paralelismo em geral, a co-propriedade, que em matéria de posse tem o seu correspondente na compossessão, assim como ao inverso, a impossibilidade de uma co-propriedade *in solidum* tem seu correspondente na impossibilidade da composse *in solidum*. Sob o ponto de vista do poder físico, seria difícil partir para chegar à compossessão; tendo em vista a propriedade, a composse resultaria fatalmente como um reflexo da propriedade.

Quanto à primeira asserção, posso alegar os seguintes casos:

1°) A posse das *crianças* e dos *loucos*. Por que se há de admitir a posse das pessoas despidas de vontade, se a razão e a utilidade da posse se assentam unicamente na vontade?[189] Deve-se colocá-los artificialmente em posição de sofrer um crime que seria praticado pelos seus tutores, em razão mesmo da tutela, e contra o qual, sem esta, estariam garantidos por sua incapacidade natural de querer?

Esta hipótese equivaleria, a meu ver, a colocar um dente em um desdentado com o fim único de fazê-lo sofrer dores de dente.

Eu mesmo sou capaz de dizer: bem aventurados os que não têm vontade, se a importância jurídica da posse consiste unicamente no modo pelo qual a vontade é ferida! Ninguém negará que fazer abstração da condição da vontade, a respeito dessas pessoas, constitui umas das maiores anomalias de toda a teoria possessória. Não se objete que a vontade de seus representantes supre a deles, porque de um lado isto não é verdade no caso em que o possuidor enlouquece, ao menos enquanto não se verifica uma *cura furiosi*.[190]

E de outro lado, mesmo na aquisição da posse por um representante, o próprio representado deve ter a vontade de possuir. No domínio da minha opinião não terei de explicar este fenômeno.

Não seria lícito negar a estas pessoas a capacidade de possuir sem declará-las quase incapazes de ser proprietários. Neste caso, devia a teoria ceder diante das necessidades da prática. Recusando-se-lhes

---

189. Eis como regula esta relação possessória o Código Civil espanhol no art. 433 "Os menores e os incapazes podem adquirir a posse; mas necessitam da assistência de seus representantes legítimos para usar dos direitos que nasçam da posse em seu favor." No mesmo sentido expressam-se nossa legislação e os códigos modernos.

190. A posse continua neste caso, di-lo expressamente o Frag. 27, Liv. 41, Tít. 2º, falando da posse exercida *animo;* também continua a usucapião, como se vê no Frag. 4º, § 3º, 44, § 6º, Liv. 41, Tít. 3º. A consideração invocada neste último texto: *ne languor animi dammun etiam in bonis afferat,* é de que me vou servir de agora em diante. É talvez mais importante ainda para a proteção possessória que para a usucapião. — Savigny procura justificar racionalmente esta continuação pela lei por ele estabelecida sobre a perda da posse (e a cujo respeito falarei mais adiante) o jurisconsulto romano vê nisso uma anomalia admitida *utilitate suadente,* isto é, sob a influência da consideração alegada.

esta capacidade, ter-se-os-á obrigado, no caso de uma *dejectio violenta*, a intentar a reivindicação por falta do interdito *unde vi;* far-se-lhes-ia menos impossível a aquisição da propriedade pela tradição; em uma palavra, longe de se lhes melhorar a posição jurídica, que foi sempre o fim do direito, seria esta grandemente comprometida.

Ninguém ignora que no direito novo os próprios *infantes* podem adquirir a posse sem tutor, ainda que isto só se entende com as coisas que é de costume dar-se às crianças.[191]

É bastante notar que esta concessão não provém da idéia da posse considerada como domínio da vontade, mas somente no interesse da propriedade. Por que razão se há de limitar a capacidade de possuir, na hipótese, ao caso de doação? Pela razão de que é o único caso em que se encontra, na prática, uma aquisição de propriedade pelas crianças sem a autorização do tutor, ou, para falar mais claramente, é o único caso em que é necessário tornar-se-lhes possível a aquisição.

Esta única consideração é que torna a posse admissível. Ainda neste caso, pois, a posse não se apresenta senão ao serviço da propriedade. Esta asserção é ainda verdadeira.

2º) A respeito das pessoas jurídicas – estas não têm também a vontade natural de possuir: mas o obstáculo que alguns jurisconsultos romanos criavam, fundando-se nesta circunstância para lhes negar a possibilidade de possuir, foi sempre com razão posto de parte.[192]

E por que esta concessão, se se tratava unicamente de tornar passíveis a estas pessoas os delitos possessórios, se a importância da posse se assenta na noção da vontade e no direito primordial da personalidade de não ser lesada em sua vontade livre?

Tratava-se de um fim mais sério, tratava-se para as pessoas jurídicas de se lhes tornar possível a usucapião, e de lhes conceder a facilidade de prova reconhecida na posse, nos debates sobre a propriedade.

3º) Por morte do possuidor é certo que desaparece a posse, mas, como demonstramos acima, o interesse prático dos vivos a que serve a

---

191. Frag. 3º, Código, Liv. 7º, Tít. 32, Frag. 4º, § 2º, *Dig.* Liv. 41, Tít. 3º... *et animum possidendi habeat.* — Isto se aplica aos brinquedos, às quitandas, ao dinheiro, mas não às casas, nem aos cavalos.
192. Frag. 1º, § 22, Frag. 2º, *Dig.* L. 41, Tít. 2º.

posse foi de outra forma acautelado na sucessão hereditária por meio da continuação ininterrupta da usucapião e da *hereditatis petitio.*

4°) A *quase posse* é um bom fundamento para esta opinião. Se chega-se à *posse* partindo do direito, se a razão prática da posse está no direito, não só é fácil de conceber-se a extensão da noção da posse a todos os direitos em que se pode levantar a questão de uma exterioridade de direito, isto é, aos quais corresponde o exercício duradouro e visível, mas ainda há neste fato, para tais direitos, a última e necessária evolução da formação jurídica.

Não posso compreender como se chegou, de outro lado, à semelhante extensão da noção possessória, partindo do ponto de vista do *poder físico sobre a coisa,* visto como tal extensão não conserva da posse nem o elemento da *causa,* nem o do *poder físico* e não posso descobrir o *motivo* em que se inspira esta caricatura da posse, que a despoja da pretensa idéia fundamental ao ponto de torná-la incognoscível.

A teoria de Savigny, a ser sincera, não pode ver na *quase posse* senão uma singularidade despida de todo o elemento necessário, uma das mais flagrantes confusões de idéia que se encontra em direito. De fato, o abismo que separa o poder físico e a coisa de um lado, e de outro lado o exercício de inumeráveis direitos que podem, em direito moderno, ser objeto de uma *quase posse,* abstração feita destes dois elementos, é incontestável.

Este abismo não podia ser superado senão pela idéia de que estas duas formas da posse contêm ambas o exercício de um direito, e quando Savigny se serve deste expediente afinal inevitável, não o faz senão pelo preço de uma infidelidade à sua própria teoria.

Desde que ele recorre à noção do exercício de direito, reconhece que a idéia do poder físico sobre a coisa, não é uma idéia primordial nem tem uma importância independente para a posse, que não pode, por conseguinte, servir de fundamento a toda teoria possessória, mas senão que a sua importância é secundária, qual de ser a forma sobre que se manifesta a idéia do exercício do direito na *proprie*dade. Desde que assim se substituiu a idéia do poder físico pela do exercício dos direitos, como idéia fundamental da posse, a lógica não permite mais que se procure a razão última da posse senão nos próprios direitos e uma vez nesse caminho ela vai por ele mesmo descobrir o movimento paralelo dos direitos e da posse e planta enfim a convicção de que a proteção da *posse* é um *complemento indispensável* da proteção plena do *direito.*

Deste modo, a idéia desenvolvida até aqui do paralelismo entre a propriedade e a posse das coisas encontra na extensão completada pelo direito moderno da *quase posse* a todos os direitos que dela são suscetíveis, um exemplo e uma base que lança sobre este paralelismo a mais viva luz, e que nos permitiria formular de um modo mais geral, como *exterioridade dos direitos* (com exercício de certa duração) a idéia da *posse,* que devemos, aqui onde não a examinamos, senão em sua aplicação à posse das coisas, conceber como exterioridade da propriedade.

CAPÍTULO X
AINDA A IDÉIA DA PROPRIEDADE NA TEORIA DO DIREITO DE POSSE MATERIAL

2. A QUESTÃO DA AQUISIÇÃO E DA PERDA DA POSSE – CRÍTICA DA TEORIA DE SAVIGNY

Se é exata a nossa tese de que a posse é a exterioridade da propriedade, ela deve ser confirmada antes de tudo pela teoria do nascimento e da continuação da posse. Podemos antecipadamente formular a regra que deve reger esta matéria:

O modo pelo qual o proprietário exerce de fato sua propriedade deve ser o critério da existência da posse.

Julgo poder provar que esta regra é perfeitamente justa em direito romano, e que ela tão somente nos evita as contradições e as dificuldades que se apresentam na teoria de Savigny sobre as condições da origem e perda da posse, contradições e dificuldades que se discutiram até hoje mui francamente, porque não se achava modo de salvá-las.

Nenhuma parte da teoria possessória de Savigny foi tão geral e tão evidentemente aceita, por isso julgo necessário antes de expor a minha própria teoria, motivar a opinião que acabo de emitir sobre a de Savigny, e mostrar que ela acarreta contradições inexplicáveis, tanto com relação às decisões dos jurisconsultos, como em relação a si mesma.

O erro fundamental de Savigny consiste, a meu ver, na identificação da noção da posse com a do poder físico sobre a coisa, sem notar que esta última não passa de uma verdade relativa e limitada, pelo que chega a constrangê-la, de tal sorte, que perde afinal toda a verdade e fica reduzida a ser a negação de si mesma.

Vejamos, primeiramente, se este ponto de vista pode ser sustentado ante o exame da teoria da *aquisição* e da *perda* da posse.

Savigny (págs. 210, 211 e 236) faz consistir a noção de *apreensão* da possibilidade física de agir imediatamente sobre a coisa e de evitar toda ação estranha. Como condição essencial para esta possibilidade exige, tanto para os imóveis (pág. 212) como para as coisas móveis (pág. 216), a presença imediata sobre a coisa: "a presença material é a que acarreta a faculdade de dispor livremente das coisas (pág. 214); é preciso que a possibilidade de dispor livremente das coisas apresente-se como real e imediata ao espírito de quem queira adquirir a posse" (pág. 238). Savigny tem a suposição, em alguns textos que não mencionam esta condição de presença (págs. 220 e 225), de julgá-la uma coisa natural: os escravos, aos quais, segundo a L. 1, *Código de Donat.* (8,54) se entregou a posse e a propriedade, pela simples entrega dos títulos de propriedade, estavam presentes ao ato. O comprador da L. 1, § 21, *de possessione* (41,2) e L. 9, § 6, de A. R. D. (41,1), estava presente no comércio cujas chaves lhe foram entregues.

Agora perguntamos, conseguiu Savigny, como ele crê (pág. 236), demonstrar a exatidão dessa noção da apreensão pela interpretação dos textos? Nego-o peremptoriamente. A possibilidade da aquisição da posse mediante a *custódia* (págs. 226 e segs.) é irreconciliável com a necessidade da presença pessoal daquele que apreende, e não se pode compreender como Savigny julga conseguir evitar semelhante contradição dizendo (pág. 227): "que não há nada de que seja mais dono do que de sua morada e que por isso mesmo tem-se a *custódia* de tudo o que ali se acha". Com efeito, esse poder somente não é suficiente, segundo o próprio Savigny; é preciso, além disso, a possibilidade de uma ação *imediata* sobre a coisa, e esta possibilidade não existe para ele no lugar onde aquele que apreende está *presente* com relação a coisa.

Se é bastante ser o dono da coisa, eu o sou menos, quando o vendedor de um armazém leva-me a chave em casa, como quando aquele que me entrega as mercadorias deposita o pacote aberto na porta de minha casa, em minha ausência, e sem que ninguém dos meus o tenha introduzido nem tenha visto a coisa (*quamquam id nemo dum attigerit*, L. 18, § 2º *de possessione*) ou quando conduz-se o rebanho ao meu estábulo aberto, a lenha ao meu pátio, e o adubo ao meu jardim. Eu sinto-me mais dono no primeiro desses casos. Ninguém, com efeito, abrirá tão facilmente, como eu, a porta de ferro do armazém, ao passo que o ingresso ao meu pátio, ao meu jardim ou ao meu estábulo é livre, e quando penso no perigo possível de uma subtração da posse em cada um desses casos, para medir por ela a *consciência de meu poder físico*, julgo-me mais seguro com a chave do armazém do que nos casos de *custódia*.

A L. 54, de A. R. D. (41-1), concede-me a posse e a propriedade da caça que se apanhar em meus laços, sem se importar com o lugar em que estes foram armados, isto é, sem examinar se os laços foram armados em meu próprio terreno em pleno campo.[193] O jurisconsulto não exige uma apreensão corporal imediata da caça: admite, pois, que a posse do caçador pode começar mesmo em sua ausência; é o que resulta, de modo mais claro, dos termos empregados: *aprum meum... qui eo facto* **meus** *esse* **desisset**.

Eis, aqui, pois, um caso indubitável da aquisição da posse, sem que o adquirente esteja junto da coisa. É portanto impossível que a possibilidade de uma ação física imediata seja uma condição absoluta da apreensão.[194]

---

193. Savigny (pág. 223, nota) esquiva-se de expressar sua opinião sobre esta passagem, porque dizendo que a razão desta decisão acha-se nas palavras: *uti si in* **meam potestatem** *pervenit meus factus est*, não faz mais do que traduzir as palavras do jurisconsulto: *summam tamen hanc esse puto*.

194. Ihering vê claramente nisto, como em muitos casos, o caráter imaterial da relação jurídica, e por isto acerta de um modo exato com o *quid* de dificuldade em matéria tão interessante como o desenvolvimento da relação jurídica de posse. — Como finalmente o direito apóia-se na intenção, a apreensão jurídica se verifica sem necessidade de atos exteriores materiais por parte do sujeito. *(N.T.)*

Mas ainda que exista essa possibilidade junto ao conhecimento e a vontade, nem sempre é bastante. Eu quisera ver como se podem pôr de acordo com a teoria sobre apreensão de Savigny as seguintes decisões. Segundo a Lei 5, § 3°, A. R. D. (41-9), qualquer um pode possuir *sine furto* os favos de mel que um enxame de abelhas, que não me pertence, formou em uma árvore minha, isto é, que eu não adquiri a posse desses favos nem das abelhas, segundo o § 2°. Compreende-se perfeitamente quanto a estas, porém quanto aos favos de mel formados em minha árvore, em meu jardim, parece que deveriam pertencer-me como os pássaros que se deixam pegar pelos laços que eu armei no bosque. Há aí a possibilidade de uma ação imediata, o conhecimento e a vontade. Por que, pois, não há posse?

A segunda decisão diz respeito à aquisição do tesouro, isto é, de uma coisa oculta em um tempo ou num lugar qualquer (Savigny, pág. 229). – As opiniões dos jurisconsultos romanos sobre as condições da aquisição da posse eram nesse caso discordes; alguns jurisconsultos antigos concediam a posse ao possuidor do terreno em que se escondia o tesouro, desde o momento em que tinha conhecimento dele, ao passo que a maioria, cuja opinião foi aprovada por Justiniano, não admitia a posse senão *si ipsius rei supra terram possessionem adeptus fuissem* ou *si loco motus sit*. [L. 3, § 3°, L. 44, pr. *de possessione* (41-2); L. 15 *ad exh*. (10-4)].

Quando esta lei, que contém a última versão, acrescenta como motivo: *quia non sit sub custodia nostra*, é evidente, na verdade, que o proprietário do solo não pode agir imediatamente sobre o tesouro nem dispor dele enquanto não for desenterrado. Mas eu pergunto: há nisto diferença quando se trata da coisa depositada em minha casa na minha ausência ou da caça presa em meus laços? Se tudo depende da segurança do poder físico sobre a coisa, eu creio que esta segurança subsiste neste caso, tanto quanto na *custódia* doméstica.

Savigny (pág. 230) acha, em verdade, que essa é uma custódia especial, que não é possível senão nesta hipótese, e numa adição à 6ª edição faz nascer, em contradição com as decisões gerais dos jurisconsultos romanos, a posse do tesouro escondido na própria casa, desde o momento que se tem conhecimento dele.

Sem entrar agora no exame das considerações sobre as quais repousa positivamente a decisão dos jurisconsultos romanos, não posso deixar de perguntar por que esse muro elevado infranqueável não me poderá dar, com relação ao tesouro que haja em meu jardim, a mesma *consciência de um poder físico* como a que me concede o depósito de uma coisa depositada durante minha ausência em meu pátio ou no meu corredor aberto?[195]

Se passarmos em revista as relações que acabamos de citar, veremos que Savigny não conseguiu de modo algum pô-las em harmonia com sua noção da apreensão, e crê-se, não obstante, havê-lo conseguido, crença essa seguida por toda nossa jurisprudência romanista moderna; provém isso em parte de que ele mesmo repele sua própria noção de apreensão, onde quer que o estorve, e em parte de que não examina de maneira alguma as relações que eu assinalei. Uma de duas: ou Savigny tem razão quando assenta a noção da apreensão sobre a "possibilidade de agir *imediatamente* sobre a coisa" – e então compreendo perfeitamente porque as chaves do armazém não procuram a posse do armazém e porque a posse do terreno não procura a do tesouro; mas eu não compreendo:

1°) como Savigny pode me conceder a posse do tesouro oculto no muro de minha casa, porque eu não posso agir imediatamente sobre esse tesouro enquanto não tenha perfurado o muro;

2°) como posso eu adquirir a posse em minha *ausência*, estando quiçá a muitas léguas, por meio do depósito feito em minha residência;

3°) ou mediante os laços armados para a caça no bosque;

4°) nem compreendo, outrossim, porque não adquiro a posse dos favos de mel formados em minha árvore.

Ou, pelo contrário, não é preciso a possibilidade da ação pessoal imediata, isto é, instantânea, e basta um poder seguro obtido de um modo qualquer sobre a coisa. Então eu compreendo os casos 1°, 2° e

---

195. Falando da perda de posse (págs. 311 e 312), Savigny assemelha com relação à *custodia causa* da L. 44, p. *de possessione*, e para a manutenção da posse, o fato de conservar uma coisa em sua residência, e o de enterrá-la em seu campo; "as medidas especiais tomadas para a conservação desta coisa (custódia) dão-lhe a certeza de poder achá-la mais tarde", e acrescenta a nota: "tal é o sentido geral da palavra *custódia* e a diferença entre a aquisição e a conservação da posse não é aqui senão uma questão de mais ou menos". Eis aí a *custodia* aplicada ao jardim.

3°, mas não compreendo porque razão não hei de ter também a posse do tesouro que se acha em meu terreno, e porque a tradição das chaves não me há de dar posse do armazém ou da casa. O 4° caso fica, a meu ver, tanto numa como noutra hipótese, como um enigma.

Por aí se vê que a teoria de Savigny sobre a apreensão leva a contradições palpáveis: ora a presença é necessária ou não o é; quer a segurança do poder físico baste, quer não, – as deduções de Savigny moldam-se nas próprias decisões concretas que trata de interpretar, porém esquece nelas, quando chega à segunda, o que disse na primeira. Pode-se refutar Savigny com o próprio Savigny. Suponhamos, por exemplo, que eu quero demonstrar que, segundo Savigny a tradição das chaves deveria procurar a posse do armazém; bastar-me-ia recorrer à sua afirmação sobre a *custódia* (pág. 227), da qual resulta que a certeza do poder sobre a coisa é a que me dá a posse.

Se, pelo contrário, eu quero demonstrar que a *custódia* não pode dar posse alguma, aceitaria a sua afirmação com relação ao tesouro (pág. 237), segundo a qual o proprietário não tem a sua posse, "porque aqui também é muito possível que o outro ache esse tesouro, o que não estaria realmente um só instante em poder do proprietário do solo". O receio de que outrem me preceda na apreensão física da coisa é maior para o tesouro oculto na terra e às vistas de todos que para o pacote de livros depositado no vestíbulo de minha casa! A resposta não pode ser duvidosa procedendo-se criteriosamente e sem prejuízos.

Na realidade, o próprio Savigny parece achar esse perigo pouco sério, porque em sua teoria da perda da posse (pág. 341), a ocultação do tesouro aparecia como *custódia,* isto é, como medida especial tomada para a sua conservação e que dá ao possuidor a certeza de poder achá-la mais tarde.

Se passarmos agora à perda da posse, a fórmula enunciada por Savigny não é, a meu ver, mais exata do que a que ele enuncia para a aquisição. A posse, segundo ele, mantém-se quando subsiste a possibilidade de reproduzir, quando se quer o estado originário, há pois, perda da posse desde que esta possibilidade converta-se em *impossibilidade* (pág. 139).

Examinemos esta idéia mais de perto. A nossa teoria aceitou-a de olhos fechados e sem apresentar objeções: o que eu não posso explicar senão porque, não achando-se em estado de substituí-la por outra melhor, evitou cuidadosamente destruí-la. Por minha parte, não conheço em toda a jurisprudência nenhuma teoria que resista como ela a toda aplicação séria.

A impossibilidade de reproduzir a vontade, o estado originário deverá pois, decidir se a posse perdeu-se. *Reproduzir a vontade* quer isto por acaso dizer: sem que haja obstáculo algum? Poderia acreditar-se dada a frase *a vontade* (pág. 339), porque se devo, antes de tudo vencer os obstáculos que a resistência acarreta, o resultado não depende somente de minha *vontade*, mas e ao mesmo tempo da relação em que estão minhas *forças* com *os obstáculos* que a elas se oponham.

Savigny não se decidiu nesta questão, e portanto, não podemos investigar o alcance que dá à sua noção senão nos exemplos em que faz aplicação da mesma. Foi-me tirada a coisa por meio de roubo ou banditismo, perdi-lhe por isso a posse? Sim: "aqui a cessação da faculdade de dispor dela é perfeitamente evidente" (pág. 340). Seria preciso, para ser racional, dizer outro tanto "do caso em que durante a nossa ausência o nosso imóvel acha-se ocupado por uma pessoa que até nos impede violentamente de tornar a entrar, porque a possibilidade física de agir sobre a coisa impede-nos de um modo positivo desde então, como no primeiro caso, mas essa regra tem uma exceção notável" (pág. 348).

Não quero indagar se todos esses casos são de uma natureza tal, que o possuidor possa sem grande trabalho recobrar a coisa – circunstância não obstante à qual Celsus dá uma importância decisiva na L. 18, § 3 h. t.

Non disisse illico possidere existimandus sum, facile **expulsurus** *finibus simulatque sciero.*

E que o próprio Savigny não pôde desconhecer inteiramente, posto que tenha o cuidado de excluí-la do caso de ocupação de que se trata, supondo que a outra pessoa está disposta "a impedir-nos a entrada." (Quem nos pode dizer se pode ou se quer, ainda mesmo que possa?). Mas admitamos que todo o obstáculo que se nos ofereça seja suficiente para fazer cessar nossa posse, é preciso, contudo, que ele seja racional.

A ponte que nos conduz ao nosso terreno é destruída, o acesso ao mesmo é inteiramente impossível; ou, nosso terreno é inundado, continua a posse? Sim, responde Savigny; "é claro", diz ele, "que um obstáculo *passageiro* como esse, não impede a posse" (pág. 340, nota 3). O que eu não posso compreender é esse *claro* que aí se escreve.[196] Com efeito, se o caráter transitório do impedimento que aqui surge de improviso como uma condição essencial deve exercer uma influência tão decisiva, é que um impedimento transitório não faz cessar, ao menos temporariamente, a possibilidade de reproduzir à vontade o estado originário de coisas? Ora, se a posse interrompe-se, ainda mesmo que fosse temporariamente, fica interrompida a continuidade e a posse ulterior já não é a posse antiga, mas uma nova posse. Refiro-me aqui ao próprio Savigny. "O *animus* por si só faz perder a posse desde o instante em que o possuidor tem a *vontade de renunciar a ela;* porque desde esse instante, em conseqüência da mesma resolução, a reprodução da primeira vontade a que se opõe torna-se impossível."

"A partir de então, se mais tarde o antigo possuidor quisesse tornar a possuir, precisaria de uma nova apreensão, porque a posse anterior teria deixado de existir" (pág. 355). Não é esta ainda a ocasião de submeter semelhante opinião de Savigny a um exame crítico detalhado: bastar-me-á servir dela para esclarecer a decisão anteriormente indicada. Eu pergunto: o possuidor que muda de vontade provoca um obstáculo mais duradouro que o sucesso natural que destruiu a ponte? Uma nova mudança de vontade é bastante para superar o obstáculo, quando a reconstrução da ponte pode durar muito tempo, e até, quem sabe, se o possuidor ou outra pessoa a quem pertence a ponte nunca a destruirá?

Admitamos, porém, que assim seja: esse obstáculo passageiro não deve fazer cessar a posse; mas como decidir se ele é passageiro ou não? Há de se atender ao momento atual ou é preciso esperar o resultado? E no primeiro caso, torno a perguntar, é-me mais fácil construir uma ponte do que ir buscar as madeiras que um vizinho transportou furtivamente para o seu terreno, ou os pombos que trancou em seu pombal? No segundo caso não será preciso que eu recupere

---

196. Savigny não presta atenção alguma à L. 30, § 3º *de possessione* (41-2), *item quod mari aut flumine occupatum sit, possidere nos desinimus;* nem à L. 3, § 17. *Desinere ne possidere eum locum, quem flumen aut mare occupavent* (não se diz aqui *sim* passageiramente ou para sempre; mas por outra parte, quem pode saber isso antecipadamente?). Estes dois fragmentos contradizem a doutrina de Savigny.

esses objetos por minha própria autoridade, porque o vizinho estará, sem dúvida, disposto, desde o instante em que eu saiba o fato, a devolver-me as coisas para evitar uma denúncia em juízo. E mesmo no caso contrário, não posso decidir-me no primeiro momento pensando no efeito de uma denúncia: o obstáculo que o meu adversário opõe à minha posse é passageiro por natureza ou é preciso que eu espere o resultado? E a mesma coisa devo decidir num caso como no outro. Se ao cabo de alguns dias obtenho a restituição das coisas que me foram tiradas por meio de roubo ou pilhagem, eu não deveria nesse caso perder jamais a posse; se não faço reconstruir a ponte deveria, ao inverso, perdê-la retroativamente.

Se o lugar onde se acha a nossa coisa torna-se-nos *inteiramente inacessível, há perda da posse*: assim se expressa Savigny (pág. 340). Para isso ele invoca a L. 13, pr. *de possessione* (41-2), onde o jurisconsulto, falando das *lapides in Tiberim demersi naufragio et post tempus extracte,* expressa sua opinião nos seguintes termos: *dominium me retinere puto, possessionem non puto.* Quando eu motivar minha opinião (XIII), terei ocasião de pôr em seu verdadeiro lugar a importância, completamente descurada por Savigny, das palavras *post tempus.* Mas, pondo isso de lado, será por acaso que o leito do Tibre fosse *completamente inacessível?* A melhor prova de que não o era é que as pedras foram extraídas *post tempus.* É verdade que para isso eram necessários trabalhos artísticos! Mas não sê-los-ão necessários também para restabelecer a ponte que caiu na água? Quando escondeu-se a sua coisa em sua própria casa, de tal modo que não se possa achá-la, a posse continua como se sabe. Savigny trata de justificar esta proposição dizendo que "as medidas especiais tomadas para a conservação da coisa dão-lhe a certeza de poder encontrá-la *mais tarde"* (pág. 341). Mas eu pergunto novamente: que me importa a certeza de achá-la *mais tarde* para a possibilidade de reproduzir *em seguida* o estado anterior?

A posse dura na ausência da pessoa, ainda que seja sobre os terrenos afastados, sobre os prados de verão ou de inverno dos quais não se goza senão periodicamente e que estão afastados até por muitas léguas do lugar onde reside o possuidor. Savigny mesmo concede que "este afastamento ainda mesmo quando torna menos imediata a faculdade de dispor da coisa, não priva, contudo, desta faculdade em absoluto." (pág. 348). Porém, se esta faculdade menos imediata, retardada por várias jornadas de viagem, é bastante por que não sê-lo-á também para o animal doméstico que se perdeu (pág. 342), ou para a carteira que perdi no bosque num lugar que ignoro? (pág. 340). Custa-me menos trabalho mandar meus criados a procura do animal ou de minha carteira, que fazer uma viagem a um terreno longínquo.

Se o possuidor perde a razão, nem por isso, desaparece sua posse [L. 27, h. t.; L. 4, § 3°; L. 31, § 4°, *de usurp.* (41-3)]; já indicamos acima a razão prática que gerou esta regra. Poder-se-ia julgar que Savigny designasse semelhante regra como uma regra singular, inconciliável com a sua fórmula; por que como se pode falar, com relação a um louco, da possibilidade de reproduzir a seu bel prazer, a vontade originária de possuir? Porém, a fórmula conserva aqui uma docilidade e uma flexibilidade notáveis. "A impossibilidade de querer possuir não é aqui senão puramente *subjetiva* e *acidental*, é assim que o possuidor que esquece por algum tempo sua posse ou que acaba de perder a razão, não terá, com relação à coisa possuída, diferença alguma essencial."

Eis aí um segundo elemento importante para determinar negativamente a noção da impossibilidade. Não levam em conta nem uma impossibilidade *passageira*, nem uma impossibilidade *subjetiva* e *acidental*. Mas a impossibilidade que tem seu fundamento no *ânimo*, não deve necessariamente ser *subjetiva?* E além disso, o que dizer do caráter acidental! A morte é menos acidental que a perda da razão? Ali desaparece a posse, aqui ela mantém-se; mas falta a vontade nos dois casos. E onde está escrito que os sucessos fortuitos não têm o poder de fazer cessar a posse? Não é um sucesso fortuito quando eu perco a coisa, quando o pássaro solta-se de minha gaiola aberta? Com a mesma razão com que Savigny julga poder argüir com o caso o que o possuidor esquece sua posse para com aquele que perde a razão, poder-se-ia argumentar com o fato de que a posse não se perca quando a coisa não foi às mãos do possuidor após muito tempo, para no caso em que perdeu-a completamente.

Estes exemplos bastam para se ver quão pouco procurou Savigny demonstrar a opinião que ele mesmo sustenta. Tudo são restrições, incertezas e contradições, evoluções dialéticas contínuas; somente a casuística e a dialética do momento é o que no caso particular decide sobre as coisas essenciais, que não estiveram presentes quando se tratou de motivar e fixar as próprias noções; enfim, trata-se de um modo de argumentar que se presta a qualquer combinação, que demonstra sempre o que é necessário, e que esquece logo o que acaba de dizer momentos antes.

Que Savigny não pode tornar os jurisconsultos romanos responsáveis por sua fórmula, prova-se sem esforço. Se Savigny tem razão, é a lei da *vis inertiæ* a que rege a posse, isto é, que a posse persiste sempre desde que há possibilidade de reproduzir o estado originário, ainda quando esta possibilidade não se traduza jamais em fatos. A coisa que eu deixei no bosque, o terreno distante que não cultivo nem visito, estão sempre em minha posse, ainda mesmo que as coisas passem cinqüenta anos em tal estado. Poder-se-ia crer que semelhante resultado que repugna completamente ao aspecto natural da posse, intimidaria aos mantenedores do ponto de vista de que falamos, abrindo-lhes os olhos sobre os textos que dizem abertamente o contrário (XIII). Eles, contudo, têm uma fé inquebrantável na verdade de seu axioma e não só passaram com os olhos fechados por esses textos, como extremaram até o fanatismo a conseqüência desta lei da *vis inertiæ*.

Quando por um exercício repetido do direito de passagem sobre um terreno vizinho, adquiriu-se a quase posse de um direito, e não se a exerce durante dez, vinte e trinta anos, o que acontece com a quase posse? Continua placidamente, porque ninguém se opõe à possibilidade de reproduzir o estado originário, isto é, a repetição da passagem. É isso o que nos ensina Savigny quando nos remete, sobre este assunto (pág. 841), aos princípios que julga haver estabelecido para a posse das coisas, e que considera igualmente decisivos para a quase posse das servidões pessoais. "A continuação, diz ele, dessa espécie de posse depende também, como a continuação de qualquer outra, da possibilidade constante de reproduzir; a faculdade de dispor da coisa perde-se desde o momento em que esta possibilidade falta" (pág. 474). É verdade que se faz logo uma objeção. A própria servidão extingue-se por um não uso de dez anos: o que acontecerá, pois, com a quase posse quando a servidão se tenha extinguido? Nesse caso, diz Savigny: "a posse deve ter sido perdida durante o lapso de tempo intermédio, ainda mesmo quando a faculdade de dispor pudesse se reproduzir sempre."

Raro aspecto toma aí a relação possessória durante todo esse tempo. Se o quase possuidor lembra-se da servidão e a exerce no último dia do décimo ano, terá tido a posse durante toda uma série de anos; se, ao contrário, esquece-se não ter-la-á retroativamente. A posse, cuja natureza de simples fato é acentuada em outro lugar por Savigny, até o ponto de que, por exemplo, não fá-la começar para a posse adquirida pelo *negotiorum gestor,* mas a partir da ratificação porque "o fato retroativo que se pode aplicar aos atos jurídicos propriamente ditos, não se poderá imaginar em matéria de posse" (pág. 316); a posse, repito, adquire aqui efeito retroativo; durante o simples não uso fica suspensa, e somente a renovação do uso, a aspiração de todo o lapso de tempo requerido para a prescrição é o que se provará se a posse subsistiu ou não durante o intervalo (pág. 475). Com muita razão Puchta,[197] que no mais sustenta a opinião de Savigny,[198] diz que é essa uma hipótese inteiramente gratuita, que não se justificaria se não houvesse entre a existência do direito e a posse uma conexão tão essencial, que esta não pudesse existir sem aquela; porém pode-se ser possuidor quando o direito se tenha extinguido.

Fundando-se nisto, ele faz continuar a posse ainda mesmo depois da extinção da servidão por não uso, e pergunta quais seriam os efeitos desta posse. Ao que respondo, nenhum! E é claro, os dois efeitos da posse, a usucapião e os interditos supõem o exercício da servidão por parte do quase possuidor; a primeira, um exercício contínuo; a segunda, um exercício durante um certo tempo antes de intentar a ação. "Desta maneira, diz ele, prevalece a opinião de que a quase

---

197. Ver seu artigo sobre a posse em Weiske, *Rechtslexicon* II, pág. 72.
198. Ver pág. 71, *ibid.:* "A quase posse perde-se, pois, não pelo exercício, mas pela impossibilidade de se pôr a vontade no exercício do direito". O autor da notável obra recentemente publicada (Randa, *a Posse segundo o direito austríaco, comparada com o direito comum,* etc,. Leipzig, 1867, págs. 348 e seguintes), coloca-se resolutamente ao lado de Puchta sobre esse ponto, e somente se detém ante a conseqüência anotada. Para ele, basta um só ato durante os trinta anos da prescrição para que a posse não esteja perdida (pág. 350); este ato mesmo não é necessário se durante o tempo requerido para prescrever não se ofereceu ocasião de exercer a servidão (pág. 352). Bruns (*Besitz-Posse,* pág. 475) adere também a esta opinião. Acha tão falsa que a quase posse consista no exercício da servidão, como se o exercício da propriedade consistisse na posse das coisas. É somente para a aquisição da posse que os direitos positivos exigem o exercício. A posse, uma vez adquirida por meio do exercício, dura tanto tempo quanto dura a vontade e a possibilidade do fato de produzir a vontade deste exercício. Os defensores desta opinião esquecem-se completamente de que a noção da *quasi* ou *jurispossessio* não era mais do que uma abstração dos jurisconsultos, quando o edito do Pretor, decisivo nesta matéria, empregava sempre a expressão *usus es* nos interditos quase possessórios.

posse não pode, em verdade começar, mas pode continuar sem o exercício efetivo; além disso, esta propriedade é desprovida de efeito prático, porque esses dois efeitos da posse não exigem somente sua existência *in abstrato* (!), mas um estado de exercício efetivo." Realmente, jamais uma opinião condenou-se a si mesma com tanto engenho! Uma posse a que faltam os dois únicos efeitos que lhe dão uma importância jurídica, e que, não obstante, continua *in abstracto!* – *a faca de Lichtemberg sem gume... e sem cabo!* Por que razão e por quanto tempo mantém-se esta posse sem efeito? Por quê? Unicamente porque não pode cessar em virtude de uma fórmula teórica. Quanto tempo? Enquanto o possuidor viver, e se trata-se de uma pessoa jurídica, eternamente. Deixemos, pois, tranqüila na eternidade semelhante posse que não é deste mundo: talvez que no outro seja possível compreender uma posse que existe somente *in abstracto*, ainda mesmo para aqueles que sobre a terra não viram nela senão o produto de uma dialética doentia e que atinge o fim prático e os interesses do direito, e que lembra a escolástica da Idade Média. Todavia, esta invenção de Puchta é fecunda em úteis ensinamentos: tem, a meu ver, um valor incalculável, porque mostra o abismo para o qual se corre quando se quer achar a importância da posse na própria posse – *parte-se da idéia da posse estabelecida* a priori, *e chega-se à posse existente na idéia.*

Voltemos agora à posse das coisas e perguntamos: a continuação da posse sem detenção de espécie alguma, por exemplo, sobre a coisa que depositei no bosque e esqueci-me depois (Savigny, pág. 354, diz "muito tempo esquecida"), é mais verdadeira do que a da quase posse sem o exercício?

Esta posse continua também subsistindo somente porque não se pode extinguir: *posse abstracta* que ninguém vê, que ninguém aproveita e que ninguém, nem mesmo o próprio possuidor, percebe. O que prolonga a duração é unicamente a suposta lei da *vis inertiæ* de Savigny, segundo a qual uma posse continua até que se produza no estado da coisa uma mudança que converta em impossibilidade a possibilidade de reproduzir à vontade a relação originária. Mais adiante demonstraremos que esta lei é completamente desconhecida em direito romano.

É bem cômoda, todavia, esta teoria da *vis inertiæ:* cômoda para o possuidor que pode tranqüilamente cruzar os braços, certo de ressuscitar semelhante possuidor no dia do juízo final, a julgar-se que a vontade de possuir siga-o até a eternidade e não tenha sobrevindo mudança alguma na posição exterior da coisa. É cômoda para o juiz, a quem oferece uma regra fixa, mediante a qual pode-se, sem quebrar a cabeça, estabelecer facilmente a existência atual da posse. A posse não cessou por um *actum in contrarium:* deve continuar imperturbavelmente; o possuidor deve provar que a posse *nasceu;* ao seu adversário caberá provar que ela desapareceu desta ou daquela maneira.

Desse modo desaparece para o juiz toda ocasião de examinar atentamente a relação possessória como deveria fazê-lo; pela minha teoria, esses dois pólos da posse compreendem em si mesmos a sua continuação e dispensam o juiz de examiná-la. Mas a comodidade de uma opinião não lhe dá o direito por si só para ter um valor prático e científico. De outro modo, a idéia dos jurisconsultos da Idade Média de tonar mais prática a noção incômoda e indeterminada do direito consuetudinário, indicando um certo número de casos e de anos como condições do direito consuetudinário, esta idéia, digo, deveria ser adotada pela ciência, porque a medida assim expendida do direito consuetudinário é infinitamente mais cômoda do que o seu exame interno. Mas nem sempre se pode fazer, especialmente em matéria de noções que não se apóiam sobre um só ato, mas sobre um estado duradouro, como o direito consuetudinário e a posse. Em ambos, trata-se da manifestação exterior; naquele, de uma regra de direito, neste, de um direito, e em ambos não se pode prescindir de agir sobre um *ponto de vista,* em vez de partir de uma regra formulada, a menos que não se queira estabelecer à custa da mesma idéia da instituição uma máquina extensa e mecânica. Eis o que vamos agora investigar e demonstrar.

Capítulo XI
Ainda a idéia da propriedade na teoria do direito de posse material

3. A POSSE É A EXTERIORIDADE DA PROPRIEDADE

Entendo por *exterioridade da propriedade* o estado normal externo da coisa, sob o qual cumpre-se o destino econômico de servir aos homens. Este estado toma, segundo a diversidade das coisas, um aspecto exterior diferente; para umas, confunde-se com a detenção ou posse física da coisa; para outras, não. Certas coisas têm-se ordinariamente sob a vigilância pessoal ou real, outras ficam sem proteção, nem vigilância.[199]

O lavrador deixa sua colheita em pleno campo, o arquiteto deixa em suas obras os materiais destinados à construção; porém, ninguém

---

199. Encontra-se a mesma distinção nos *servi custodori soliti* e *non soliti* dos romanos. Veja-se para estes a L. 18 pr. comm. (13-6). L. 23 D. R. 3 (50,17).

trata assim seus objetos preciosos, seus móveis, etc., etc.; todos os fecham em sua casa. O mesmo estado, que para as primeiras coisas é *normal*, aparece para as segundas *anormal*, como um estado no qual a exterioridade da propriedade não se manifesta habitualmente com relação a essas coisas, de onde resulta, a ser exata nossa teoria, que a posse deve *continuar* para os primeiros e *cessar* para os segundos.

Aquele que acha uma coisa da primeira categoria nesta condição, deve pensar que ela se acha ali pela vontade de seu dono, ao passo que deve pensar o contrário se achar em semelhante condição uma coisa da segunda categoria.

No primeiro caso toma-se a coisa para remetê-la ao possuidor, imiscui-se em uma *relação de vontade* estranha, *visível;* não assim no segundo caso onde, pelo contrário, presta serviços ao possuidor recebendo a coisa e enviando-a. Desta maneira, o caráter jurídico da relação em que esta coisa se acha com o seu proprietário, torna-se *visível* em ambos os casos. A posse assim como a não posse é visível, e precisamente esta *visibilidade* é de grande importância para a sua *segurança*. Com efeito, a segurança da posse não repousa somente no elemento *físico*, isto é, em medidas de segurança tomadas para protegê-la, como também no elemento *moral* ou *jurídico*, a saber, no receio de lesar os direitos de outrem, inspirado pelo senso jurídico ou pela lei.[200] Se eu passo perto do laço armado por outrem no bosque sem me apoderar do pássaro nele preso, o motivo que me retém não

---

200. Apesar desta alusão direta a um elemento *moral* ou *jurídico,* não acreditamos que Ihering refira-se ao caráter verdadeiramente interno da relação. A limitação em que Ihering encontra uma garantia da posse repousa na idéia kantiana do direito, em virtude da qual este acha sua lei na coexistência das liberdades de todos, no respeito aos direitos de cada um. Há por acaso que se ver na posse alguma coisa mais que a exterioridade da propriedade? Como exterioridade da propriedade pode-se oferecer a contemplação social; mas no desenvolvimento prático da relação jurídica, desde que se apresenta a exigência racional, solicitando sua plena satisfação, determinando uma obrigação, até que se exponha a condição e se satisfaça a exigência, há uma série de momentos, dos quais um é a *posse*, que em certos casos pode não conduzir à propriedade. Isto, pondo de parte o que já dissemos com relação à necessidade de atender a posse, não mera exterioridade, mas como condição essencial da vida jurídica por exigir sua proteção e amparo. Demais, a segurança de que Ihering fala, e que resulta, segundo ele, do receio de lesar os direitos alheios, é no fundo a consciência do respeito que merecem as condições essenciais do direito na vida da personalidade. Por hipótese, dado o ponto de vista do conceito do direito a que respondem estas considerações, haveria muito que dizer se pode conceituar-se como elemento jurídico o *receio inspirado*... pela lei, que é por onde Ihering concorda mais uma vez com Emmanuel Kant, o célebre jurista-filósofo de Koenigsberg. *(N.T.)*

é de natureza *física*, mas puramente moral: é o respeito à propriedade alheia. É verdade que o ladrão não se detém ante semelhante motivo; mas para ele nem os muros, nem as fechaduras, nem os ferrolhos oferecem uma segurança suficiente, pois como o prova a experiência, roubam-se muito mais as coisas que estão *in custodia* do que as que não estão.

Expus brevemente até aqui a parte essencial de minha opinião; vou tentar agora motivá-la e desenvolvê-la decompondo-a em teses; – forma essa que facilitará o exame da mesma pelo leitor.

1. *O direito romano admite a posse em vários casos em que não há nem vigilância pessoal sobre a coisa, nem medidas reais para sua segurança*

Esta afirmação não necessita de provas: todos aqueles que conhecem a teoria possessória lembrar-se-ão dos exemplos da posse dos terrenos distantes e dos *saltus hiberni et aestivi;* para as coisas móveis, citarei os escravos ausentes e a caça caída no laço do caçador (L. 55 de A. R. D. 41, 1). Se a posse da caça *adquire-se* mesmo na ausência do caçador (L. 55, de A. R. D. 41, 1), não se pode duvidar que a posse dos laços e armadilhas não *continue* também em sua ausência.

2. *Esta continuação da posse não pode ser explicada pelo poder físico*[201]

Não se pode racionalmente falar de poder físico sobre a coisa senão quando se está perto dela, ou quando se a guarda de tal modo que é impossível tomá-la ao primeiro que chegue. Eu tenho um poder de fato sobre um terreno distante, quando estou *perto* ou *sobre* ele, porém desde que me alheio o poder cessa, e não posso impedir que outro o ocupe. É abusar gravemente das palavras, falar nesse caso de um poder físico porque, de que modo se manifesta esse poder? De modo algum! É um poder físico de que escarnecem as lebres que comem as ervas do campo, e as crianças que brincam

---

201. A posse há de se explicar sempre como a condição de que depende o cumprimento de um fim racional da vida, e em cada caso concreto referindo-se a posse ao sujeito da exigência, que a tem como aquele meio que lhe há de ser prestado para satisfazer uma exigência sua.

no meu trigal. Dá-se com esse poder o que se dá com a quase posse *in abstracto* de que falava Puchta, é um poder físico... sem realidade física; uma imagem projetada sobre a escuridão pela lanterna mágica da teoria!

3. *A possibilidade de reproduzir voluntariamente o estado originário não é bastante, nesses casos, para admitir-se um poder físico*

Em primeiro lugar não é exato dizer que esta possibilidade se encontre em todos os casos em que o direito romano deixe continuar a posse. Não se pense mais nas devesas alpestres (*saltus aestivi*) que o possuidor abandona no outono, e para as quais esta tentativa de renovação durante o inverno poderia, em certas circunstâncias, custar-lhe a vida. E além disso, que importa a possibilidade da reintegração *subseqüente* para se saber se eu tenho *presentemente* um poder físico sobre a coisa? Eu posso, quando o meu fogão esfria-se, reanimá-lo a cada instante, mas por isso eu não direi que ele está *quente* quando esteja frio. A possibilidade não é a realidade.

4. *Esta possibilidade (quando exista) não repousa no elemento físico, mas no elemento "jurídico e moral" da posse*

Na primeira parte desta proposição toco uma idéia que a meu ver, se bem que nunca tenha sido expressa cientificamente, ou quiçá para isso mesmo, serviu poderosamente para o erro que eu aqui combato. Ela tem uma certa aparência de verdade com relação aos objetos que o possuidor tinha sob sua guarda pessoal ou real (*custódia*), mas ainda para esses objetos a verdade deve ser concebida no meio termo. Com efeito, não é somente aos muros, às fechaduras e aos ferrolhos, às caixas e às bolsas que devo a segurança de minhas coisas móveis, pois que aos semelhantes obstáculos *exteriores* que eu oponho às ciladas alheias ajuntam-se também as barreiras *invisíveis* com que o direito garante a minha propriedade,[202] mas a ordem jurídica, o senso

---

202. E para quem encara o direito como relação de interesses de caráter ético, cujo cumprimento dependa da *livre vontade* dos não obrigados, são os que mais importam. A posse, como fato, pode achar nos interditos uma garantia e amparo para os momentos críticos de sua existência; mas somente na consciência pessoal, livre, de quantos se reconhecem obrigados, e vêem na posse deste ou de outro semelhante uma condição essencial de sua vida racional, encontra garantia e amparo permanentes, de todos os dias e horas.

jurídico espalhado no povo, o receio do ladrão a ser descoberto e castigado. Os poucos artigos do código penal alemão sobre o roubo, a pilhagem, a defesa privada, pesam mais do que todas essas medidas de segurança mecânica. Oponha-se alguém, momentaneamente, a esses artigos riscados... e verá que tais medidas, pouco ou nenhuma importância têm.

Nos casos citados, e em muito mais que adiante acharemos, a segurança da posse repousa *exclusivamente* nessas garantias morais e jurídicas. Somente à sua eficácia e não a outra qualquer circunstância deverá o possuidor de um terreno estar quase certo de que nenhum outro se aproveitará de sua ausência para se apropriar da posse.[203] Essas garantias, e não sua relação física com a coisa, são as que lhe asseguram a possibilidade, de que fala Savigny, de reproduzir voluntariamente a relação originária; sem elas a sua confiança nessa possibilidade não seria muito fundada, pois seria uma possibilidade puramente abstrata; qualquer pessoa poderia dar-lhe fim. É um dos erros mais fecundos em conseqüências, e dos mais fatais que se têm cometido na teoria possessória, o haver-se fundado a segurança da posse e com ela a própria posse no ponto de vista da segurança mecânica do poder físico. A segurança da posse descansa essencialmente na *proteção jurídica* concedida à relação de direito do homem sobre a coisa.

5. *Os interesses práticos da vida social são os que decidem a que relação externa do homem com a coisa deve o legislador conceder semelhante proteção*

Segundo a opinião que eu combato, e para a qual o legislador em matéria de posse guia-se unicamente pela idéia de que o poder físico do homem sobre as coisas merece uma proteção jurídica, o próprio legislador e a jurisprudência não teriam tarefa mais essencial do que a de estabelecer com a maior precisão a noção do poder físico, e os casos em que se deve admiti-lo.

---

203. Se bem que Ihering assinale os motivos *reais* que no atual estado social dão segurança à vida ordinária normal da posse, é todavia muito discutível se todos os que ele indica como *jurídicos e morais* o sejam: por exemplo, o temor do ladrão ao Código Penal; dado que o direito tem por fim a intenção do bem (livremente querido), pode-se dizer que quem age sob o receio de uma pena, aquele que respeita o direito, não porque seja direito, mas por medo do castigo, age por motivos morais e jurídicos? Por que outro motivo age a fera ante o látego do domador? (*N.T.*)

O direito romano, consoante isto, desconhecerá tal dever, admitida a posse em certos casos em que falta completamente esta condição.[204]

Se, pelo contrário, a intenção do legislador foi, como dissemos mais acima, completar a proteção da propriedade, não são as investigações lingüísticas sobre a palavra *posse* as que devem decidir em que caso deve-se conceder a proteção possessória, mas os interesses da propriedade, e toda a questão da relação da posse e da proteção possessória reduz-se, como já dissemos, ao seguinte: a proteção possessória não se concede aos casos onde há posse no sentido da palavra, pois não reconhecemos a posse, juridicamente falando, senão quando se pode conceder a proteção possessória, sem nos preocuparmos de saber se o uso lingüístico vulgar acha-se ou não de acordo conosco.

É, pois, o interesse da propriedade o que determina a proteção possessória e com ela a noção da posse; aonde os motivos práticos concedem a primeira, o jurisconsulto deve chamar posse o estado da coisa, ainda que (como, por exemplo, no caso do escravo fugido) este estado não tenha nada de posse no sentido natural da palavra.

6. *O interesse da propriedade opõe-se a que se limite a noção da posse à detenção física da coisa*[205]

O exercício da propriedade mediante o gozo efetivo da coisa não está ligado, para uma porção de coisas, à necessidade de uma segurança pessoal ou real; seu destino econômico ou seu caráter natural fazem com que se ache constantemente desprovido de toda a prote-

---

204. Além dos casos citados acima (tese 1ª), citarei o da aquisição da posse pelo pai sobre o pecúlio de seu filho, cuja existência é completamente ignorada: L. 4, *De possessione* (41-2)... *quamvis* **ignoret** *in sua potestate filium; Ampilus etiam si filius ab* **alio** *tanquam servus* **possideatur**.

205. E opõe-se também ao próprio conceito e natureza da relação jurídica, diremos nós concluindo o pensamento do ilustre Ihering. A posse implica que a condição de que o cumprimento desta relação depende, esteja dentro da esfera da *atração psicológica* da nossa finalidade racional, pouco importando-se: 1º, que não está dentro da esfera de nossa ação física; e 2º, que ignoramos até o nosso direito à condição, para que determine todo o ser livre que não ignore essas circunstâncias (que nós ignoramos), a obrigação de respeitar o estado possessório. Tudo isso porque o cumprimento do direito pende sempre mais do ser da obrigação do que do ser da exigência. *(N.T.)*

ção ou vigilância. O campônio não pode, para impedir a ingerência de um terceiro, cercar seus campos de muros, não pode fazer guardar por uma sentinela seus trigais, nem o gado que haja em seu pasto. O pastor suíço abandona na primavera o seu pasto alpestre; o hoteleiro, estabelecido nos cumes dos morros abandona a sua hospedaria de verão, e nenhum deles deixa alguém para guardar a casa e a mobília que nela se acha.[206]

Quantos ramos da indústria não há que exigem precisamente que os objetos necessários para o seu exercício fiquem a descoberto e sem vigilância! O caçador deixa sem vigilância no bosque suas armadilhas e laços, o lenhador a lenha que cortou, o pescador deixa a pesca em suas redes, o canteiro deixa a pedra nas pedreiras, o mineiro a hulha na mina, o arquiteto os materiais de construção na obra, o barqueiro carrega seu barco de farinha, de pedras e madeiras no lugar do embarque sem deixar então um vigilante. Quantos navios ficam vazios no porto, no inverno, enquanto os homens da sua tripulação vão para suas casas; quantos barcos estão amarrados à beira mar de modo que qualquer um possa desatá-los?[207] Na maioria dos casos, a necessidade de uma *custódia* especial, com o fim de manter a posse, conduziria indubitavelmente a este resultado: que seria preferível renunciar completamente à proteção possessória, a procurá-la de um modo demasiado incômodo, custoso e até às vezes praticamente irrealizável. Por que razão o legislador negará proteção possessória a essas relações...? Unicamente por amor a essa idéia fixa de que a posse é a detenção corporal da coisa!

Mas semelhante idéia é absolutamente falsa; a noção possessória praticamente possível não pode ser senão a seguinte:

---

206. O *novo exemplo da atual* que Baron (*Annaes,* VII, pág. 144) julga ter encontrado nas casas de campo, que ele opõe à *saltus æstivi et hiberni,* encontra-se já em Theófilo, IV, 15, § 5.

207. Esses casos por si bastam para demonstrar convenientemente o insustentável da opinião de Baron, que tratou nos seus *Annaes* (VII nº 2), de fundar a continuação da posse na *custódia.* Sua custódia *objetiva,* que no próprio terreno pode exercer o possuidor sobre todos os objetos que nele se acham, não lhe presta o serviço sequer de um espantalho, porque este espantará algumas vezes os pardais, ao passo que a *custódia* não afugenta ninguém. Ver em sentido contrário Ad. Exner, *Die Lehr von Rechtserwerb durch Tradition nach osterreichischen und gemeinem Recht (A teoria da tradição segundo o direito austríaco e o direito comum).* Viena, 1867, págs. 109 e seg.

7. A posse das coisas é a exterioridade da propriedade

Somente esta noção pode expressar como a posse e a propriedade unem-se mutuamente, conforme o quer o interesse do comércio. Assim concebida, a posse acompanha sempre a utilidade econômica da propriedade[208] e o proprietário não tem que recear que o direito o abandone enquanto usar da coisa de um modo conforme o seu destino.

8. A forma exterior dessa relação de fato é diferente, segundo a diversidade das coisas

Uma teoria possessória que, como a dominante, não distinga bem a influência que exerce a diversidade das coisas sobre o aspecto exterior da relação possessória, e que enuncia para todos a mesma fórmula, é a *priori* errônea, e conduz a resultados completamente absurdos. Se eu conservo a posse do adubo ou da areia que transportei para os meus terrenos, e que eu ali deixei durante todo o inverno, devo, de acordo com esta teoria, conservar também a posse sobre os cofres ou caixas que abandono do mesmo modo em meu terreno – a reprodução da relação originária, isto é, o fato de trasladar-me para ele, não é mais difícil num caso do que noutro. Se, pelo contrário, eu perco a posse destas coisas porque não as tenho sob minha *custódia*, é preciso pelo mesmo motivo que eu perca também a posse dos primeiros.

O direito romano reconheceu em muitos casos a influência da diversidade do emprego econômico das coisas, como os *saltus æstivi et hiberni*,[209] os escravos,[210] os animais,[211] e de um modo geral com relação à diferença entre as coisas móveis e imóveis.[212] O ponto de vista em que ele se coloca não é outro senão o nosso. A forma normal pela qual o proprietário exerce sua propriedade, com relação aos *saltus æstivi et hiberni*, consiste em que o mesmo não as usa senão

---

208. É como que um elemento essencial, para chegar-se a aplicação do meio ao fim (*utilidade*), tem-se que começar por *possuir* o meio e *usá-lo* logo. Daí os dois momentos de *posse* e *uso*, que levam à propriedade.
209. L. 3º, § 11 (41, 2)... *quamvis certis temporilus eos relinquamus*.
210. L. 3º, § 13, ibid *excepto nomine*, L. 13, p. ibid.
211. L. 3º, §§ 13, 16, ibid.
212. L. 3º, § 13, cit., *res mobiles*.

periodicamente, abandonando-os também periodicamente: com relação aos escravos, em que os deixa ir e vir livremente (a menos que não tenha motivos de desconfiança), mandando-os em viagem e confiando-lhes o cuidado de seus negócios em países longínquos;[213] com relação aos animais domésticos e aos selvagens amansados, em que se os deixa entrar e sair com liberdade.[214] Para a maior parte das coisas móveis, pelo contrário, esta forma consiste em o proprietário tê-las em sua casa. A elas refere-se Celsus quando enuncia a seguinte regra na L. 3°, § 13 cit.: *res mobiles excepto homine, quatenus sub custodia nostra sint, hactenus possideri.*

Esta regra não se aplica às coisas para as quais não se usa uma *custódia* nesse sentido. Assim o demonstra o exemplo da caça presa no laço. (L. 55, de A. R. D.). Se a posse começa sem *custódia*, com maior razão continua sobre a caça e sobre o próprio laço. E se a posse não se perde imediatamente com relação às coisas caídas n'água,[215] não se deve perdê-la, menos, quando materiais de construção acham-se no lugar onde eu quero construir, ainda que não estejam sob a minha imediata inspeção. Não existe, pois, para mim, dúvida alguma que se deve admitir em todos os casos citados a continuidade da posse ainda quando a coisa não seja objeto de vigilância alguma.

De conformidade com isso podemos afirmar que:

9. *A existência da posse é questão de pura experiência, é uma questão da vida ordinária*

A questão de saber se deve-se admitir uma posse, resolve-se simplesmente segundo o modo pelo qual o proprietário tem o costume de tratar as coisas da espécie a que aquela se refere. Dada essa teoria, todo cidadão ou todo o campônio pode resolver semelhante questão; com a de Savigny, nem o próprio jurisconsulto pode resolvê-la, porque o ponto de vista em que se deve colocar para esse fim, o da possibilidade ou impossibilidade da reprodução à vontade do estado originário é, conforme vimos, tão indeterminado e tão elástico, que

---

213. L. 1°, § 14, h. t. *quos in provincia habemus.*
214. L. 4°, L. 5°, § 5°, de A. R. D. (41,1). L. 3°, §§ 13, 16, cit.
215. L. 13, p. h., t. v. XIII.

mesmo o seu autor não foi capaz de estabelecê-lo com fixidez. Por ele pode-se demonstrar tudo o que se quer.

Com esta concepção da posse liga-se por conseqüência:

10. *A grande vantagem que apresenta para terceiros a faculdade de reconhecer a existência de uma relação possessória*

A própria coisa, pelo estado em que se acha, anuncia sua relação possessória. Se este estado é *norma* para ela, toda pessoa que a ache deve dizer que essa relação local não se apóia na simples casualidade, mas na intenção, e que a coisa cumpre neste estado precisamente o seu destino econômico,[216] que *serve* ao proprietário. Se é *anormal,* verá ela então de que modo a coisa fora *subtraída* ao serviço do proprietário, e que a relação de *propriedade* está *perturbada* de fato.

A madeira depositada junto do edifício avisa-nos que está em posse de alguém; a madeira que a correnteza arrasta anuncia-me uma posse perdida; as armadilhas e laços que encontro no bosque avisam-me que eles estão ali *pela vontade* do proprietário. Segundo a teoria de Savigny, o terceiro, na maioria dos casos, não estaria em estado de resolver a questão sobre se existe ou não a posse. Com efeito, como se pode saber ou não se o proprietário acha-se em estado "de reproduzir o estado originário", se está perto ou longe, se saiu, fugido, se está doente ou morto? E não obstante, é para ele da máxima importância resolver esta questão porque:

11. *A "visibilidade" ou a "possibilidade concreta de reconhecer" a posse é de uma importância decisiva para a sua segurança*

Esta qualidade não tem influência alguma para o ladrão, mas para o homem honrado é decisiva.[217] O homem de bem, no caso que acabo de citar, deixará a casa sem tocar nela, mas tirará o relógio

---

216. Isto é, a coisa está dentro da esfera de *atração* da finalidade racional de um ser, posição que impõe a obrigação a todos de respeitá-lo.
217. E por quê? Eis aí o fundamento do respeito à posse e de sua proteção e amparo. Porque o homem honrado vê que a coisa *é de outro,* e que o direito obriga-o a prestar-lhe a *condição* de respeitar a posse para que cumpra seus *fins* racionais, condição essa que seria negada desde o momento em que ele se apoderasse da coisa, privando assim o possuidor do momento essencial, em virtude do qual pode-se aproveitar dela.

para devolvê-lo ao seu verdadeiro proprietário. Estou precisamente por isto autorizado a ter como ladrão aquele que surpreendo em minha casa, porque a sua apreensão não pode ser interpretada senão pela intenção premeditada de apropriá-la e não tenho o mesmo direito com relação ao que achou o relógio, porque a sua ação pode ser explicada de duas maneiras e, portanto, somente sua conseqüente aptidão demonstrará quais das duas é a certa. Não se pode, a meu ver, achar um ponto de apoio sólido para esta questão tão interessante da intenção fraudulenta, senão em minha teoria, ao passo que a de Savigny não nos presta auxílio algum a este respeito.

Termino aqui o exame da relação interna da posse ou do que se chama o *corpus*. Restar-me-á, todavia, demonstrar o paralelismo do segundo elemento da posse ou o *animus*, com a exterioridade da propriedade. Se não empreendo esta tarefa é porque, como já disse no princípio, escolhi a crítica do chamado *animus domini* para objeto de um terceiro estudo.[218] Mas ainda mesmo fora desta circunstância, me evitaria uma demonstração mais minuciosa, porque a exatidão de meu ponto de vista nesse assunto manifesta-se tão clara e tão plenamente, que o próprio Savigny reconheceu sua verdade, quando formulou a vontade de possuir como *animus domini* – testemunho este que pesa tanto mais na balança, quando é certo que esta fórmula acomoda-se pouco, a meu ver, com a sua noção da posse. Com efeito, se a posse é o poder físico sobre a coisa, por que a vontade de possuir não é determinada pela noção de propriedade? A inconseqüência em que cai Savigny prova que a lógica interna das coisas não permitiu desconhecer seu ponto de vista, nem evitá-lo.

Sem ir mais além na matéria, ser-me-á permitido, contudo, acrescentar à tese precedente a seguinte:

---

218. É precisamente dos outros três que, conforme viu o leitor, Ihering anuncia, o único que escreveu e publicou. Os outros dois renunciará pouco depois a escrevê-los, segundo ele mesmo o confessa no prólogo em que trata do *animus domini*. Não obstante tudo isso, pode-se considerar que onde Ihering expõe pontos de vista mais gerais sobre a posse, é na obra que ora damos à luz em tradução portuguesa. Na que se dedica ao *animus* (*Besitzwile – a vontade da posse*), ele circunscreve-se exclusivamente a este ponto concreto especialíssimo. Com relação à posse, Ihering publicou um artigo que, não obstante pequeno, abarca toda a teoria. Pode-se ver no *Dicionário de Ciências Políticas* de Conrady Elstr. Veja-se também o segundo estudo das *Questões de Direito Civil*, tradução brasileira de Adherbal de Carvalho, Rio de Janeiro – Laemmert & C. editores, 1899. *(N.T.)*

12. A diferença entre o "animus possidendi" e o "alieno nomine detinendi" não acha uma explicação suficiente senão no ponto de vista da exterioridade da propriedade

Resumindo agora as explicações precedentes, posso dizer que a noção da posse que estabeleci resistiu a todas as provas, tanto no tocante à sua *legitimidade e necessidade legislativa*, como relativamente à sua *aplicação prática* e sua *concordância com o direito romano*. Tudo o que este contém sobre a matéria, as ações possessórias, as condições de capacidade da pessoa e da coisa, o paralelismo entre a posse e a propriedade, a determinação do *corpus* e do *animus*, tudo isso gravita ao redor da propriedade como seu centro visível. Adquirida esta convicção e concedida, para conformarmo-nos com ela, a posse das coisas como a exterioridade da propriedade, não nos é possível representar a conexão íntima que existe entre a posse das coisas e a dos direitos, e estabelecer a noção mais elevada da posse, a que essas duas formas estão subordinadas como sub variedades, a saber:

13. *A posse é a exterioridade do direito*

A teoria do poder físico tem que recorrer à noçao do exercício da propriedade para ir da posse da coisa à posse dos direitos (Savigny, pág. 192). Mas em lugar de colocar a questão desta forma, e de saber se as noções do poder físico sobre a coisa e do exercício da propriedade são correlativas, e em vez de explicar porque na posse sobre a coisa o exercício do direito está unido ao poder físico, ao passo que não o está na quase posse, passa rapidamente sobre o assunto e não o traz à conta senão para retirá-lo imediatamente depois que lhe presta o serviço pedido. Ainda mais, o prejuízo de que a essência da posse consiste no poder físico, vai tão longe que Savigny (pág. 193) disputa à própria quase posse o seu direito ao nome de posse, e não quer ver neste emprego de uma mesma palavra – prova evidente do reconhecimento de sua homogeneidade interna, atestada pela abstração jurídica – senão uma *dura necessitas,* engendrada pela pobreza da linguagem, como se fosse difícil aos romanos adaptar a expressão de que se serviam os interditos para designar essa relação (*usus est*) a quase posse, mediante uma adição qualquer, por exemplo, *usus juris*.

A expressão *juris possessio* empregada pela jurisprudência romana para designar a exterioridade da propriedade das servidões, é a meu ver a melhor prova do que se entendia por *possessio;* com relação à propriedade, podia perfeitamente ser aplicada às servidões, ou, em outros termos, não se trata do poder físico sobre a coisa, mas da exterioridade da propriedade.

Agora temos que examinar a aplicação de nosso ponto de vista à teoria sobre a aquisição e perda da posse. Seja-nos permitido uma expressão geral que nos servirá, às vezes, de conclusão para toda a investigação que precede, e de motivo e epígrafe do que se segue. Dou pouca força probatória a semelhantes expressões gerais, mas em todo o caso, posso servir-me dela, como simples fórmula, segundo as fontes de minha teoria possessória. Trata-se das expressões da L. 2, Código *de possessione* (3-32) "... *cum ipse proponas te diu in possessione fuisse* **omniaque ut** *dominum gessisse*". Não se poderia exprimir melhor em latim meu ponto de vista da exterioridade da propriedade senão com estas palavras: *OMNIA UT DOMINUM GESSISSE.*

Capítulo XII
Ainda a idéia da propriedade na teoria do direito de posse material

4. APLICAÇÃO À AQUISIÇÃO DA POSSE

A questão da origem tem para a posse muito menos importância que para a propriedade; para esta ela confunde-se completamente com a questão de *existência*: – aquele que quer provar a existência da sua propriedade não pode fazê-lo senão proporcionando a prova de sua origem ou do motivo que engendrou, – não se dá o mesmo com a posse, porque onde se trata somente da existência de um estado de fato que pode ser demonstrado como tal, por exemplo, a existência ou a detenção de uma coisa, não há razão para se remontar até a sua origem.

Se, não obstante, agita-se esta questão, mesmo para a posse é em parte por causa do interesse que oferece o momento em que a posse começou (usucapião), e em parte por causa da facilidade na prova que o exame da origem da posse possa proporcionar, em dadas circunstâncias, para a demonstração de sua existência. A nossa prática atual reconhece o mesmo princípio, que se acha testemunhado por Paulo Smit. Rec. V, 11, § 2°, para a prática romana: *Sufficit ad probationem (tradictiæ possessionis) si rem corporaliter teneam.*

Para demonstrar a posse de minha casa, de meu gato, etc., não tenho necessidade de provar que *adquiri* a posse; salta aos olhos que eu possuo. O mesmo pode-se dizer do campo que cultivei até hoje. Mas que dizer da posse de um terreno que eu comprei no último inverno, do qual recebi a tradição, e que não cultivei até agora? Como provar aqui o *estado* de minha posse? Vê-se nesse caso que não resta outro remédio senão remontar-se até o *ato de aquisição* da posse.

Vimos mais acima que a *visibilidade* da posse tem uma influência decisiva sobre a *segurança,* e toda a teoria da aquisição da posse deve, a meu ver, referir-se a esta *visibilidade. O proprietário da coisa deve ser visível: omnia ut dominum fecisse oportet.*

Mas como tornar-se visível? É um erro assentar a aquisição da posse exclusivamente sobre o *ato de apreensão* do possuidor; porque assim não se pode evitar a condição da presença do possuidor sobre a coisa, a menos que não se prefira, como Savigny, passar adiante sem se importar disso.

Um fabricante de ladrilhos leva para meu edifício os ladrilhos que eu lhe encomendei; aquele que me vendeu adubo levou-o para meu campo; o jardineiro conduz as árvores ao meu jardim; é necessário que eu veja essas coisas para adquirir a posse? De modo algum; como eu não preciso ver o tonel de vinho que se esvazia em minha ausência no vestíbulo de minha casa, ou o pacote de livros que puseram no meu escritório.[219] Dir-se-ia que o que a L. 18, § 2°. De *poss* (42-2) e a L. 9, § 3°. De J. D. (23-8) decidem para a entrega na casa *in mea **domo** deponcre... inferantur in **domum** ejus*) – deve-se restringir a esse caso e não se pode ampliar ao pátio, ao jardim, ao lugar em que edifico, etc., etc. Será preciso que eu veja os ovos postos por minhas galinhas ou minhas pombas para adquiri-los?

De todos os modos seria impor ao possuidor uma formalidade inútil, obrigá-lo a transportar-se para junto da coisa a fim de adqui-

---

219. Exner, *Die Lehre vom Rechtserwerb durch Tradition;* pág. 92, acrescenta o exemplo dos cepilhos para os pobres expostos nos lugares públicos.

rir a posse da mesma, porque a simples vista da coisa – a apreensão não é necessária para adquirir a posse – em nada muda sua posição. Isto é mais que suficiente para designar o possuidor como proprietário de fato.

Em todos estes casos, aos quais é preciso acrescentar-se o da ocupação da caça e da pesca, mediante armadilhas e redes, e a aquisição da posse e da propriedade pelo proprietário do rebanho, sobre as cabeças repostas pelo usufrutuário, a posse nasce pois da ausência e sem apreensão do possuidor, supondo-se nele a vontade de adquirir. Deve-se provar esta vontade? Certamente que não. A relação de fato encerra em si mesma a presunção da vontade do possuidor, *suffit ad probationem, si rem* **corporaliter** *teneam;* ao contrário, cumpre alegar e provar o efeito da vontade.

Depois das considerações, nas quais me detive anteriormente, não tenho necessidade de insistir sobre a relação íntima que existe nestes casos citados, entre a coisa que se adquire e o modo de adquiri-la. Eu adquiro imediatamente a posse do adubo que levaram durante minha ausência para o meu campo, mas não adquiro a posse do tonel de vinho que desastradamente esvaziei naquele lugar. O caçador faz-se possuidor da caça, porém não do lenço que encontra em sua armadilha, e se eu adquirir a posse das coisas inanimadas que foram postas no vestíbulo de minha casa, não se segue que eu adquira a do canário ou do macaco, que nesse mesmo vestíbulo foram postos em liberdade natural pelo mensageiro que mos levava e que não achou a quem entregá-los. A posição da coisa, que me proporcionará a posse, deve ser a que habitualmente tem na vida as coisas da mesma espécie.

Se examinarmos agora a aquisição da posse procurada por um ato de apreensão pessoal, o ponto de vista do poder físico a que Savigny se refere, poderá conciliar-se perfeitamente com o meu; a exterioridade da propriedade. Não havia em verdade, melhor modo de mostrar-se visivelmente e de pôr-se em relação a exterioridade da propriedade do que submetendo a coisa ao seu poder físico. Mas na realidade isto não é bastante. Há casos em que ela se realiza e onde, não obstante, se nega a aquisição da posse; outros em que falta, e que apesar disso admite-se esta aquisição.

O herdeiro sabe, pelos papéis de seu autor, que este guardou o seu tesouro em um lugar determinado de um ponto da casa habitada por aquele. Ele vai a esse lugar e verifica que corresponde perfeitamente à descrição que o seu autor fez dele. Adquiriu ele, por isso, a posse do tesouro? Savigny responde afirmativamente, de acordo com alguns jurisconsultos romanos antigos; mas a jurisprudência moderna responde negativamente, e exige para a aquisição da posse o *loco movere*.[220] E por que razão? Sabinus responde: *quia non sit* **sub custodia**. Não pode ter aludido com isso ao poder físico, porque não falta nesse caso, posto que na L. 44 cit. Papiniano supunha que o proprietário enterrara o tesouro *custodiæ causa,* isto é, para maior segurança física. O que falta é a relação de fato em que a coisa seria colocada por todos que realmente tivessem de apropriá-la; *o loco movere* contém a *comprovação da vontade de ser proprietário, o omnia ut dominum fecisse* aplicado a aquisição da coisa. Suponhamos outro caso. Alguém acha uma coisa, mas não lhe convém levá-la imediatamente e resolve voltar mais tarde para levá-la, mas neste intervalo outro adianta-se e leva-a. Qual dos dois adquire a posse? O último no meu pensar; o primeiro teve, é verdade, momentaneamente o poder físico sobre a coisa, circunstância essa que, segundo Savigny seria bastante para *procurar-lhe* a posse, bastando além disso a possibilidade de reproduzir-se voluntariamente o estado originário para *conservá-la*, mas eu nego-lhe a posse. Com efeito, ele não fez o que em seu lugar faria toda pessoa que tivesse um interesse pela coisa.

Um enxame de abelhas pertencente a outrem alojou-se em minha árvore; um terceiro apropria-se do enxame e dos favos de mel; há aí um furto? Não, diz o jurisconsulto na L. 5, §§ 2 e 3, de A. R. D. (41-1). Pode-se negar que eu tenha o poder físico sobre o enxame, porque ele pode, a qualquer momento, retirar-se, mas os favos estão fixos na árvore. Se, não obstante, nega-se-me a posse, não pode ser, repetimos, senão porque eu não fiz o que não devia omitir se eu houvesse dado verdadeiro valor a esses favos; isto é, apoderar-me deles.

Diversas coisas pertencentes a meu vizinho caíram-me no jardim ou no pátio de minha casa; tenho, por acaso, a posse delas? Tenho, sim, o poder físico sobre as coisas, e como conheço e deixo subsistir o estado em que se acham, dever-se-á acreditar que tenho também a vontade de possuí-las. Não obstante, a L. 5, § 5°, *ad exh.* (10-4) ne-

---

220. L. 3, § 3º, L. 44, pr. *de possessione* (42-2) L. 15 *ad exh* (10-4).

ga-me a posse. Por que razão? Não tenho senão que repetir a resposta anterior! Não manifestei vontade de me apropriar delas; mas se transporto essa coisa para o meu prédio, adquiri-lhe a posse.

Se resumirmos o resultado do estudo a que nos entregamos até aqui, veremos que o ponto de vista do poder físico, quanto à aquisição da posse, não resiste ao exame, nem no caso em que a posse se adquira na ausência do possuidor sem que exista o poder, nem mesmo no caso em que a existência de seu poder tivesse como conseqüência a aquisição da posse. Em vez desse ponto de vista, apresentamos outro que é decisivo, e que designaremos pelas palavras: *comprovação do fato da intenção de ser proprietário*. Torna-se possuidor todo aquele que já pôs ou faz pôr a causa em uma posição que corresponda à propriedade e que, deste modo, assinala-a como pretendente à propriedade. Vejamos se podemos aplicar semelhante regra aos demais casos de aquisição da posse.

Para a maioria das coisas, este estado confunde-se com a detenção corporal; tem-se geralmente perto de si ou em sua casa as coisas móveis; a própria casa habita-se; e a intenção de ser proprietário testemunha-se para essas coisas pela só existência deste estado, cujo ato de apreensão não é senão o primeiro momento. Há coisas, porém, para as quais uma apreensão nesse sentido é completamente impossível. Para todas as coisas imóveis principalmente, que estão livres e a descoberto como campos, pastos, prados, bosques, lagos, terrenos para edificação, esta detenção corporal, ou para falar como Savigny, falta o poder físico; a propriedade sobre essas coisas não se manifesta no estado da própria coisa, mas por *atos isolados* do possuidor, que se repetem periodicamente. Reconhece-se o proprietário do campo naquele que o semeia, etc., etc.

Para a aquisição da posse aqui, deverá exigir-se a repetição ininterrupta desses atos. Se o direito não o exige, e nesse caso substitui a tomada *real* da posse, a manifestação da intenção jurídica, não se pode desconhecer, em verdade, que não era isso necessário; mas não podemos também ignorar o aspecto particular que aqui reveste a aquisição da posse. O comprador do campo ou do bosque deve se apoderar dele. Que se deve fazer para conseguir este efeito? Transporta-se só ou com o comprador ao imóvel. E depois? Se ele vê, inspecionará sua propriedade. Se é cego nem este recurso tem, e volta, segundo a teoria dos jurisconsultos, com a consciência de ter-se apropriado deste modo fisicamente, com o seu poder, do terreno. Mas se isso fosse certo, seria preciso afirmar o mesmo no caso em que qualquer outra pessoa realizasse o mesmo passeio com intenção de se apropriar da posse; ora, para outro, nem o passeio, nem a inspeção tem efeito algum absolutamente. Compare-se com isso a aquisição da posse sobre as coisas móveis. O mesmo ato de apreensão que exerce para o *comprador* a posse das coisas móveis, basta-lhe com o mesmo fim para o *ladrão* e para o *salteador*. Por que razão semelhante diferença?... Responder..., porque para as coisas imóveis a *dejectio* do possuidor não é possível em sua ausência e uma posse nova não pode começar enquanto subsista a antiga, é não dizer coisa alguma; porque, pois, a posse continua para as coisas imóveis e não para as móveis? Se a presença sobre o terreno com a intenção de tomar posse do mesmo é *por si mesma* suficiente para exercer o poder físico e com ele a posse, por que esta deve se limitar à pessoa do comprador, e por que não se pode estender ao do suposto ocupante?

Não se obtém uma resposta satisfatória senão rendendo homenagem à verdade e reconhecendo que este ato não procura o poder físico sobre a coisa, servindo somente para comprovar a *transmissão da posse e da propriedade,* que se realiza mediante o acordo recíproco. O que falta a este ato em força *real* e em eficácia, isto é, com relação a submissão física da coisa, supre-se mediante as circunstâncias *jurídicas* que o acompanham.[221] É nelas que reside toda a energia do ato; sem elas o que resta não passa de um simples passeio.[222]

---

221. Tal é o sentido das palavras de Ulpiano na L. 34, pr. 4, ts. *Animo acquiri possessio potest,* isto é, a aquisição da posse não repousa aqui no poder físico, mas na ação jurídica; assim é a que a L. 26, Código *de donat.* (8,54), declara possível até a doação de um terreno a um *infans* na pessoa de seu escravo: *omne jus compleat instrumentis ante præmisis.* A mesma antítese parece que se teve presente na L. 10, Código *de possessione* (7-32) quando diz: *duplicam esse rationem possesionis, aliam, quæ jure consistit, aliam, quæ corpore.*

222. Aplicando-se estas considerações ao caso de erro sobre o objeto, eu chego a conclusão de que a transmissão da posse é excluída pelo erro quanto às coisas imóveis e não quanto às móveis. Este ato expressamente reconhecido para as primeiras pela L. 34, pr. 4, ts., não conheço quanto às segundas, testemunho algum é positivo de nossas fontes. Assimilar esses dois casos seria tão pouco fundado como aplicar as regras que dizem respeito a apropriação unilateral das coisas imóveis à das coisas móveis e vice-versa. Para estas, o que decide em todos os casos é a apropriação física unida à vontade de possuir, sem indagar como se concilia a vontade do possuidor precedente. Para as coisas imóveis, pelo contrário, a imperfeição desta apropriação não pode ser suprida senão pela atitude do possuidor precedente.

É um verdadeiro sonho julgar-se que este é o único meio de comprovar a vontade de apreender; pode-se-lhe substituir por qualquer um outro, e somente a necessidade de ter um ato *exterior* de apreensão uniforme elevou o passeio à honra de ser uma manifestação da vontade de apreender. Ao passo que em outros casos a apreensão é um ato *real* que tem por objeto a entrega definitiva da coisa àquele que a recebe, ela aqui não passa de uma pura formalidade.

Não vejo que diferença há para o comprador em declarar em juízo e perante um tabelião e algumas testemunhas sua intenção de querer, por essa manifestação, tomar posse do imóvel que lhe cedeu o vendedor, ou em transportar-se para o terreno a fim de vê-lo – coisa que certamente fez antes de adquiri-lo.

A sua posse está tão garantida num caso como noutro, porque esta segurança não depende de um passeio, mas das seguintes circunstâncias: primeira, se o proprietário declarar que transferiu os seus direitos, e segunda, de que os terceiros que sabem que não são proprietários do terreno em questão têm o hábito de respeitar a posse do proprietário.[223] Se terceiros ou o vendedor não respeitam a posse alheia, o passeio do comprador não lhe servirá contra eles mais do que uma ata feita pelo notário público.[224]

---

223. Assim expressa-me também a L. 30, § 54, t.: *Quod per colonum possideo, heres meus nisi ipse nactus possessionem, nom poterit possidere; retinere enim animo possumus apisci non possumus.* Não posso compreender porque razão, consoante os princípios conhecidos sobre a aquisição da posse por meio de representantes, a obrigação do rendeiro de possuir pelo arrendador não basta para procurar a posse ao herdeiro (Savigny, pág. 313). Segundo minha teoria, a decisão do jurisconsulto explica-se muito facilmente: o herdeiro deve fazer-se conhecido pelo rendeiro como o atual proprietário, e o rendeiro deve reconhecê-lo como tal para que possa ser reconhecido de fato como proprietário, isto é, como possuidor. Estas duas condições podem ser cumpridas por cartas, sem viagem; além disso, a segunda resultaria do próprio silêncio do rendeiro.

224. Daí o caráter de todas as solenidades instrumentais; elas vêm não acrescentar nada essencial à relação jurídica que em si mesma consta já com suas exigências e prestações adequadas, mas para fazer constar a existência da mesma relação, de sorte que nem os primeiramente interessados nela, nem os terceiros, podem desconhecê-la. Esta natureza das solenidades com que se cercam socialmente certos atos jurídicos faz que com razão se lhes considere como um *direito para o direito,* isto é, *direito* para fim jurídico (veja-se Giner e Calderon, *Filosofia del derecho),* pois em rigor tais solenidades vêm *acondicionar,* não o fim econômico da relação da propriedade, mas a *forma jurídica* sob a qual cumpre-se o fim econômico e para que se cumpra de fato. Estas solenidades correspondem à mesma necessidade que o direito processual, penal e político.

Do que precede resulta que a apreensão, para as coisas imóveis da espécie indicada, longe de dever ou de poder dar um poder físico sobre a coisa, tem somente por fim comprovar a intenção das partes de transmitir a posse. Seja qual for a definição que se dê à posse; quer veja-se nela o poder físico, quer a exterioridade da propriedade, em todos os casos a apreensão aparece como um ato de pura formalidade, nem mais nem menos que o pacto de duas partes litigantes no antigo processo da *vindicatio*, ato esse que se poderá substituir por qualquer um outro, e ao qual se deveria até preferir outro, sempre que fosse suscetível de dar ao fato a publicidade desejável, por exemplo, o anúncio nas portas dos edifícios públicos ou nos jornais.[225]

Os meus vizinhos vêem que eu sempre trabalho e ajunto, e por isso julgam-me proprietário – eis aí a verdadeira exterioridade da propriedade que, como prova-o a experiência, se confunde na maioria dos casos com a propriedade real – ao passo que, pelo contrário, pode acontecer que ninguém veja o passeio que eu dou para apreender, e ainda quando o visse não poderia adivinhar o fim do mesmo.[226]

E, não obstante, dependeria tudo deste ato insignificante, ou melhor, de sua prova! É bom que se pense no resultado que conduz à aplicação rigorosa da teoria. Hoje era o dia marcado para a entrega da propriedade, o preço da venda está pago; o vendedor declarou querer transmitir-me a posse e a propriedade. Contudo, ontem eu estava no terreno; porém, hoje o passeio incomoda-me, e deixo-o para outra oportunidade. O vendedor aproveita-se desta circunstância, e nesse intervalo revende dolosamente o terreno a outro que mais esperto do que eu, traslada-se para ele *in continenti*. Será este outro quem... adquiriu a posse e a propriedade? Não será isso dar à pura forma rígida um valor que não teve senão nos tempos da antiga jurisprudência romana, e que perdeu de mais a mais com o conseqüente desenvolvimento do direito romano? A *mancipatio* e a *vindi-*

---

225. Procurando sempre o modo de dar à relação jurídica, que alguns diriam *substantiva*, a garantia por meio de uma nova relação que venha a ter a existência da primeira como *objeto* e *fim*. É um *direito sobre direito*, como diz Sanz Del Rio.
226. O que prova que sem o passeio e sem os demais atos, a relação de posse pode se estabelecer tão justa e juridicamente como exige seu fim, pois vê-se claramente que todas essas *exterioridades* não são por si *mesmas* a posse, mas a forma pela qual se convém que socialmente ela se produza com o fim de ser respeitada e garantida.

catio exigiam também, na origem, a presença do imóvel, e a prática moderna prescindiu desse empecilho.[227] Mas, com que direito podemos esquivar uma condição expressamente determinada pelo direito romano? Deixemos intacta esta condição, e vejamos se não podemos conseguir o fim mediante a *prova*.

O comprador, no caso acima, apresenta um documento em que o vendedor reconhece que transmitiu naquele mesmo dia ao comprador a posse e a propriedade; terá ele ainda que apresentar a prova de que fez o passeio de que se tratava? O direito romano dá-nos um ponto de apoio suficiente para responder a esta questão:

Sciendum generaliter, diz Ulpiano na L. 30, de V. O. (45,1),[228] *si qui se scripserit fidejussisse, videri omnia solemniter acta,* e no § 17, I, *de inut. stip... (3-19)* diz: *si scriptum fuerit in instrumento, promississe aliquem, perinde hebetur atque si interrogatione præcedente responsum est.*[229]

Justiniano fez deste princípio geral uma aplicação[230] que oferece um interesse particular para nossa questão, porque é precisamente relativa à necessidade da presença. *Sed cum hoc* (esta necessidade), diz no § 12 I, *de inut. stip.* (3-19), *materiam litium contentiosis hominibus præstabat, forte post tempus allegationes opponentibus et non præsentis fuisse se vel adversarios contendentibus, ideo nostra constitutio propter celeritatem dirimendarum litium introducta est, quam ad Cæsarienses advocatos scripsimus, per quam dispossimus tales scripturas, quæ præsto esse partes indicant, omnimodo credendas, nisi ipse, qui talibus utitur improbis allegationibus, manifestissimus probationibus vel per scripturam vel per testes idoneos aprobaverit in ipso toto die, quo conficiebatur, sese vel adversarium suum in aliis locis fuisse.* Esta é certamente uma das mais sábias ordenanças de Justiniano, e parece ter sido expressamente feita para o assunto de que nos ocupamos.

---

227. Veja-se o meu *Espírito do direito romano*, II, págs. 687-691.
228. Ver também o § 8º, I *de fid. et nom.* (27-7).
229. Ver também, no mesmo sentido, Paulo, fragmentos citados.
230. L. 14 Código. Esta lei conserva outra facilidade na prova, com relação a da propriedade sobre o escravo estipulante. Justiniano fez outra aplicação a L. 23 Código ad. S. C. *vill.* (4-29) sobre as intercessões da mulher: *sed si quindam in ipso instrumento intersessionis dixerit sese aliquid accepisi et sic ad intersecessionem venisse et instrumentum publice confectum inviniatur da tribus testibus assignatum **omnimodo esse credendum** eam pecunias vel res accepisse et non esse ei ad Senatus-consulti Vellejani auxilium regressum.*

A presença daquele que adquiriu a posse com relação à coisa, não é mais essencial para a tradição, do que o é as duas partes para a estipulação, e a suposição de um adversário que, pondo de parte a transmissão da coisa testemunhada pelo autor, exige, todavia, a prova da presença real, não merece um acolhimento mais favorável do que a pretensão de que nos fala Justiniano. A prova contrária que Justiniano reserva não terá grande importância para a tradição.

Na prática, evita-se por este modo a necessidade da presença da coisa sempre que a tradição efetuada esteja testemunhada por um documento, sem distinguir se a coisa é móvel ou imóvel; e foi assim que Severo e Antonino puderam declarar na famosa L. de 16 de *don.* (8-54) que a tradição da certidão de propriedade sobre os escravos (*emtionum mancipiorum instrumenta*) é uma certidão perfeitamente válida, e por isso mesmo uma sub-rogação da tradição dos próprios escravos.[231]

O legislador não faria bem dando um passo mais, renunciando absolutamente à necessidade da presença perto da coisa nos casos em que esta presença é desprovida de toda a importância?[232] Por minha parte não veria nisso inconveniente algum. E abordo aqui a questão tão debatida da tradição simbólica, que ponho de lado por causa da extensão que o presente trabalho consegue e porque não é indispensável tratar dela agora.

Mas não posso deixar de declarar que, longe de ver nesta noção uma desfiguração da noção possessória, vejo antes um progresso desta. Com efeito, que diferença há em receber-se as chaves da casa, ou do subterrâneo, em lugar imediatamente próximo ou a alguma distância? É que minha vontade de ter a coisa, trata somente da detenção jurídica, e não do transporte de fato, não age senão a uma distância de dez passos? Realmente poder-se-ia acreditar que se trata aqui de uma manipulação mecânica, que tem por condição uma influência imediata, e alguém sinta-se tentado a perguntar: aplicando a idéia posta em voga pela escola hegeliana de que a própria *vontade*

---

231. Foi o que fez o direito francês. V., a tal respeito, K. S. Zacarle, *Manual do Direito Francês*, I, § 180, nota 3. "Mas era corrente inserir a cláusula *quasi traditionis* nos atos notariais que tinham por objeto a transmissão da propriedade de um imóvel. Este uso deu margem à nova doutrina que renuncia completamente a necessidade da tradição."

232. Ver um exame mais profundo em Exner, *loc. cit.*, pág. 152 e seguintes.

impõe-se na coisa, como pode a vontade realizar estas operações a várias léguas de distância? Não vejo aí senão um efeito desta apreciação exterior e material que faz abstração do elemento ideal da posse para fazer gravitar toda a força sobre o elemento físico.

Todo aquele que esteja livre deste preconceito encarará também a tradição simbólica sob um ponto de vista distinto do que se toma hoje geralmente. Se o caçador pode adquirir a posse da coisa que caiu em seus laços, se o proprietário de um terreno pode adquirir a posse de um adubo que fez descarregar em seu campo, sem que um nem outro estejam presentes, por que razão o comerciante que comprou um armazém de mercadorias não poderá também adquirir a posse por meio da entrega das chaves em sua casa? Se isto repugna a idéia da posse, por que não acontece o mesmo com o outro? Por minha parte, não posso deixar de pôr todos esses casos na mesma linha. Não encontro nada de simbólico em nenhum deles, e não vejo senão a realização da idéia exata, a meu ver, da posse.

Seja-me finalmente permitido examinar uma relação que prova mais uma vez, de modo evidente, a exatidão de minha opinião: a ocupação arbitrária do terreno de pessoas ausentes. Sabe-se que não procura logo a posse, mas somente quando o possuidor, depois de haver tido conhecimento dela, não faz nada para fazer valer sua posse. Por que razão? Sob o ponto de vista do poder físico, isso não se pode, de modo algum, explicar. A força física que o ocupante deve recear da parte de seu adversário não diminui decorrido um mês, e o que ele possa opor-lhe não aumentou *fisicamente*, o tempo percorrido não mudando absolutamente nada. Mas o que muda, o que o intervalo faz crescer e reforça é o elemento *moral, ideal* da posse, isto é, o reconhecimento do estado de posse atual, testemunhado pela inação do precedente possuidor.[233]

A única pessoa de quem precisamente o ocupante deveria temer uma resistência não opôs-lhe nenhuma e desde então considera-se aquele como autorizado. Do mesmo modo que na *tradição* das coisas imóveis, não é aqui o ato físico da aquisição da posse, mas somente

---

233. *Cum nemo adversarius cum inquietaverit, sed omnibus tacentibus* **possessio confirmata est**, segundo a versão que as *Basílicas* dão (50, 2, 61, Steimb. Ver pág. 54) da L. 10, Código *de possessione* É por isto que aquele que compra do rendeiro o terreno de outro não adquire logo a posse. L. 5, Código, 4, t. (7-32). Já vimos o que é o *jus domini*, reservado aqui para o arrendador.

a conduta do detentor precedente, o que imprime à sua relação com a coisa o selo da posse jurídica.

Para as coisas móveis, a passagem da posse para o ladrão depende exclusivamente da apropriação *corpórea* dessas coisas, ou para dizer com Savigny, do poder físico sobre a coisa; mas precisamente a razão pela qual, quando se trata das coisas imóveis, a posse repousa menos no elemento físico do que no jurídico, faz também com que a aquisição da posse seja necessariamente diferente; o que falta no primeiro caso deve-se suprir no segundo.

Capítulo XIII
Ainda a Idéia
da Propriedade
na Teoria do Direito
de Posse Material

5. A APLICAÇÃO À PERDA DA POSSE

Se a posse é a exterioridade da propriedade, devemos declará-la perdida quando a coisa se encontrar numa posição em desacordo com o modo e forma regulares pelos quais o proprietário costuma servir-se dela.[234] É possível reproduzir-se aqui também o estado origi-

---

234. "Esta variação da posição da coisa não é, está claro, senão o sinal sensível, revelador do estado em que se possa achar a relação jurídica de posse e de propriedade. A cessação desta, que faz com que a coisa se ofereça com os seus aproveitamentos possíveis à atividade dos seres, está em deixar de ser o meio para o fim racional de quem até então tinha-a dentro da esfera de atração psicológica de sua vida. Não nos atrevemos a desenvolver todas as conseqüências que este princípio geral acarreta, porque iríamos muito longe e, por outro lado far-nos-ia realizar uma crítica do conceito consagrado na maioria dos códigos com relação à propriedade que, não obstante sua grande aceitação, nem por isso deixa de ser discutível." (A. Posada, loc. cit.).

nário; para nossa teoria isso não é bastante, porque um proprietário que tem um preço pela coisa não se contenta com esta simples *possibilidade*, a ponto de cruzar os braços, porém move-se e restabelece o mais depressa possível a relação perturbada. *Omnia ut dominum fecisse.* Eis a linha de conduta do possuidor que deseja conservar a posse. Aquele que tem que fazer seu interesse ordena-o, e é precisamente esta circunstância que faz com que se lhe reconheça como aquele a quem a coisa pertence (*ad quem ea res pertinet*). O interesse testemunhado no fato, pela maneira de se servir da coisa, de cuidar-se dela, de protegê-la e garanti-la, é o *indício do verdadeiro proprietário*. Quem quer que não mostre este interesse e desligue-se de algum modo da coisa perde a posse, porque se bem que ele seja e continue proprietário, não é ativo e *visível* como tal; e a posse consiste precisamente nisto, na parte *visível* da propriedade, a *diligência do proprietário é uma condição indispensável da posse.*

A divergência que existe neste ponto, entre minha teoria e a de Savigny, salta aos olhos. O possuidor, segundo Savigny, pode deixar tranqüilamente no bosque ou em pleno campo os objetos que neles abandonou: enquanto permaneça a possibilidade de apanhá-los, ele conserva a posse. Em minha opinião, ao contrário, ele perde-a em seguida, porque o proprietário diligente não abandona assim uma coisa.[235] O possuidor, segundo Savigny, pode abandonar completamente os terrenos e deixá-los incultos; pode desfazer-se deles sem arrendá-los e sem confiá-los a ninguém: ele conserva a posse porque pode ser que volte algum dia dentro de dez ou vinte anos. Pela minha teoria, ele perde a posse. A conduta pessoal do possuidor, sua diligência, seu abandono, sua incúria, sua indiferença,[236] não têm importância segundo a teoria de Savigny, que funda a posse na idéia da *vis inertiæ*; pela minha teoria, ao contrário, têm elas uma importância decisiva. Deixemos que as fontes inclinem a balança.

---

235. Admitindo-se ainda isto para a interpretação sob o ponto de vista social da vontade do proprietário, poderá sempre pôr-se o problema *interno*, digamo-lo assim, de como e porque cessa ou deve cessar a posse, isto é, quando desaparece o fundamento em que se apóia esse direito que tem o sujeito para usar com preferência a outros aproveitamentos da coisa, e exigir deles o respeito, e do Estado o amparo e a segurança.

236. Ao menos devem-se tomar como sinais reveladores de que para o *próprio* proprietário cessaram os fundamentos em que se apoiava a propriedade. Difícil é decidir, ainda mesmo que se ofereçam tais sinais, se a propriedade pode desaparecer somente porque desaparece a necessidade a que a mesma corresponda.

Rerum mobilium, diz Papiniano na L. 47 de possessione (41-2), *neglecta atque omissa custodia*, *quamvis eas nemo alius invaserit, veteris possessionis damnum aferre consuevit idque Nerva filius libris de usucapio nibus retulit.* Ensina-nos este notável jurisconsulto que a negligência do possuidor na guarda das coisas acarreta a perda da posse. Savigny (pág. 341), nega-o; segundo ele, esse texto não exprime uma regra de direito, mas unicamente a conseqüência *muito freqüente* (*consuevit*) da *custodia omissa*. Uma autoridade como Papiniano chamaria em seu auxílio Nerva para dizer futilidades como esta: aquele que deixa cair dinheiro ou outros valores na rua corre o perigo de vê-los roubados, pelo menos isso é o que acontece muitas vezes. É como se Odisseu descesse aos infernos para saber por intermédio de Tiresias que todos os homens são mortais! Mas qual é o sentido dessa palavra *consuevit*? Em minha opinião designa a prática judicial que é decisiva em direito.[237] Muitos litigantes, diz Papiniano, viram denegada a posse por não tê-la guardado cuidadosamente. Felizmente foi-nos conservado outro testemunho da opinião de Nerva, que não deixa lugar a dúvida sobre seu pensamento; é a L. 3, § 13, ibid. de Paulo:

Nerva filius, res mobiles excepto homini, quatenus sub custodia nostra sint, hactenus possidere, id est,[238] *quatenus si velimus, naturalem possessionem nancisci possimus.*

Relacionando com a *custodia*, a continuação da posse para as coisas móveis, com exceção dos escravos, Nerva diz de um modo implícito, que a negligência na custódia acarreta a perda da posse.

Mas não é somente para as coisas móveis que encontramos a negligência (*negligere*) do possuidor: com relação aos imóveis a L. 40, § 1, h. t., *neglexerit*, e a L. 37, § 1 de *usurp*. (41-3) (*negligentia*), colocam-na de igual modo em relação com a questão da continuação da posse.

A negligência assume em nossas fontes um duplo aspecto com relação à conservação da posse; distinguem-se dois casos de negligência, aquele em que se trata de uma negligência contínua e constante, e aquele em que é uma negligência momentânea que acarreta a perda

---

237. Encontra-se uma expressão análoga na L. 1, Código *de solut*. (11, 13) *as tantum defensio consuevit admitti*.

238. Em vez desta lição confirmada pela autoridade do texto florentino, Savigny adota a variante *idem*, que se encontra em alguns manuscritos; veja-se Rudorff, loc. cit., pág. 692.

da posse. Pode haver para o proprietário situações críticas, em que ele deve, se se quer garantir a coisa ou a posse, tomar todas as medidas necessárias para este efeito. Em outro caso, pelo contrário, se a posse da coisa que deve impelir o proprietário a agir não for tão urgente, não há que recear pela demora, e, por conseguinte, um atraso não oferece perigo algum; apenas a omissão contínua das ações que dele se deveriam esperar é o que pode acarretar-lhe a censura de negligência, e, portanto, o prejuízo da perda da posse. Pode-se designar o primeiro com o nome de caso *agudo,* e o segundo com o de caso *crônico* de perda da posse.

O proprietário perdeu a coisa; seu rebanho extraviou-se, o que se deve fazer? Pôr-se imediatamente a sua procura. Se por acaso o acha, não perdeu jamais a sua posse; se não o acha, está visto que a perdeu. Mas o que acontecerá se ele prescindir de todo gênero de investigações, já por preguiça, já porque queria deixá-lo para um tempo mais oportuno? Na L. 3, § 13, h. t., que fala desses dois casos, perda da coisa e extravio do gado, não se fez *menção* destas hipóteses. O que se deve dizer? A posse continua por causa da possibilidade de reproduzir-se a relação originária? Não, no meu pensar. Pondo de parte a L. 47, acima citada, que reconhecia a *omissa atque neglecta custodia* como causa da perda da posse para as coisas móveis, julgo poder alegar também a analogia da perda da posse nas coisas imóveis.

O proprietário ausente tem notícia de que outro apoderou-se de sua casa. O que fará? Tomará imediatamente as necessárias medidas para expulsar o ocupante. E se não o fizer por temor ou preguiça? Nesse caso perde a posse.[239] E por que razão? Porque deixou assim o seu direito, porque no momento em que se esperava ver surgir aquele "a quem *pertence* a *casa*" não se apresentou como seu proprietário: no momento crítico não se fez *visível* como *proprietário*. É, a meu ver, inteiramente indiferente que a coisa esteja em situação crítica tal que obrigue ao proprietário diligente a tomar medidas de imediata defesa, por um terceiro, por ela mesma (fuga do gado), por sucessos naturais (madeiras arrastadas pela correnteza), ou por insuficiência e abandono do possuidor. Pouco importa, por exemplo, que o caçador tenha perdido o seu embornal no bosque, e que o tenha deixado intencionalmente; um estado em que um terceiro o encontra não é

---

239. L. 3, § 8º, L. 7, L. 25, § 2 h. t.

precisamente aquele em que o proprietário usa habitualmente de seu direito de propriedade sobre este objeto; semelhante estado mostra que sobreveio uma perturbação na relação normal de propriedade; o objeto não está em posse.

Examinemos agora o caso da segunda espécie. As nossas fontes oferecem as seguintes decisões:

1) L. 40, § 1 h. t. de Africano.

*Si forte colonus, per quem dominus possideret, decessisset, propter utilitatem receptum est, ut per colonum possessio et retinentur et continuaretur: quo mortuo non **statim** dicendum lam interpellari, sed tunc demum, cum dominus possessionem apisci **neglexerit**.*

A decisão que nesse caso dá o jurisconsulto não se harmoniza com a teoria de Savigny. Com efeito, se a posse do arrendador não desaparece subitamente com a morte do arrendatário, é porque continua, segundo essa teoria, de um modo ininterrupto enquanto não se produza mudança alguma no estado atual, porque o primeiro conserva intacta a possibilidade de reproduzir o estado originário. Mas esta simples possibilidade que permite ao possuidor cruzar os braços, não é suficiente aos olhos do jurisconsulto para conservar-lhe a posse; ele exige, pelo contrário, que aquele intervenha para garantir sua posse,[240] que se ocupe no que aconteça em seu imóvel,[241] e decida se colocará nele um novo rendeiro, ou se o cultivará ele mesmo. Nesse intervalo, sua posse continuará (*non statim interpellari*), porém se ele demora-se mais do que um homem diligente demoraria em seu lugar, perde *ipso facto* a posse. Por que razão? Simplesmente porque não manifestou visivelmente a sua qualidade de proprietário quando devia fazê-lo.

Um caso análogo ao da morte do rendeiro, é aquele em que este abandona o imóvel. Africano queria, nesse caso, fazer desaparecer imediatamente a posse do arrendador,[242] ao passo que outros juriscon-

---
240. Empregando as palavras *possessionem apisei* com relação às medidas tomadas para a *conservação* da posse, o jurisconsulto entende por elas a reaquisição da *corporalis possessio,* que precedentemente foi exercida pelo rendeiro.
241. Com efeito, o herdeiro do arrendatário não é *eo ipso colono.* L. 60, § 1, l. c. (19-92). *Heredem coloni,* ***quamvis colonus non est*** *nihil omnimus domino possidere existimo;* é possível também que não exista nenhum herdeiro ou que o herdeiro não seja conhecido.
242. ***Aliud** existimandum,* segundo o texto florentino e a maior parte das edições impressas. Savigny dá preferência (pág. 142) à lição: ***idem** existimandum,* que se acha em alguns manuscritos. Ver em sentido contrário, Rudorff (*ibid.,* pág. 704).

sultos, Pomponius na L. 25, § 1°, e Paulo na L. 3, § 8° h. t., declararam-se pela continuação. Aludiam à continuação *ilimitada,* isto é, mesmo no caso em que o arrendador avisado quedasse sem nada fazer? Não vacilo em responder negativamente, e somente rogo ao leitor, que suspenda por um momento a sua apreciação sobre este ponto.

2) L. 37, § 1°, de *iusup.* (41-3), de Gaius:

*Fundi quoque alie ni potest aliquis sine vi nancisci possessionem, quæ vel **ex negligentia** domini vacet vel quia dominus sine sucessore descerit vel **longo tempore ab fuerit**.*

Savigny (pág. 360) trata de conciliar esta passagem com sua teoria, supondo que o possuidor quer renunciar à posse. Mas o possuidor pode repelir semelhante hipótese invocando o próprio Savigny (pág. cit. nota), que lhe permite deixar a coisa, por *negligência* ou *ausência,* sem *vigilância* e sem *detenção,* e se por sua parte nada faz para testemunhar a sua vontade de renunciar positivamente à posse, não vejo em que se funda Savigny para admitir que é preciso, que a coisa haja ficado, na realidade, sem possuidor (ver a nota citada). Esta distinção não passa, a meu ver, de uma habilidade dialética; quem quiser ensaiar a aplicação dessas noções contraditórias à uma espécie determinada, se convencerá de que lhe falta todo o ponto de apoio e que é muito capaz de dizer: a coisa ficou sem vigilância e sem detenção por negligência do possuidor; ou a coisa *na realidade* (sic) permaneceu sem possuidor.

O jurisconsulto distingue nessa passagem dois casos nos quais a posse da coisa está vaga (*possessio vacat*): o da vaga culposa (*negligentia domini*), e o da não culposa (morte e longa ausência do possuidor). Citando a *negligentia domini* como causa da perda da posse, reconhece a tese que eu quero demonstrar aqui para as coisas imóveis, com a mesma clareza e precisão que a L. 47 citada a reconhece para as coisas móveis. Que a posse se perde também no caso de falta de vigilância não culposa, nada tem de surpreendente, nem está em contradição com a minha opinião.

Não acredito, todavia, que a posse se perca somente por negligência, mas *também* por negligência.

A não ocupação prolongada do imóvel é um estado que repugna tanto à forma normal de realização da propriedade sobre as coisas imóveis, como o fato de deixar as coisas de valor em pleno campo. É uma *omissa atque neglecta custodia,* uma perturbação da relação normal da propriedade. É uma circunstância inteiramente indiferente, que a ocasião desta perturbação seja um acontecimento natural ou uma ação humana.

A legislação imperial não modificou estas regras senão num único caso: quando o motivo pelo qual o possuidor deixou durante muito tempo o cultivo do terreno, reside num receio fundado (*metus necessitate*), nesse caso é preciso decidir segundo a L. 4, *Código de acq. poss.* (7, 82) de Deccleciano (a 290): *ex transmissi temporis injuria ei prejudicium non generari.* É inútil notar-se que nossa teoria reconhece indiretamente esta passagem, pois que não exclui o *prejudicium* que resultaria sem isso da omissão do cultivo, isto é, da perda da posse, senão no caso de *metus necessitas.*[243]

O proprietário deve cultivar seu terreno. O Censor nos tempos antigos exigia-o[244] e a legislação imperial acentuou esta obrigação permitindo a qualquer um, no caso de negligência, poder cultivar o terreno e concedendo-lhe a propriedade após dois anos.[245] A mesma permissão foi dada por Vespasiano para os terrenos não empregados em edificação.[246] Mediante a *immissio,* por se negar a prestar a *cautio damni infecti,* a posse, como se sabe, não se perde logo, mas se esta medida fica sem efeito, um *secundum decretum* realiza a transmissão da posse e da propriedade.

Esta medida é justificada por Ulpiano na passagem citada, visto que depois de haver passado um certo **intervalo** (*post aliquod intervallum*) pode-se admitir:

Quod pro dereiicto ædes longo silentio dominus videatur habuisse.

---

243. As palavras: *si non dereliquendi animo non coluisti* nessa passagem não indicam uma hipótese em oposição como parece resultar do que já dissemos. Elas foram tiradas provavelmente dos termos da causa.
244. Gelius, IV, 12. *Si quis agrum suum passus fuerat sordescere eumque ind ligenter curabat ac neque araverat neque purgaverat sive que arborem suam vineamque habuerat, direlictui non id sine pæne fuit sed erat opus censorium.*
245. L. 8, Código, *de agro deserto* (11-58) Pertinax havia já autorizado esta ocupação. Guyet, *Archiv. de prat. civ.,* XVII, pág. 59. As leis 10, 14, *Código, ibid.,* acentuam e abreviam estas medidas. Assim acontece também no antigo direito alemão: um terreno que o proprietário deixa inculto torna-se da *Mark* ou comum desde o momento em que nele crescem sarças e arbustos. Grissum, *Rechtsalterth,* pág. 92.
246. Sut. Vesp., c. 8. *Vacuas aereas occupare et ædificare, si possessores cessarent.*

Certamente o jurisconsulto não opinava que houvesse aí uma verdadeira *derelicto*, mas queria tão somente justificar o rigor aparente da regra fazendo ver que por sua completa indiferença o próprio proprietário havia-se de algum modo desligado da coisa; e unicamente para reproduzir esta consideração que apresentei acima foi que julguei agora que devia, com a autoridade de um jurisconsulto romano, trasladar para aqui essa passagem.

3) L. 13, pr. h. t. de Ulpiano.

Pomponius refert, cum lapides in Tiberim demer si essent naufragio et **post tempus** *extracti: an dominium in integrum fuit per id tempus, quo erant mersi? Ego dominium me retinere puto, possessionem non puto.*

Consoante a explicação de Savigny (pág. 340), Ulpiano negaria aqui a continuação da posse porque era impossível tornar a ver as pedras. Mas nesse caso, a posse perdia-se logo, e as palavras *post tempus* que se encontram na passagem não teriam sentido nenhum. E com efeito, Savigny perde-as inteiramente de vista. Não obstante, estas palavras *post tempus* significam alguma coisa e correspondem às palavras *non* **statim** *interpellari possessionem sed tunc demam, cum dominus possessionem apisci neglexerit* na L. 40, § 1, cit. O proprietário das pedras deixou passar um grande intervalo de tempo antes de se decidir levantá-las, e esta inação contínua é precisamente que está em desacordo com a conduta habitual do proprietário diligente, e com a máxima *omnia ut dominium fecisse*. Deixou largo tempo suas coisas em uma posição contraditória com o aspecto moral da propriedade.

As palavras *post tempus* têm sua correspondente na palavra *diu* da seguinte passagem:

4) A L. 1, 3, § 10, l. t. de Paulo.[247]

Si servus, quem possidebam, pro libero se gerat, ul fecit Spartacus, et judicium liberale pati paratus sit, non videbitur a domino possideri, cui se adversarium præparat; sed hoc ita verum est, si **diu** *in libertate moratur.*

---

247. Há também nas *Pandectas* um fragmento desse jurisconsulto, em que se toca na mesma questão, mas sem empregar a palavra *diu*. AL. 15, § 2º, *de usuc*. (41-3).

Por que razão faz Paulo semelhante restrição? A teoria de Savigny não pode responder a isto. Ou a posse do escravo perdia-se desde o princípio, ou continuava; no segundo caso devia, conforme Savigny, continuar sem interrupção, se de outro modo não sobreviesse alguma mudança; *o tempo por si mesmo não tem poder algum sobre a posse,* segundo Savigny. Em minha teoria, pelo contrário, o tempo tem todo esse poder, deve tê-lo, e é precisamente esta importância do tempo o que constitui, a meu ver, um dos principais argumentos em favor da exatidão de minha teoria. Quem quiser manter, todavia, a fórmula de Savigny sobre a continuação da posse, deve dar explicações sobre estes dois pontos: em primeiro lugar, com relação a conciliação da teoria de Savigny com os textos, pelos quais, no caso de negligência persistente (*non statim, post tempus, longo tempore, longo silentio, diu*), perde-se a posse sem que ocorra mudança alguma no *corpus* ou no *animus*; e em segundo lugar, acerca de que a mais real precisamente de todas as relações jurídicas, a posse, pode vir a ser desligada da condição da realidade, que é a regra de todas as relações patrimoniais.

No antigo direito romano, a propriedade perdia-se pela usucapião em um ou em dois anos, conforme os casos; as servidões perdiam-se também pelo não uso; as ações penais pretoriais num ano. O direito, pois, consumia-se rapidamente em Roma quando não se apoiava no exercício real. E a posse, que como nenhum outro direito acha-se submetida à força do fato, não será afetada pela ausência deste elemento; para um Matusalém, duraria assim sem exercício real, cem anos ou mais!

Mas dir-me-ão: *lex ita scripta est!* A L. 153 de R. J. (50-17) declara expressamente que a posse dura tanto tempo quanto o *animus* e o *corpus* não mudam (*in contrarium actum*). Os autores são unânimes em admitir o perigo que há em fundar-se uma teoria sobre a abstração de um jurisconsulto romano, em vez de fundá-la sobre as decisões concretas das fontes, e a regra citada por Paulo oferece, a meu ver, uma nova justificação máxima da L. 202 de R. J. (50-17): *omnis definitio in jura periculosa est, parum est enim est non subverti possit.* Com efeito, ela não está de acordo com as decisões concretas dos jurisconsultos romanos, pelo menos quando se entende o *actum in contrarium* no sentido de Savigny e da teoria dominante.

Sem volver às passagens acima citadas, perguntarei somente: como se concilia esta regra com a perda da posse causada pela morte?

A morte em nada muda o estado exterior da coisa, só há cessação do animus, mas esta cessação não é evidentemente um animus in contrarium actus; a vontade de possuir não muda-se aqui, como quer Savigny, em vontade de não possuir. Ora, quando se apresenta uma contradição como esta entre a abstração teórica, a regula juris de um jurisconsulto romano, e as decisões práticas de nossas fontes, seguimos somente a indicação que o próprio Paulo nos dá na L. 1 de R. J. (50-17). Non ut ex regula jus sumatur, sed ex jure, quod est, regula fiat, atendendo-se aos materiais concretos das fontes, e tratando de abstrair dela a regula juris, de que o próprio Savigny não deixa de dar-nos exemplo.[248]

Quero, finalmente, sair de encontro a uma objeção que deve esperar o sistema que acabo de desenvolver sobre a continuação da posse. Quando considero como causa desta condição a diligência de um proprietário exato, censurar-me-ão dizendo que esta regra peca por falta de precisão,[249] ao que respondo remetendo-me simplesmente à teoria da diligentia nas relações obrigatórias. As duas regras de que se servem os romanos para estebelecê-la: a da diligência do homem de negócio capaz, e a do homem ordinário não são mais necessárias do que a minha, e estou convencido de que esta última ocasionaria menos dúvidas em sua aplicação.

Ainda mais: firmo-me novamente na convicção de que os cidadãos e os campônios estarão com a minha teoria, em estado mais favorável de julgar se há ou não posse, do que os corifeus da jurisprudência com a de Savigny. De qualquer sorte, o juiz que constantemente é chamado a decidir o que em matéria de relações obrigató-

---

248. Remeto o leitor ao seu Sistema de Direito Romano, III, pág. 346, onde se ocupa da regra formulada na L. 7, 8, de per. et fact. Ing. (22-6): "Não nos pomos em contradição, diz ele, com a fonte do direito, mas atendemos unicamente às suas decisões seguras nos casos particulares, e consideramos as passagens citadas como uma tentativa de estabelecer um princípio geral". Se Savigny não houvesse escrito o seu Tratado da Posse na idade de vinte e três anos, mas em idade mais madura, teria quiçá empregado o mesmo raciocínio com relação à citada regra de Paulo.

249. Creio haver demonstrado que não é aos partidários de Savigny a quem se deve dirigir essa censura. A precisão aparente da fórmula de Savigny para a aquisição e perda da posse reduz-se a nada desde que se a aplique. — Não quero voltar a este assunto porque não se trata disso, mas de saber qual das duas fórmulas é a verdadeira, e qual delas, a de Savigny ou a minha, está de acordo com as decisões das fontes.

rias ou de usufruto um *diligens pater familias* ou um *bonus vir* deveria fazer, não se deterá ante a tarefa de decidir em matéria de posse o que faria um proprietário qualquer. Minha teoria não exige dele para a posse, senão o que o direito romano lhe impunha indubitavelmente nessas matérias. Em tal hipótese, a objeção não vai de encontro a minha teoria, mas contra o próprio direito romano, e definitivamente, contra o seu próprio autor, porque é preciso ignorar-se o direito e a vida para censurar-se o direito, porque leva o juiz ante as exigências da vida real, em lugar de dar-lhes uma forma mágica, e em cuja força maravilhosa não acredita mais do que aquele que raras vezes ou nunca tenha ocasião de ensaiá-la num caso particular.

Vou resumir o resultado de todo o meu trabalho nas seguintes proposições:

A posse das coisas não se deve a si própria, mas à propriedade, sua elevação à categoria das importantes relações jurídicas. Com o fim de conceder ao proprietário contra certos ataques um meio mais fácil do que a reivindicação, a prova da *existência jurídica* da propriedade foi substituída pela prova de sua existência *de fato*.

A suposição de que ordinariamente a posse concorre com a propriedade efetiva faz participar da mesma proteção até os não proprietários, nos casos em que por exceção a posse e a propriedade estão separadas.

Esta não constitui *o fim*, mas uma *conseqüência inevitável* da posse.

A idéia da proteção possessória, em sua plena verdade e na generalidade de sua acepção, deve-se dirigir contra toda lesão à vontade do possuidor. Esta condição, que não chegara a realizar-se no antigo direito romano, pois que limitava a proteção a certas lesões, efetuou-se em toda sua extensão no direito romano mais recente.

Em sua relação com a propriedade, acha-se a chave de toda a teoria material da posse, tanto no que diz respeito à extensão *abstracta* da posse – que é perfeitamente paralela com a da propriedade – como quando concerne às condições da posse *concreta*. Essas condições não são outra coisa mais do que a relação exterior do proprietário com a coisa.

Chamar à posse das coisas exterioridade ou visibilidade da propriedade, é resumir em uma frase toda a teoria possessória.

APÊNDICE

I - SOBRE O CORPUS POSSESSIONIS [250]

RUDOLF VON IHERING

A posse é, na realidade, um *poder de fato?* Assim ensina-o o ilustre Savigny, e nisso é ele seguido por quase todos os juristas modernos. Quanto a mim, há muitos anos que sustento a negativa,[251] e desde o momento em que este conceito radicalmente falso ameaça passar para o nosso futuro Código Civil,[252] vejo-me obrigado a renovar os meus protestos com maior energia.

Historicamente é possível que o desenvolvimento da posse tenha geralmente começado pela idéia do poder de fato sobre a coisa. Mas se esta idéia curta se mantivesse, a instituição jurídica da posse seria ainda a mais imperfeita das instituições. O fim econômico da posse era estender a proteção possessória a formas que não se ajustam a idéia

---

250. Este notabilíssimo estudo do grande jurisconsulto germânico vem publicado em apêndice ao recém-promulgado *Código Civil do Império Alemão*, precedido de honrosas palavras de *encômio*, e foi extraído de um capítulo de obra *Der Besitzwille (A vontade na posse). (N.T.) — Obs.: Trata-se do final do século XVIII (1899).*
251. Ver *O Espírito do direito romano, O Fundamento dos Interditos Possessórios, O Papel da Vontade na Posse,* etc.
252. Infelizmente esse conceito passou para as brônzeas páginas do *Código Alemão* que começou a vigorar a partir de 1º de janeiro deste ano (1900). *(N.T.)*

do poder de fato, e o direito romano satisfez plenamente esta exigência. Aqueles eminentes jurisconsultos não somente deixaram que continuasse, como aplicaram a idéia da posse a casos em que não existe nem a mais leve aparência do poder de fato. Se trata-se de um campo, ou de um monte vendido, nasce a posse pelo mero fato de que o comprador chegue com o vendedor ao lugar convencionado e faça-lhe este a declaração de que transmite-lhe a posse do vendido. O comprador adquiriu com isto o poder de fato sobre a coisa? Um monte de muitos milhares de hectares posto sob o poder efetivo do comprador, pelo mero fato de haver este ouvido e aceito a declaração do vendedor, e pela simples vista dos limites ou das linhas das árvores! Isto é burlar inteiramente a percepção dos sentidos. Não obstante, a teoria romanista não retrocedeu, e eu pergunto se já existiu outra ciência em que se tenha zombado do sentido das palavras com tanta despreocupação.

Toda ciência deve formar, para exprimir suas noções, as palavras técnicas que sejam necessárias para o seu assunto; mas quando toma da linguagem comum ou popular uma expressão que tem um sentido material bem determinado, para aplicá-la neste mesmo sentido, não tem direito de empregá-la de um modo contrário a toda concepção material. A posse de prédios ou campos situados longe da casa do possuidor não é um poder de fato, como não o é também sob imediata custódia, por exemplo, os materiais de construção depositados em um terreno que se há de edificar e que está descoberto por todos os lados, os feixes de feno e os montes de feixes de trigo nos campos, as pedras, as árvores cortadas, as redes, os laços ou as pilhas de carvão num bosque.

Quando um negociante de madeiras descarrega pranchões num terreno de minha propriedade em que vou edificar; quando o possuidor de um forno de ladrilhos empilha-os nesse lugar; quando aquele que me vendeu o gesso, a cal, a areia, etc., descarregou-o no meu solar, converteu-me imediatamente em possuidor de todos estes objetos. E pode-se dizer seriamente que eu adquiro o poder de fato sobre as coisas, eu, que na ocasião em que recebo a notícia ou o recado, estou ou continuo tranqüilamente sentado em meu escritório? É necessário achar-se em um estado de completo hipnotismo teórico para figurá-lo. É certo que neste estado tudo é possível, pois o hipnotizado come uma batata julgando que está comendo uma esplêndida maçã, e somente assim pode-se tomar por poder de fato uma situação a que, para constituir semelhante poder, falta apenas tudo o que é preciso.

Imaginemos que esta fórmula é acolhida, e veremos que decisões *deverá* proferir um juiz que se atenha rigorosamente a esse corpo legal. Em todos os casos anteriormente citados, deverá ele negar a proteção possessória, porque não há poder de fato. Seu bom senso preserva-lo-á de cometer uma asneira, pois ele raciocinará do modo seguinte: "É verdade que o legislador diz, mas certamente pensou e quis expressar outra coisa". Mas então, por que o legislador não diz o que pensa? Ele por acaso pode cometer erros a fim de que o juiz os retifique?

É fácil compreender como chegou-se, no projeto do Código Civil,[253] a esta conclusão; não se fez mais do que acolher a fórmula corrente dado ao *corpus*. Pode-se dizer, *mutatis mutandis*, destas fórmulas o que Goethe disse das leis:

"As fórmulas tradicionais reproduzem-se como um mal eterno".

Donde procede esta fórmula tradicional? Do direito romano? Nego-o; conheço perfeitamente as decisões das fontes que a estabelecem nos casos em que é exato o ponto de vista do poder físico, mas não conheço nenhuma que o empregue para definir de um modo *geral* a noção da posse. Se fosse assim, em nada me incomodaria. As fórmulas e as abstrações errôneas dos jurisconsultos romanos não nos obrigam; nós temos, como eles, o direito de formular e abstrair; se as suas fórmulas não estão de acordo com os fatos de que se servirem, devemos corrigi-las.

Mas o caso é que os jurisconsultos romanos não cometeram o erro de que se trata, nem podiam cometê-lo. Bastava-lhes para isto lançar um olhar para a vida real, e mesmo para o emprego que se fazia dos escravos nas relações da vida.

O proprietário enviava, às vezes a países longínquos, escravos fiéis e dignos de confiança; eram os escravos que levavam a correspondência; o que prestava a *pecunia trajectitia*, enviava-vos em um navio a portos distantes; o armador formava a sua tripulação com escravos, e muitos destes residiam nas praças comerciais do estrangeiro para servirem de intermediários nos negócios mercantis de seu senhor.

E todos estes escravos que iam e vinham livremente, e que em qualquer momento que se os castigasse podiam fugir, estavam, por acaso, eles em poder de fato de seu senhor? Neste caso também eu tenho o poder de fato sobre o pássaro que pousa sobre a árvore, sobre a lebre que corre pela planura ou sobre o peixe que nada nos mares.

O mesmo pode-se dizer do conhecido exemplo dos *saltus æstivi*, cuja posse continua mesmo durante o inverno. Ser-me-ia agradável ver um

---

253. Código Civil alemão promulgado em 1900. *(N.R.)*

defensor da teoria dominante na necessidade de provar este poder de fato durante o inverno: a tentativa poderia custar-lhe o sofrimento dos braços e das pernas.

A mesma coisa também pode-se dizer, no inverno, do chalé perdido nas montanhas, da hospedaria dos Alpes, do bosque que cobre os altos cimos dos montes, e, durante as tempestades equinociais, da ilha desabitada, que somente serve ao seu proprietário para recolher ali ovos de certas aves de arribação na estação calmosa.

Em sentido negativo, obtivemos o seguinte resultado: o direito romano não se submete à proteção possessória, isto é, a posse, à condição do poder de fato, e nenhuma legislação pode fazê-lo sem perder absolutamente de vista a importância prática da dita proteção para a marcha dos negócios. A que se deve unir pois a posse? Ao elemento em que unicamente se funda sua importância: ao elemento *econômico*. A posse é a relação de fato entre as pessoas e a coisa, tal como a ordena o fim para o qual esta se utiliza sob o ponto de vista econômico. Esta relação varia segundo a índole das coisas. Ela toma a forma de poder físico para as coisas móveis que se carregavam ou que se tem costume de conservar em casa, e para os imóveis fechados: casas, currais, armazéns ou jardins cercados, etc. Não acontece o mesmo para as coisas móveis que se deixam em pleno campo, porque assim o exige seu destino econômico; para os animais domésticos que andam livremente e que pastam no campo; para os imóveis que não estão cercados, como campos, bosques, pedreiras, etc, etc, e mesmo para os imóveis fechados, mas que periodicamente ficam sem vigilância, como os chalés das montanhas, as hospedarias dos Alpes e as habitações ou casas de verão da montanha no tempo de inverno. Não se leva o esterco para a casa, mas para o campo. É ali o seu lugar próprio e em que ele há de ser empregado, como o lugar para se colocar os materiais de construção é o solar ou terreno onde se há de edificar.

Pelo contrário, não se depositam no campo as peças ou os objetos preciosos, mas em casa. Aquele que os vê num campo considera-los-á perdidos ou abandonados; está *perturbada* a relação econômica *normal* da coisa com a pessoa. Não se ataca, pois, a posse de outrem quando se apanha esta coisa para entregá-la ao proprietário, mas, ao contrário, tem-se a intenção de restabelecer a relação econômica *normal,* isto é, a posse do proprietário. Mas não se os apanha para devolver ao proprietário os cepos, as redes, nem os laços postos no bosque ou no campo, porque sabe-se que o seu destino econômico consiste precisamente em estar colocados nesse lugar, e cometer-se-ía, apanhando-os, um atentado contra o seu destino, isto é, contra a posse do proprietário. Um pedreiro apanha, para entregá-la ao proprietário, a cigarreira ou a charuteira que acha no lugar em que trabalha; mas deixa nesse lugar os materiais de construção, porque sabe que tirando-os dali comete o delito de furto.

Se eu encontro num bosque um homem com a rede que eu estendera, posso dizer-lhe: tu a furtaste; mas se trata-se de um objeto que perdi, não posso empregar essa linguagem, porque pode tê-lo apanhado como um *negotiorum gestor*. Esta diferença é perfeitamente familiar mesmo para o homem do povo, que sabe perfeitamente o que deve apanhar e o que deve deixar em seu lugar. Quem o guia nisto? Unicamente a inteligência perfeita do ponto de vista econômico a que me referi. Com relação a uma classe de objetos, diz ele: estão aqui, porque este é o seu lugar econômico; a respeito de outros, diz justamente o contrário. A relação exterior, o *corpus* da teoria é, não obstante, exatamente o mesmo em ambos os casos: as coisas não são vigiadas. Se isto fizesse inclinar a balança, seria preciso tratar as duas categorias do mesmo modo: a posse deveria continuar ou cessar para todas as coisas citadas.

A inteligência do homem do povo dá nisto uma lição vergonhosa à teoria dos jurisconsultos. O homem do povo sabe o que o jurisconsulto olvida, isto é, que não é a relação exterior, mas o destino econômico o que faz inclinar a balança. Um pescador deixa cair n'àgua, numa rede estendida, o seu chapéu ou seu cachimbo, não vacilará em apanhá-los; mas não apanhará os peixes que hajam na rede. Por que razão? Porque ele raciocina deste modo: a rede foi colocada ali para apanhar peixes e não para apanhar chapéus e cachimbos; em outros termos, ele atém-se ao destino econômico da rede.

Se o fato exterior de um objeto qualquer que caísse ali fosse decisivo, aquele que pusesse a rede teria posse do chapéu e do cachimbo, do mesmo modo que a dos peixes, porque o poder exterior, o *corpus*, no sentido da teoria dominante, é exatamente o mesmo em ambos os casos, e o barqueiro não poderia apanhar seu chapéu sem cometer um atentado contra a posse alheia. Neste caso também, o barqueiro que se atém ao destino econômico da rede é mais inteligente que o jurisconsulto que se acomoda ao ponto de vista insignificante insustentável do poder de fato.

As salinas de Berchtesgaden tomam das árvores da montanha a lenha necessária para fazer ferver as suas águas salgadas. Esta lenha é cortada ali, dividida em troncos e jogada a um pequeno rio inavegável, cuja corrente leva-a até perto das salinas, onde a detém e tiram-na alguns operários. É indubitável que a administração das salinas conserva a posse dos troncos flutuantes, ainda mesmo que não tenha sobre os mesmos, como não tem, o *poder de fato,* porque qualquer um pode apanhá-los antes deles chegarem ao seu destino. Suponhamos que, em conseqüência de uma tormenta, o rio transborda, arrastando em suas águas, táboas, madeiras, troncos, etc., a posse destes objetos perdeu-se indubitavelmente. Eis aí, pois, circunstâncias exteriores idênticas e, não obstante, há posse durante o trajeto num caso e não há em outro. Isto é de uma clareza evidente para o homem do povo. Nenhum ribeirinho duvidaria um só momento de que se pode apanhar as táboas, madeiras, etc., tiradas aos proprietários pela correnteza, e guardá-las até que sejam reconhecidas pelos donos por sinais determinados, nem de que não pode tirar a lenha ou tronco no primeiro caso. Qual a razão desta diferença? A de que no primeiro caso aludido ele sabe que a flutuação da madeira é uma medida adotada para utilizá-la n'outro lugar, análoga ao fato de descarregar esterco num campo, ou materiais de construção em um terreno em que se vai edificar; mas com relação às demais coisas, sabe-se que perturbou sua relação exterior com a pessoa, necessária para a sua utilização econômica.

Para as coisas imóveis a descoberto, campos, prados, pedreiras, bosques ou tanques, a sua utilização econômica não é garantida por nenhum meio exterior; a posse não se apresenta aqui como um estado exteriormente apreciável da coisa, mas somente manifesta-se por atos econômicos do possuidor, isto é, em que lavra, semeia, sega sua erva, manda seu gado para o pasto, corta madeira ou lenha, e pesca. Qualquer outro pode também realizar estes atos e com muito maior felicidade, se por acaso mora mais perto que o proprietário. Não há aqui, pois, questão de um poder de fato deste sobre a coisa, porque semelhante poder corresponderia melhor ao lavrador mais próximo. A pretendida transmissão do poder de fato sobre estes imóveis, por meio da tradição ou entrega é, pois, uma pura ficção e consiste somente em um ato que, realizado por outro, careceria de toda a importância, e ao qual unicamente o direito reconheceu o efeito de transmitir a posse: o de personificar-se no prédio ou propriedade. Mas não é em tal circunstância que reside a força da tradição ou entrega, mas na declaração que faz o anterior possuidor de que quer transmitir a posse: a *testatio vacuæ possessionis;* e somente por uma mera formalidade dos tempos antigos, impõe, todavia, o *direito romano* ao comprador, o dever de personificar-se na propriedade dispensando disso o vendedor. A relação posessória do vendedor tinha um aspecto muito diferente: não consistia ela na simples chegada à propriedade, mas na execução de atos econômicos, por meio dos quais tornava-se visível e de um modo real para terceiros.

É precisamente este critério que permite distinguir os ataques à propriedade por parte de um terceiro, dos demais atos que se realizem no prédio ou estão relacionados com ele. O entrar nele simplesmente não acarreta nenhum ataque à posse, por mais que seja este ato idêntico ao que teve a virtude de transmitir a posse; caçar na propriedade também não constitui um ataque à posse, segundo o *direito romano*, a não ser que se trate de uma caça proibida, cujo destino econômico seja precisamente este. Por este simples motivo, o possuidor, cuja proibição não foi respeitada, não tem a ação ou o interdito *uti possidetis*, mas a *actio injuriam*. A apropriação da posse sobre imóveis a descoberto pertencentes a outrem consiste em realizar atos econômicos ou em impedir que o proprietário os realize.

A utilização econômica da propriedade era também o que os romanos tinham em conta, nos tempos antigos, para determinar a relação possessória na prescrição. A expressão de que se serviam as XII Tábuas para designar a prescrição era a palavra *usos;* a linguagem do direito novo conservou-a na *usucapio*. A idéia que constitui a sua base é pois a de que a aquisição da propriedade resulta do fato de que o possuidor se sirva da coisa e use dela afetando-a de um modo permanente com relação a um destino econômico.

A quase posse das servidões pessoais e prediais é baseada também no *uti,* que é o termo que se emprega constantemente nos interditos correspondentes: *juris possessio* equivale a *usus*.

Além disso, qualquer que seja a opinião que se tenha sobre a exatidão do ponto de vista do interesse econômico estabelecido anteriormente pelo *corpus,* o que se verifica é que o poder de fato é insustentável, e por conseguinte não pode, como tal, entrar num código civil. Quando somente deu-se-lhe um valor científico para explicar a teoria romana, tornava-se inofensivo; podia admitir-se ou repelir-se, pois, a diferença não tinha importância alguma na prática, porque existia um corretivo nas decisões positivas das fontes. Mas não sucede o mesmo quando o legislador sanciona-o positivamente e obstrui o caminho da verdade à ciência, pondo esta e mesmo o juiz, na alternativa, ou de negar-lhe obediência, ou de negar a posse sempre que falte o poder de fato, chegando deste modo a resultados que não se desejava, porque opõem-se a todas as necessidades práticas.

A exata aplicação de uma lei não pode depender do conhecimento de um direito estranho ou das teorias de que foi objeto: a lei deve ser compreendida e aplicada por si mesma. Ora, ponha-se o novo Código

Civil[254] nas mãos de um juiz que não tenha ouvido falar da tese romanista, e nos quatro casos já citados denegará ele certamente o poder de fato. Isto faria também o leigo em direito, não só o homem do povo, como também o inteligente e ilustrado. Nem o cidadão, nem o campesino, nem o sábio compreenderão que no sentido da lei exista poder de fato onde a simples percepção dos sentidos ensina o contrário.

A sorte reservada ao nosso futuro Código[255] no que concerne a isso, se se mantiver o conceito do projeto, não é duvidosa. A jurisprudência dos Tribunais se afastará deste ponto de vista errôneo, e admitirá a posse onde segundo os termos da lei, dever-se-ia negar; e se algum dia, como espero, os cientistas inclinarem-se ante a verdade, não poderão eles, ao menos, dizer: o Código não pôde emancipar-se das teorias romanistas de seu tempo; ele estabeleceu com relação à posse um ponto de vista defeituoso, e mesmo estranho ao direito romano, e que deve sua origem a uma abstração falsa da doutrina do Direito novo.

---

254. Código Civil alemão promulgado em 1900. *(N.R.)*
255. *Idem. (N.R.)*

II – EXAME CRÍTICO DA TEORIA POSSESSÓRIA DE IHERING: TEORIA OBJETIVA E TEORIA SUBJETIVA[256]

JOSEPH DUQUESNE

Teremos que nos pronunciar em favor da teoria objetiva ou da teoria subjetiva no terreno da história do direito romano e no da dogmática.

A) Sob o ponto de vista da história do direito romano.

I – Encarada sob este primeiro ponto de vista, a nossa questão parece não suscitar dificuldade alguma em nossos dias. Expressa ou tacitamente, reconhece-se que a distinção da posse e da detenção não é o produto de uma concepção *a priori* da natureza da vontade requerida para possuir. O pretor criando os interditos possessórios não teve por objetivo satisfazer suas fantasias de teórico. Este modo de ver é de tal forma recomendado pelo bom senso que ninguém, ao que parece, pensou jamais em contestá-lo.

Ihering, entretanto, afirma que a teoria subjetiva, tomando posição no terreno dogmático, tomava também posição no terreno histórico e que dando-lhe por causa à distinção da posse e da detenção a diversidade da vontade, ela indicava-lhe, pelo próprio fato, a origem.[257] Acreditamos que interpretar dessa maneira a teoria subjetiva, é ampliar o pensamento dos que a professaram. É com efeito, ter em consideração, para apreciar a sua teoria, o desenvolvimento do pensamento jurídico e aproveitar para criticar sua obra, as conquistas realizadas na ciência pelos trabalhos acumulados de nossos antecessores. Os antigos partidários da teoria subjetiva não encaravam a ciência do direito sob o mesmo ponto de vista que nós. A ordem lógica das regras de direito era a sua única preocupação, e eles julgavam haver dado suficientemente a razão de ser de

---

256. Este belo e substancioso estudo crítico é um capítulo da tese que para o doutorado sustentou na Universidade de Paris, em 23 de junho de 1898, o Dr. Joseph Duquesne. O título da tese é *Distinction de la possession et de la detention en droit romain. Son fondement historique et son criterium*, Paris, Arthur Rousseau, 1898. *(N.T.)*

257. A *vontade na posse*, pág. 77, da ed. francesa.

uma solução jurídica, desde que indicassem o princípio teórico de onde ela derivava.

Não peçamos, pois, aos nossos antigos autores resposta a uma questão que eles jamais estabeleceram e contentemo-nos em registrar o resultado atualmente adquirido: a distinção da posse e da detenção como "fato social" formou-se objetivamente sob a impressão do interesse prático, segundo uns; por motivos de ordem histórica, segundo outros.

II – Vimos precedentemente[258] que se pode dar à teoria objetiva quer uma forma positiva, quer uma forma negativa, segundo o elemento diferenciador entre a posse e a detenção apresentar-se como uma condição positiva (*causa possessionis*), ou como uma condição negativa (*causa detentionis*) da proteção possessória. Vimos também, sob que preocupação Ihering imaginara esta distinção.

Dominado pelo desejo de privar o autor dos *Interditos Possessórios* da obrigação de provar a existência deste elemento diferenciador, sem se recorrer a uma presunção, Ihering julgou fazer dele uma condição negativa, isto é, um obstáculo à posse, cuja prova caberia por isso mesmo ao réu. Ele é deste modo, induzido a construir a sua teoria de forma que a posse seja a regra, e a detenção a exceção. "Há sempre posse, diz-nos ele, a menos que uma disposição legal não estatua por exceção que há simplesmente detenção."[259] Por aí Ihering pretendia simplesmente escolher entre duas construções sistemáticas da teoria da posse, uma tomando por ponto de partida a noção de posse, e outra a noção de detenção.

Parece, todavia, que ele se colocou ao mesmo tempo no terreno da história. Se a detenção é uma relação possessória que o direito positivo despe do efeito próprio da posse,[260] não é lógico concluir daí que primitivamente toda "a relação possessória" gozava da proteção possessória? Ihering parece não recuar de modo nenhum diante desta conseqüência de sua doutrina.[261] Mas, admitindo-a, ele põe-se em contradição com sua teoria sobre a origem histórica dos interditos possessórios. Se é exato, como sustenta o nosso sábio romanista, que a proteção possessória apa-

---

258. Veja-se a pág. 183 da *Distinction de la possession et de la detention,* do autor, e de que este trabalho é um capítulo. *(N.T.)*
259. *A vontade na posse,* pág. 6, da edição francesa.
260. *O papel da vontade na posse,* págs. 52-55 e pág. 309.
261. *Ibid.*, pág. 79. Ver Hœlder, *Krit. Viertjahrschr., n° F,* tomo XV, pág. 239.

receu sob a forma da colação dos *vindiciæ*,[262] não é possível que ela se outorgasse primitivamente a todo aquele que tivesse uma coisa nas mãos. A posse desaparecia de pleno direito todas as vezes que a *reivindicatio* não era possível, especialmente quando se tratava de pessoas poderosas ou de *res extra commercium*.[263]

Desde que fosse possível a reivindicação, o magistrado, tendo inteira liberdade na colação da *vindiciæ*, podia atribuí-la ao simples detentor. Mas era preciso para isso figurar em juízo, isto é, ter afirmado numa *contra vindicatio* sua pretensão à propriedade. As *vindiciæ*, com a condição de que fossem cedidas ao detentor, não eram dadas nunca senão a um detentor com *animus domini*. Mais tarde, desde que os interditos tomassem o lugar da colação das *vindiciæ* e formassem uma instância prévia à reivindicação, a regra continua a mesma. A Lei n° 9, D. *rei vind.*, 6, 1, indica-nos aliás, relativamente a reivindicação, uma evolução inteiramente oposta a que acarreta a teoria de Ihering.[264] Ela nos mostra que a reivindicação, aberta logo contra os únicos possuidores, não se permitiu contra os simples detentores, senão no século II de nossa era.[265]

---

262. Neste ponto, a linguagem de Ihering em *Vontade na Posse* não é a mesma em *Fundamento dos Interditos Possessórios*. Com efeito, na *Vontade na Posse*, pág. 79 diz-nos ele: "na época da lei das XII tábuas, como o atesta sua disposição sobre a concessão das *vindiciæ*, a proteção possessória já existia, isto é, a noção da posse já era praticamente concebida e expressada". No *Fundamento dos Interditos Possessórios*, pág. 69, diz-nos ele, pelo contrário: "Propriedade interina, eis o sentido originário das *vindiciæ* e não a atribuição da posse nua no sentido da moderna teoria possessória".

263. Veja-se a este respeito a diferença de linguagem entre *O fundamento dos interditos possessórios* e *A Vontade na Posse*.

264. Hœlder, *Krit. Vierljahrschr.*, n. F. tomo XV, pág. 239.

265. A antinomia entre as duas obras de Ihering, *O Fundamento dos Interditos Possessórios* e *A Vontade na Posse* manifesta-se, aliás, por diversas vezes. Não temos aqui por objetivo criticar a teoria de Ihering em si mesma, mas unicamente na medida em que isso é necessário para a solução da nossa questão. Não podemos, entretanto, resistir ao desejo de citar duas contradições que dizem respeito diretamente a nossa questão. A distinção da posse e da detenção, reconhecendo a posse numa pessoa que não tem a coisa nas mãos, isto é, que não possui senão no sentido ordinário da vida, para recusá-la, ao contrário, ao detentor, o verdadeiro possuidor no sentido usual da palavra, parece-lhe facilmente explicável desde que investiga o fundamento da proteção possessória. Os interditos possessórios tendo sido criados para dar uma proteção fácil ao proprietário, a posse exclui-se de pleno direito aos olhos das pessoas em posse, das *res extra commercium* e das pessoas cujo título de imissão na posse importa reconhecimento da propriedade de outrem. Em seu livro sobre *A Vontade na Posse*, ele considera-a como "uma das produções mais salientes do poder de abstração jurídica", e duvida mesmo que os jurisconsultos chegassem a esta distinção, se eles não acharam-na inscrita na realidade dos fatos no caso de detenção pelas pes-

III – Todavia não é impossível conciliar as duas teorias de Ihering. Basta efetivamente, limitar desde o princípio, a extensão da proteção possessória, conservando inteiramente ao elemento diferenciador da posse e da detenção o caráter de obstáculo à posse. Em vez de supor duas regras sucessivas de direito positivo, das quais a primeira outorgaria a proteção possessória a quem quer que tivesse a coisa entre as mãos, e a segunda viria para retirá-la num certo número de casos, poder-se-ia imaginar uma única regra de direito tendo como princípio geral, que todo aquele que tem uma coisa nas mãos será tratado como possuidor e estabelecendo ao mesmo tempo um certo número de exceções a esta regra.

IV – Esta conciliação entre as duas teses de Ihering foi feita de um modo muito engenhoso por Vermond, com a única diferença de que o obstáculo à posse não é para ele uma regra de direito positivo, mas "uma razão de direito" (Vermond, *Traité de la possession*, pág. 290).

Este autor resume toda sua teoria na fórmula seguinte: "É possuidor todo indivíduo que tem a coisa entre as mãos, exceto quando ele estabeleceu que não pode ser proprietário e isso sem que se tenha de investigar se realmente é proprietário dela" (*ob. cit.*, págs. 309-310). As pessoas em posse, as *res extra commercium,* os detentores cujo título de imissão na posse acarreta o reconhecimento da propriedade de outrem (*causa detentionis*) são também excluídos, desde a origem, da proteção possessória, porque a qualidade da pessoa, a natureza da coisa ou o título de imissão na posse fazem aqui um obstáculo à existência da propriedade e por conseqüência da posse, sem que tenha de investigar qual é o proprietário. O ladrão, pelo contrário, é possuidor. Para provar-se que ele se apoderou injustamente da coisa seria preciso determinar que ele não era proprietário da coisa e por conseqüência não tinha o direito de se apro-

---

soas em posse. A segunda contradição já foi excelentemente posta em relevo por Saleilles (*Estudos sobre os Elementos Constitutivos da Posse*, ns. 104 e 105). Depois de ter definido o *corpus* a manifestação da intenção de ser proprietário (*O Fundamento dos interditos possessórios),* e ainda mesmo que faça do *corpus* a expressão mesma do *animus* como a palavra é a expressão do pensamento (*A vontade na posse*), Ihering, nesta última obra, põe uma rara energia para combater a teoria do *animus domini*. Parece resultar perfeitamente de várias passagens do *Fundamento dos Interditos Possessórios* que nessa época Ihering era partidário do *animus domini* (ver Randa *Der Besitz,* 4ª ed., pág. 21, nº 17). O próprio Ihering tentou, aliás, combinar essas obras sobre a posse em uma bela síntese (ver o segundo estudo da nossa tradução de Ihering *Questões de Direito Civil*, edição de Laemmert & C. (1899). As diferenças que separam as duas obras eram muito profundas para que ele pudesse fazê-las desaparecer completamente.

priar dela (*ob. cit.*, págs. 294, 296, 307 e 309). Sem dúvida nenhuma, a regra da proteção possessória não apresentou-se sob esta forma abstrata e teórica, mas semelhante fórmula não é senão o registro doutrinal do que se passou na realidade dos fatos. Desde o momento em que se admite que os interditos *uti possidetis* e *utrubi* foram criados para servir de preliminar à reivindicação, resulta daí que estes interditos deveriam ser recusados em todos os casos em que se lhe pudesse estabelecer a impossibilidade da propriedade, sem agitar a questão reservada ao petitório, de saber o que é relativamente proprietário. Era, pois, perfeitamente possível dar à teoria objetiva uma forma negativa, mantendo-se inteiramente em sua integralidade a teoria de Ihering sobre a origem histórica dos interditos possessórios.

Veremos mais adiante o que é preciso pensar-se da distinção entre a forma positiva e a forma negativa da teoria objetiva. De tudo o que precede, vê-se que no terreno da história admitimos a teoria objetiva.

B) No âmbito da dogmática.

V – A segunda prova a que devemos submeter a teoria de Ihering tem lugar no terreno da dogmática. Desde o começo, importa notar que, para criticá-la, não nos colocamos sob um ponto de vista racional, procurando qual poderia ser a melhor maneira de construir juridicamente a distinção da posse e da detenção. Fazemos trabalho de interpretação e devemos antes de tudo reproduzir as construções jurídicas elaboradas pelos próprios jurisconsultos romanos, salvo fazendo-se uma rápida crítica. Julgamos de grande utilidade pôr na base de nossas explicações esta distinção entre a interpretação e a crítica do direito romano que Ihering, ao que me parece, mostra desconhecer em sua obra *Der Besitzwille* (*A Vontade na Posse*).

VI – Apoiados na utilidade desta observação, abordemos o exame da teoria de Ihering. Criticaremos primeiramente a teoria objetiva e veremos em seguida em que medida pode-se justificar a teoria subjetiva das objeções que Ihering lhe dirige.

Para refutar a teoria de Ihering, mostraremos primeiramente que a tentativa feita pelo egrégio jurista alemão para elevar a detenção à classe de noção jurídica e assimilá-la à posse, apresentando-a como uma espécie de "relação necessária", não é admissível por uma dupla razão:

1º) Porque a detenção pode existir, segundo os jurisconsultos romanos, sem a *affectio tenendi*.

2º) Porque se certos efeitos jurídicos ligam-se à detenção, eles não se ligam aí pela própria detenção, e que desse modo ela não é uma noção jurídica, mas um simples fato de importância jurídica.

Provado isso, procuremos estabelecer em terceiro lugar que os jurisconsultos romanos fazem repousar a distinção da posse e da detenção numa diversidade da vontade.

VII – *1º) O animus é um elemento normal, mas não necessário da detenção.*

Para produzir-se a prova desta afirmação, é preciso estabelecer desde já que, contrariamente ao que Ihering pretende, o *corpus* e o *animus* são dois elementos independentes, que podem existir separadamente, e mostrar em seguida que os jurisconsultos romanos falam de detenção, mesmo onde não há *affectio tenendi*.

Vimos que, segundo Ihering, o *corpus* reclama já uma certa dose de vontade.

O simples contato material não constitui o *corpus*. É necessário um contato material voluntário.

O *corpus* e o *animus* não podem existir separadamente. Eles aparecem simultaneamente pela incorporação da vontade no ato de apreensão e estão indissoluvelmente unidos.

De bom grado, reconhecemos que a apreensão do objeto acarreta ao mesmo tempo realização do *corpus* e manifestação do *animus*. Neste caso, os dois elementos constitutivos da posse surgem numa mesma época. Esta possibilidade de um aparecimento simultâneo tira a cada um desses elementos a sua autonomia. As provas da independência desses dois elementos abundam. São numerosos os textos que falam de aquisição, de conservação e de perda de posse *animo solo*.[266] Há, além disso, um texto formal, pelo qual o *corpus* e o *animus* são dois elementos independentes, que se completam mutuamente. A lei 3, § 3°, D. h. t. diz efetivamente:

"*Neratius et Proculus et* **solo animo** *non posse nos adquirere possessionem,* **si non antecedat naturalis possessio***. Ideoque si thesaurum in fundo meo positum sciam, continuo me possidere, simulatque possidenti affectum habuero* **quia quod desit naturali possessioni, id animus implet**.*"

---

266. Aquisição: Lei 34, pr., e Lei 51, D. *h. t.*, Conservação, L. 3, §§ 7 e 11; L. 25, § 2º; L. 46, D. *h. t.*, L. 1, § 25, D. *de vi*, 43, 16. Perda, L. 3, § 6 et L. 44, § 2, D. *h. t.*

O Sr. Piniski,[267] entretanto, procurou afastar este argumento. Segundo ele, a teoria da independência recíproca do *corpus* e do *animus* fora afirmada por Neratius e Proculus, mas Sabinus, exigindo o *loco movere* para aquisição do tesouro, precisamente repeli-la-ia (ver Lei nº 3, § 3, *in fine*). O *corpus* e o *animus*, na teoria deste jurisconsulto, apareciam na ocasião do nascimento do tesouro. Sua opinião triunfara; porque admitida antes dele por Labeão, fora adotada por Pomponius, Paulo e Papiniano.[268]

Tal não é, pensamos, o objeto do debate que se trava entre Neratius e Pomponius de um lado, e Sabinus de outro. Para todos eles há *possessio naturalis,* isto é, *corpus* em proveito do posssuidor de um imobiliário, pela única razão de que um tesouro está oculto no seu terreno. Sabinus não contesta a existência desta *possessio naturalis.* A discussão que se trava entre jurisconsultos romanos coloca-se neste terreno: será bastante para que o possuidor do imobiliário se torne possuidor do tesouro que forma a resolução puramente interna de possuí-lo, ou sua posse não começa senão no momento em que a vontade se manifesta realmente pelo *loco movere* do tesouro.[269] Nenhum deles recusava-se, pois, a admitir uma *possessio naturalis,* isto é, na hipótese, o *corpus* mesmo na ausência do *animus.*

Muito recentemente, Hruza[270] foi mais longe que Piniski. Ele sustentou que, mesmo na opinião de Neratius e Proculus, não havia *possessio naturalis* sem animus. Desde que o *animus* fraqueja, falta alguma coisa para a existência da *naturalis possessio.* É assim que ele interpreta esta passagem: *quia quod desit naturali possessioni id animus implet.* É bastante aproximar este pedaço de frase do *principium: "Neratius et Proculus et solo animo non posse nos adquirere possessionem, si non antecedat naturalis possessio",* para se julgar que no pensamento dos jurisconsultos romanos, o *animus* não vinha completar a *naturalis possessio,* mas acrescentava-se a esta para fazer dela uma verdadeira posse.

O *corpus* e o *animus* aparecem, pois, nos textos como dois elementos independentes um do outro.

Conquistado este primeiro ponto, podemos afirmar que o *corpus* é, para os jurisconsultos romanos, o único elemento essencial para a deten-

---

267. *Der Thatbestand des Sachbesitzeraverls,* 1, págs. 93, 94 e 152.
268. Labeão e Pomponius, L. 15, D. *ad exhib.,* 10, 4: Papiniano, L. 44, pr., D. *h. t.*
269. Klein, entretanto, é de opinião contrária, ver *Sachbesitz und Ersitzung,* pág. 9, nº 22.
270. *Zeschr. Für das Priv. Und æff.* Recht., 1897, pág. 232.

ção. A prova desta asserção parece-nos resultar de um modo convicto de dois textos: os §§ 3° e 13 da Lei 3, D. *h., t.* Nestas duas passagens, o jurisconsulto Paulo serve-se para designar o *corpus* das expressões *possessio naturalis,* que são a terminologia geralmente empregada para designar a detenção. Se esta identidade de terminologia não acusa necessariamente uma identidade de noções, prova pelo menos que os jurisconsultos romanos viam antes de tudo na detenção o fato de uma relação material mais ou menos íntima entre uma pessoa e uma coisa.

Reconhecemos, entretanto, com Windscheid (*Pandektenrecht,* I, § 148), que a detenção não tem *importância jurídica* enquanto voluntária. Efetivamente, aquele que, por ignorância acha-se detentor de um objeto, apoderar-se-á dele quer espontaneamente, quer pela reclamação de que tem direito a ele. Das duas uma, ou ele abandonará o objeto ou restituí-lo-á e sua detenção cessará antes de produzir efeitos, ou ele conservará o objeto e sua detenção tornar-se-á imediatamente consciente e voluntária.

Pretendeu-se, todavia, que estes dois textos exigissem formalmente o *animus tenendi* para a existência da detenção: são os §§ 3 e 10 da L. 1, D. *h. t.* O § 3 recusa a posse ao louco e ao pupilo *"quia affectione tenendi non habent".* Poder-se-ia, quiçá, responder ao argumento tirado desse texto que é questão de uma aquisição de posse e não de uma aquisição de detenção; mas o exemplo citado para justificar esta solução parece dar ao texto um grandíssimo alcance. O § 3 acrescenta, com efeito, que a posse é recusada a essas pessoas não obstante o seu contato corpóreo com o objeto, como seria recusada ao homem adormecido em cujas mãos se puzesse um objeto: *"licet maxime corpore suo rem constingant, sicuti si quis dormienti aliquid in manu ponat".*

Doneau, comentando este texto, deduziu dele em termos muitos precisos a necessidade da *affectio tenendi* para a detenção: *"Tenere non est corpore rem contingere sed ita attingere ut affectionem tenendi habeas"* (*Op. Omn.,* Liv. V, cap. 13, § 4°).

Consoante o nosso modo de pensar, não há detenção na hipótese, porque a relação corpórea da pessoa e da coisa não é suficiente para constituir a detenção. Esta supõe que o objeto acha-se na dependência da pessoa. Quer este magistério sobre o objeto seja voluntário ou não, desde o instante que ele existe, se falará sempre de detenção. Se um *pick-pocket,* por exemplo, no momento de ser surpreendido, introduz no bolso de um transeunte honesto o *porte-monnaie* que acaba de furtar, dir-se-á que o objeto é detido pelo transeunte. É desta forma que os jurisconsultos admitem a *possessio naturalis* sobre o tesouro em proveito do possuidor do imobiliário no qual o tesouro se acha oculto, ainda que este possuidor não tenha conhecimento dele. O tesouro está com efeito materialmente sob a dependência do posssuidor do imobiliário, e a detenção existe.

O parágrafo 10 não prova além disso que a *affectio tenendi* seja necessária para a detenção. Ele diz simplesmente que o representante na posse deve ser são de espírito. Esta solução explica-se pela razão de que se trata aqui de uma representação, isto é, de um ato jurídico.

Concebe-se que o direito não reconheça nos loucos e nos dementes a capacidade de cumprir estes atos.

Julgamos, pois, poder tirar das explicações precedentes o seguinte princípio: há detenção todas as vezes que um objeto se acha materialmente na dependência de uma pessoa, ainda mesmo que esta não tivesse a *affectio tenendi*.

Toda esta discussão parecerá talvez ociosa, se bem que concordasse de antemão que a detenção não tem importância no domínio do direito tanto quanto é desejada.

Pareceu-nos, entretanto, útil demonstrar que há detenção, para os jurisconsultos romanos, mesmo na ausência da *affectio tenendi*. Isso prova, já numa certa medida, a segunda proposição que queremos agora estabelecer: isto é, que a detenção não é, em direito romano, uma noção jurídica e não pode, por conseguinte, ser assimilada à posse.

VIII – 2°) *A posse é uma noção jurídica, a detenção é um simples fato* – Se a detenção não exige a *affectio tenendi*, é que os jurisconsultos romanos, pelas expressões *tenere, naturaliter ou corporaliter possidere, esse in fundo*, não aludem senão ao simples fato de uma relação material entre a pessoa e a coisa, que põe esta na dependência da outra e não designam, por isso, uma verdadeira relação jurídica.

Esta primeira prova não é, por si só, suficiente. Ihering, com efeito, pretendeu que a detenção tem "o caráter de relação jurídica", porque ela produz efeitos no domínio do direito. "Toda a relação, diz ele, a que o direito liga efeitos jurídicos é uma relação jurídica". (*O papel da vontade na posse,* pág. 43 da edição francesa).

A nosso ver, a detenção é somente um fato de importância jurídica, isto é, que pela própria razão da dependência material em que o objeto se acha fronteiro a pessoa, resulta dela certos efeitos jurídicos. A detenção não é uma relação jurídica. Os diferentes efeitos mencionados por Ihering como pertencendo ao detentor não lhe competem nesta qualidade; são-lhes concedidos por um outro título. O direito positivo, não os ligando à detenção, não teve que determinar os caracteres desta detenção e de transformar assim o simples fato numa relação jurídica.

Ihering cita em primeiro lugar o direito de legítima defesa e a *actio injuriarum*. Estes dois meios são ligados à proteção da personalidade,[271] e não da detenção. Eles pertencem mesmo aos não detentores.

Assim é também no interdito *quod vi aut clam*. Deu-se este interdito para os trabalhos *quæcumque in solo vi aut clam fiunt* [272] e pertence ele ao simples detentor de um imóvel. Mas importa notar que ele só foi concedido para se poder obter a reparação de um prejuízo causado, e não para reprimir um atentado à detenção. Esta idéia ressalta claramente de um exemplo característico que dá à Lei 7, § 8, D., *quod vi...* 43, 24. Uma pessoa cava clandestinamente um fosso numa floresta pública. Um aldeão atravessa a floresta com os seus animais. Um destes animais cai no fosso e despedaça um membro. O aldeão pode agir contra aquele que cavou o fosso pelo interdito *quod vi aut clam*. E entretanto, ele não é absolutamente detentor do imóvel em que o fosso foi cavado. Este interdito não é dado como proteção de uma detenção que ele não tem, mas para permitir-lhe obter a reparação do prejuízo que sofreu.

O interdito *de loco publico fruendo* e o interdito *ne vis fiat ei qui in possessionem missus erit* não estão ligados à detenção. O primeiro dava-se ao *conductor* do *locus publicus* antes mesmo que ele se imitisse na posse. O segundo apresenta como primeira utilidade a de permitir aos imitidos na posse *ex primo decreto* constranger os que se opusessem a sua imissão na posse.

Quanto à petição de herança, como meio jurídico de um alcance geral, tem ela direito às ações pessoais ou reais que competeriam ao defunto. Ela permite, pois, ao herdeiro, reaver as coisas atualmente em mãos de terceiros, sobre as quais o *de cujus* não tinha senão um direito real ou pessoal e pois, por conseguinte, ele não tinha senão a detenção, por exemplo, como enfiteuta ou superficiário, depositário ou comodatário. Porém, ela não tem por objeto a própria detenção, mas o exercício do direito real ou do direito pessoal.

---

271. Cícero, *Pro Caecina*, 12, 35: *Actio enim injuriarum... dolorem imminutæ libertatis judicio pænaque mitigat.*
272. L. 1, § 4º, D. *quod vi aut clam,* 43, 24.

De todos os efeitos citados por Ihering, nenhum se liga, pois, à detenção por causa dela. Esta não é a condição de semelhantes efeitos. Ela goza em certos casos da proteção do direito, outorgada por uma causa inteiramente outra.

IX – 3º) *A distinção da posse e da detenção recebe evidentemente a consagração do direito positivo romano, mas os jurisconsultos romanos fazem-na repousar teoricamente numa diversidade da vontade.*

Até aqui mostramos que, na teoria dos jurisconsultos romanos, a detenção pode existir sem *animus* e que ela não é uma noção jurídica. Estabelecemos também a impossibilidade de classificar a detenção no quadro da "relação possessória". Acrescentamos que a tentativa feita por Ihering para reconstituir a distinção da posse e da detenção sobre uma outra base como a vontade, qualquer que seja seu valor do ponto de vista racional, parece-nos condenada pelo direito romano.

Segundo ele, nossa distinção feita por causa de uma regra de direito positivo, nos casos excepcionais, por motivos de interesse prático, afasta os efeitos da posse e cria assim casos de detenção. Que o direito positivo consagra a distinção da posse e da detenção ninguém o contesta.

Esta distinção não se traduzirá praticamente pela atribuição e pela recusa dos interditos possessórios?

A primeira questão que surge é a de saber se o direito positivo intervém para despojar certos possuidores das vantagens da posse e fazê-los simples detentores, ou se intervém, pelo contrário, para elevar o simples fato da detenção à categoria de posse atribuindo-lhe os interditos possessórios. Ihering pronuncia-se no primeiro sentido. Vimos já que a realidade contradiz a sua afirmação. Primitivamente, o direito romano não conhecia senão a detenção e designava-a pelo nome de *possessio*. Mais tarde, o direito positivo, ou mais precisamente, o pretor, atribuiu os interditos possessórios a certas relações de detenção e os transformou em posse no sentido estrito da palavra. A própria organização teórica do direito romano parece igualmente contradizer Ihering. Os jurisconsultos romanos apresentam-nos a detenção como um simples fato com o qual o direito positivo nada tem a ver. Ela não aparece em seus escritos como uma noção jurídica despojada dos efeitos que lhe devem pertencer normalmente, mas como um fato que não teve a vantagem de receber os favores do direito positivo. Admitindo-se mesmo que sob o ponto de vista dogmático, a distinção da posse e da detenção repousa unicamente sobre as disposições de direito positivo, seria preciso pois reconhecer que esta regra de direito não deve ser considerada como um obstáculo à posse, mas como um elemento complementar, uma condição positiva que transforma a detenção em posse. Em outros termos, entre a forma positiva e a forma negativa da teoria objetiva, a opinião impõe-se em favor da primeira.

Urge-nos acrescentar que na construção sistemática de nossa distinção, os jurisconsultos romanos parecem ligar-se a uma diversidade da vontade e não a um elemento objetivo. Ihering contestou-a. Somente o jurisconsulto Paulo emitira a idéia de um *animus* especial à posse. Sua teoria seria contestada por vários textos e, segundo Vermond (*Traité de la possession*, págs. 104 e 105), por um texto do próprio Paulo.

Seria preciso rejeitá-la como uma tentativa de construção jurídica completamente perdida. A teoria objetiva deveria triunfar sob o ponto de vista dogmático como um ponto de vista histórico.

A idéia de um *animus* especialmente para a posse foi pessoal para o jurisconsulto Paulo, que deveria, contudo, ter-lhe em grande conta. É, com efeito, de todos os jurisconsultos, o que os compiladores põe mais em contribuição na parte geral da posse. Triboniano e seus colegas estão muito provavelmente inclinados aqui, como o fizeram em outras matérias, ao jurisconsulto cujos escritos tornaram-se autoridade sobre a questão.[273] Paulo já nos aparece, por isso, como representando a opinião mais em voga entre os romanos.

Esta simples conjectura acha-se confirmada por numerosos textos, que nos trazem o testemunho de uma plêiade de jurisconsultos pronunciando-se todos em favor do *animus possidendi*.[274]

Podemos dividir estes textos em três grupos.

Uns apresentam-nos hipóteses em que uma pessoa tem a faculdade de adquirir a posse ou a detenção. Depende de sua escolha, isto é, de sua vontade, adquirir uma ou outra.

---

273. Kuntze, *Zur Besitzlehre*, pág. 16; Hirsch, *Die Prinzipien des Sachbesitzerwerbes und Verlustes*, pág. 696.
274. Ascoli, no *Bulletino dell'Istituto di Diritto Romano*, 2º ano, fasc. 6, págs. 298 e segs.; Kuntze, *Zur Besitzlehre*, pág. 19, 36, 37; Hirsch, *Die Prinzipien des Sachbesitzerwerbes und Verlustes*, pág. 696 e segs.; Karlowa, *Roemische Rechtsgeschichte* II, pág. 332, nº 1; Hœlder, na Kritische. *Vierteljahrsschrift*, pág. 238; Riccabono, *La Teoria del Possesso nel Diritto Romano*, no *Archivio Giuridico*, vol. 50, pág. 277; Saleilles, *Études sur les éléments constitutifs de la possessioni*, págs. 178-181.

Um destes textos emana ainda do jurisconsulto Paulo. Ele se ajunta aos dois textos citados por Ihering. É a L. 41, D. h. t. (Paulo): *Qui jure familiaritatis amici fundum ingreditur, non videtur possidere quia non e o animo ingressus est, ut possideat, licet corpore in fundo sit.*

Baron[275] quis entender este texto no sentido de que a vontade não intervém aqui senão para transformar a relação de proximidade local em relação possessória. O indivíduo que põe o pé sobre o imobiliário de seu amigo não se acha senão numa relação de proximidade local sobre o imóvel.

A relação possessória não se forma sem que haja o *animus possidendi* ou a *affectio tenendi.*

Pode-se dar uma resposta dupla a este argumento. As expressões *in fundo esse* são usadas pelos jurisconsultos romanos para designar essa "relação possessória" que se chama detenção. O próprio Ihering dá-lhe esta significação (*O papel da vontade na posse,* págs. 94, 95 da edição francesa). Em segundo lugar, a entrada do amigo no imobiliário é de sua parte voluntária. Desde o momento que ele põe o pé sobre o imóvel é que tem vontade de penetrar nele. É perfeitamente isso, pensamos, esta *affectio tenendi* que se incorpora no ato de apreensão do objeto e que, segundo Ihering, é suficiente para criar a relação possessória.

Ao lado desse texto podemos mencionar os que fazem depender da vontade das partes a questão de saber se o precarista e o depositário-seqüestro são possuidores ou detentores.[276] São os fragmentos de Juliano (L. 39, D. h. t.) para o depósito-seqüestro, de Pomponius (L. 6, § 2, D. *de prec.,* 43-26) e de Ulpiano (L. 15, § 4, D. *de prec.,* 43, 26) para o precário. Estes textos provam bem que os jurisconsultos romanos não entendem por *animus* a simples *affectio tenendi.* Não se acha esta em todo o depositário-seqüestro e em todo o precarista?

Não vemos, ao mesmo tempo, por isso, que o direito romano, pelo menos teoricamente, dá a vontade como causa de nossa distinção.

Reunimos num segundo grupo dois textos que fazem depender expressamente a transformação da posse na detenção de uma mudança de vontade. O possuidor que assim se torna detentor guarda sempre a *affectio tenendi.* Se estes textos mostram-nos que a perda da posse provém da perda do *animus possidendi,* não estamos no direito de concluir que este *animus* é inteiramente diferente da simples *affectio tenendi?*

---

275. *Zur Lehre von Besitzwillen* no *Jahrbücher,* de Ihering, t. 29, págs. 230, 231.
276. Pernice, *Zschr. Für Handelsrecht,* t. 22, pág. 427.

Ora, Paulo na L. 3, § 6°, D. *h. t.* e Celsus na L. 18, pr., D. *h. t.*, dizem expressamente que o possuidor deixa de possuir porque não quer mais possuir: Paulo, L. 3, § 6, D. *h. t.:* "*In amittenda quoque possessione affectio ejus qui possidet intuenda est: itaque* **si in fundo sis et tamen nolis eum possidere**, *protinus amittes possessionem.*"

Celsus, L. 18, pr. D. *h. t.* : "**quod meo nomine possideo possum alieno nomine possidere**: *nec enim muto mihi causum possessionis,* **sed desino possidere et alium possessorem ministerio meo facio**."

Achamos uma prova do mesmo gênero na terceira categoria de textos que devemos mencionar. Vemos aí que para tornar-se possuidor o detentor deve modificar seu *animus*. Ele, entretanto, já não tem a *affectio tenendi*? O que resulta daí, senão que a vontade requerida para a posse é inteiramente diferente desta simples vontade de deter? Os principais textos deste grupo são as Leis 9, § 9 e Lei 10, D. *de reb. Cred.*, 12, 1, que nos expõem a opinião de Nerva, Proculus, de Marcellus e de Ulpiano; a L. 3, § 18, D. *h. t.* de Paulo; a L. 68, D. *de furt.*, 47, 2 de Celsus; a L. 34, pr. D. *h. t.*, em que Ulpiano nos relata a opinião de Celsus e Marcellus sobre a possibilidade de uma *mutatio possessionis animo;* a L. 47, D. *h. t.* de Papiniano.

Tenha-se todo o cuidado em não atribuir à demonstração que acabamos de fazer, um alcance que não está em nosso pensamento. Não tivemos por objetivo provar que a posse nasce pela só adjunção ao *corpus* do *animus* subjetivo ou interno do possuidor. A grande maioria dos textos que temos citado opõem-se a esta afirmação. Supõem uns que a vontade do possuidor apóia-se num acordo de vontades com o possuidor precedente (L. 39, D. *h. t.*, para o depositário-sequestro; L. 6, § 2 e L. 15, § 4, D. *de prec.*, 43, 26 para o precarista; L. 9, § 9 e L. 10, D. *de reb. cred.*, 12, 1); outros exigem que a vontade de possuir seja realmente manifestada por um *loco movere* (L. 10, D. *de reb cred.* 12 1; L. 3, § 18, D. *h. t.;* L. 68 (67), *de furt.*, 47, 2). Os textos que vimos não provam a competência da vontade singular, muitas vezes mesmo negam-na. Eles permitem somente afirmar que o *animus* requerido para a posse é inteiramente diferente da *affectio tenendi* e que a distinção da posse e da detenção corresponde no pensamento dos jurisconsultos romanos a uma diversidade da vontade. Inteiramente diferente é a questão de saber em que medida a nossa distinção depende desta diversidade da vontade, que é, em outros termos o papel da vontade na posse. Seremos induzidos a responder esta questão examinando as objeções que Ihering dirige à teoria subjetiva.

Vimos que, segundo este jurisconsulto, a teoria do *animus possidendi* seria condenada por um certo número de textos. Nem todos, porém, são inconciliáveis com a teoria subjetiva. Baron e Ubbelohde principalmente, ambos partidários resolutos da teoria de Ihering, por várias vezes afastaram-se dela. Vamos passar em revista estes diferentes textos para indagarmos se é exato que eles contradizem a teoria do *animus possidendi* e em que medida a contradizem.

Vimos com Ihering que os jurisconsultos romanos, no caso de tradição sob condição suspensiva, admitem que a posse é adquirida desde a chegada da condição, antes mesmo que o adquirente tenha conhecimento dela (L. 2, § 2, D. *pro empt.*, 41, 4 e especialmente a L. 38, § 1, *h. t.*). Estes autores julgam esta solução inconciliável com a exigência do *animus possidendi*. Baron[277] nota que não é impossível descobrir aqui um *animus possidendi* condicional, manifestado antecipadamente na ocasião da tradição. A esta explicação, Ubbelohde[278] objeta, com mais sutileza que razão, que se pode imaginar no *accipiens* sob condição suspensiva a vontade de tornar-se possuidor no momento da chegada da condição, mas não a vontade de ser atualmente possuidor. É, portanto, esta última vontade que deveria ser requerida para se permitir a manutenção da teoria subjetiva de acordo com a regra pela qual a aquisição da posse, no momento da chegada da condição, é transladada para o dia da tradição. Acreditamos que se pode conceber no *accipiens* não evidentemente a vontade de ser possuidor na atualidade, mas a vontade de ser tratado, depois da chegada da condição, como se ele fosse possuidor desde o dia de sua imissão na posse.

O § 7 da L. 44, D. *de usurp. Et usuc.*, 41, 3, em que Baron admite igualmente a possibilidade de um *animus possidendi* condicional, daria lugar às mesmas explicações. Ele jamais se conciliara com a teoria do *animus possidendi*, que de forma alguma nos pareceu opor-se à sua manutenção. Os próprios termos em que ele é redigido provam-nos que se trata aqui de uma solução excepcional:... *potest filium dici et possedisse sibi et usucepisse intellegi.*

Baron[279] rejeita em seguida a L. 13, D. *de don.*, 39, 5. Nesse fragmento, Ulpiano faz com que o mandante adquira a posse contanto que o mandatário, agindo como representante direto, tenha manifestado, no

---

277. *Jahrb.* de Ihering, vol. 29, pág. 198.
278. *Ausführliche Erlæuterung der Pandeckten.* Série der Bucher 43 und 44 V. Theil, pág. 531, nº 45.
279. *Jahrb.*, de Ihering, tomo 29, págs. 197 e 198.

momento da apreensão, a vontade de possuir para si. Segundo Ihering, este texto condenava a teoria subjetiva visto que o mandatário não adquiria, não obstante seu *animus possidendi,* senão a simples detenção. Baron prefere desprezar tal argumento pela razão de que a decisão de Ulpiano é contrariada de um modo formal por Juliano.[280] Em nosso pensar, o texto do próprio Ulpiano não é inconciliável com a teoria do *animus possidendi.* Os partidários desta teoria não sustentam que todo o *animus possidendi* junto ao *corpus* deve acarretar a posse. O direito positivo, para ter em consideração este *animus,* pode exigir que ele se manifeste em determinadas condições. Ele pode especialmente prescrever que ele seja precedido de um acordo de vontades com o antigo possuidor. É assim que Cujas e Doneau, por exemplo, davam como primeira condição de uma aquisição de posse o abandono dela pelo antigo possuidor. Juliano e Paulo recusam a posse no mandatário, não obstante seu *animus possidendi,* precisamente pela razão de que o *tradens* não teve a intenção de se despojar da posse em proveito deste. O próprio Ulpiano não concede a posse ao mandatário. A divergência de vistas com Juliano e Paulo consiste unicamente em fazer com que o mandante adquira a posse. Neste ponto, a teoria do *animus possidendi* está de perfeito acordo com a solução de Ulpiano, porquanto o mandante manifestou sua vontade de possuir num prévio acordo com a *tradens.* A luta que surge entre estes juristas suscita-se não no domínio da posse, mas no da sua representação. Trata-se de saber se a representação tem lugar mesmo quando o representante haja manifestado uma vontade contrária ao seu próprio título.

A L. 60, § 1. D. *loc.,* 19, 2, decide que o herdeiro do arrendatário é simples detentor, ainda mesmo não sucedendo ao seu autor na qualidade de arrendatário. Ihering, como vimos, deduz dos termos gerais da L. 60, § 1, que este herdeiro seria detentor, ainda mesmo que julgasse seu autor proprietário do imóvel e o possuísse como proprietário, isto é, com *animus possidendi.* Baron (*ob. cit.* tom. 29, págs. 202-203), omite este texto. Há aí, segundo ele, uma regra de direito positivo impondo a qualidade de detentor ao herdeiro do arrendatário, como ela o impõe ao filho-família. A recusa da posse ao herdeiro do arrendatário, malgrado seu *animus possidendi,* não contradiz de forma alguma a teoria subjetiva da recusa da posse ao filho-família, não obstante este mesmo *animus.*

---

280. L. 37, § 6, D. de *acq. dom.,*41-1. A decisão de Ulpiano é igualmente contestada por Paulo, L. 1, § 19, D. *h. t., Ver* Vermond, loc. cit., págs. 246 e 247.

Na L. 21, D. *de adq. Rer dom.*, 41, 1, o jurisconsulto Pomponius decide que em certos casos as aquisições realizadas pelo *homo liber bona fide serviens,* agindo por conseqüência em nome de seu amo, se realizarão na pessoa do próprio homem livre, *ipsius fieri,* diz-nos o jurisconsulto romano. Ihering interpretava este texto no sentido em que o *homo liber bona fide serviens* tornava-se não somente proprietário, mas também possuidor. Baron não tinha em consideração semelhante argumento, porque a decisão de Pomponius era contestada por Paulo, Ulpiano e Salkowski[281] e em seguida Ubbelohde[282] que acabam de demonstrar, de um modo peremptório, cremos, que o nosso texto é estranho à questão de posse. Textualmente, Pomponius não ressalta senão a questão de propriedade: *ipsius fieri.* Não se lhe pode atribuir o pensamento de fazer adquirir de um só jato a posse ao *homo liber bona fide serviens.* Com efeito, atribuímos falsamente a Modestino, no § 4º da L. 54, D. *dod. Tít.,*[283] uma decisão de Pomponius, segundo a qual o *homo liber bona fide serviens* pode tornar-se proprietário e não possuidor *"quia nec possidere intellegitur qui ipse possideretur".* Esta separação da propriedade da posse não oferece nada de anormal. A aplicação da regra de que aquele que é possuído não pode possuir fornece-nos vários exemplos, citados por Gaius, II, 90 e 94.[284]

De todos os textos invocados por Ihering, não resta senão a L. 21 e a L. 44, § 4, D. *de usurp. et. usuc.,* 41,3. Baron os tem, a ambos, por decisivos.

A L. 21 supõe que o possuidor *pro hæerede* de um imobiliário dá-o em arrendamento ao verdadeiro proprietário que não tem conhecimento de seu direito de propriedade. Ela decide que o contrato de arrendamento sendo nulo, o possuidor não retém a posse e cessa de usucapir. Ihering e, após ele, Baron,[285] partindo da idéia que o imobiliário não pode ficar sem possuidor, concluíram que o proprietário recobraria imediatamente a posse.

Esta conclusão foi discutida injustamente por Tühr e Ubbelohde[286] e mal defendida por Baron.[287]

---

281. *Zur Lehre vom Sklavenerwerb,* pág. 36, nº 69, pág. 168, nº 11.
282. *Jahrb.* de Ihering, tom. 29, pág. 528, nº 40.
283. Lib. 31, *ad Quintum Mucium.* Ver edição Mommsen.
284. Ver Salkowski, *Zur Lehre vom Sklavenerwerb,* págs. 164 e seguintes.
285. *Jahrb.* de Ihering, tom. 29, págs. 200-201, tom. 30 pág. 198.
286. Loc. cit., pág. 528, nº 40.
287. *Jahrb.* de Ihering, págs. 198 e segs., onde se acha exarada a opinião de Tühr.

O ponto de partida desta controvérsia reside na L. 25, C. de loc., 4, 65: *Si quis conductionis titulo agrum vel aliam quamcumque rem accepit, possessionem debet prius restituere et tunc de proprietate litigare* (Deocletianus et Maximianus III, Kal. Jan., a 293).

Concluiu-se deste texto que o proprietário não podia agir pelo interdito *Uti possidetis,* senão depois de haver restituído o imobiliário ao presumido arrendador e de dar a prova da propriedade na ação de reivindicação.

Baron não contesta esta solução relativamente à época de Deocleciano e Maximiniano. A nossa constituição não faria mais do que aplicar à uma matéria especial a regra mais geral de processo, chamada dois dias antes por um rescrito dos próprios Imperadores e, pela qual as questões de posse e de propriedade deviam ser decididas em instâncias separadas.

L. 3, C. de int., 8, 1: *Incerti juris non est orta proprietatis et possessionis lite prius possessiones decidi oportere quaestiorem competentibus actionibus, ut ex hoc ordine facto de do minii disceptatione probationes ab eo qui de possessione victus est exigantur.* (Deocletianus et Maximinianus V. Karl. Jan., a 293).

É com razão, que cremos, que Ubbelohde não une nossa L. 25 cit., à L. 3 cit. A L. 25 cit., não afasta a questão de propriedade, mas a da *actio locati.* O debate que se trava nesta questão não se estriba numa questão de posse. A nossa constituição não é, pois, uma aplicação da regra sobre a separação do petitório e do possessório.

Ubbelohde, partindo igualmente desta mesma L. 25 cit., chega à mesma conclusão que Baron, mas por um outro caminho. Se é proibido ao locatário presumido repelir a *actio locati* provando sua propriedade, *a fortiori* deve semelhante prova ser proibida no interdito Uti possidetis. A regra estabelecida pela L. 25 não seria uma regra de processo, de introdução recente, mas uma regra do velho direito romano ditada por esta consideração de eqüidade, de que não é possível tirar ao arrendatário presumido o papel vantajoso de defensor, somente pela razão de que ele cumpriu conscienciosamente a sua obrigação de arrendatário.

A nosso ver, de modo nenhum a eqüidade empenha-se na questão. A descarga do ônus da prova que é, na realidade, a vantagem primordial do papel de defensor na reivindicação, continua adquirida pelo pretenso arrendatário. Este não terá que dar a prova jurídica de propriedade, visto que não tem mais a detenção da coisa. A prova da propriedade incumbirá ao locatário presumido, que invoca sua propriedade para fazer cair o arrendamento ou pretender-se possuidor. A regra da L. 25 cit. era tão pouco reclamada pela eqüidade que parece ser de introdução relativamente recente no direito romano. Um *responsum* de Africano (L. 40, § 3, D. *h. t.*) nos permitirá acreditar que ela não existia ainda em seu tempo.

...*Quia neque precarii rogatione neque conductione suæ rei dominum teneri.*

Achamo-nos aqui em presença de uma regra de processo motivada por esta consideração de que é inútil fazer cortar a questão de propriedade na ação pessoal, porquanto a solução que ela aí recebe não é definitiva e não obsta a que um novo debate se trave sobre esta mesma questão na ação de reivindicação. Enfim, não se pode tirar a L. 25 cit. um argumento a *fortiori* em favor do interdito *Uti possidetis.* Veremos, efetivamente, que a L. 25 cit. separa a questão de propriedade da ação pessoal, pois que na mesma hipótese de *locatio suæ rei,* a questão de propriedade parece poder ser ainda, nesta época, agitada na ação posessória.

Evitamos pois a L. 25 cit. desde que se trata de investigar se o proprietário que tomou por arrendamento o seu imobiliário não pode exercer o interdito *Uti possidetis,* senão depois de dar a prova de sua propriedade na reivindicação. Restam-nos dois textos: a L. 40, § 3, D. *h. t.,* e a L. 3, C. de *int.,* 8, 1. O § 3 da L. 40 (Africanus, lib. VII, *questionum),* é assim concebido:

Si servum meum bonæ fidei entori clam abduxerim, respondit non videri me clam possidere, quia neque precarii rogatione, neque comductione suæ rei dominum teneri, et non posse causam clandestinæ possessionis ab his duobus causis separari.

A linguagem de Africano é bastante afirmativa. O proprietário que tomou em arrendamento sua própria coisa, aquele que obteve dele a concessão do Precário, e o que se apoderou clandestinamente de seu escravo, podem com tanta razão quanto qualquer outro, parece, *"non posse separari"* repelir por meio da prova de sua propriedade, quer pela *actio locati,* quer pelo interdito *de Precário,* quer pelo interdito *Utrubi.* Esta última solução certamente liga-se à nossa questão. Somente o interdito *Utrubi* é um interdito possessório. Do *Responsum* de Africano resulta que o proprietário que se apoderou clandestinamente de seu escravo pode combater a *exceptio clandestinæ possessionis* inserida na fórmula do interdito *Utrubi,* fazendo dela prova de sua propriedade.

Depois de Savigny, Baron generaliza a solução dada por Africano para o caso do interdito *Utrubi* e admite que ao tempo desse jurisconsulto a questão de propriedade podia ser debatida na ocasião dos interditos possessórios, na medida em que a questão de posse dependesse dela. Desta regra decorre, no caso da L. 21, D. *usurp.*, 41, 3, que o proprietário-locatário de sua coisa poderia exercer imediatamente o interdito *Uti possidetis* e provar aí que é possuidor, porque ele é proprietário e não locatário. Baron não evita expressamente esta questão. Ao menos é o que parece resultar de suas explicações, e Ubbelohde não hesita em atribuir-lhe esta opinião.

Consoante o pensar de Ubbelohde, a decisão de Africano nada teria a ver com a questão que nos preocupa. O jurisconsulto romano permite unicamente ao proprietário responder a *exceptio clan-destinæ possessionis* contida na fórmula do interdito *Utrubi*, provando que sua posse não é clandestina, precisamente porque ele é proprietário.

Esta solução está ainda de perfeito acordo com as constituições de Deocleciano e Maximiniano. A situação do proprietário no caso do L. 21, cit., é inteiramente outra. Para triunfar no interdito *Uti possidetis* que exerce, ele deveria provar principalmente e em primeiro lugar, que é proprietário.

Não se pode negar que a crítica de Ubbelohde é de uma sutileza sedutora. Ousaríamos dizer que ela não nos parece exata? Ela afigura-se-nos viciada, desde o seu início, por um desconhecimento das regras de prova no interdito *Uti possidetis*. Como veremos mais tarde, o autor dos *Interditos possessórios* não prova senão uma única coisa: a existência do *corpus*. O pretenso arrendador combaterá esta prova alegando que seu adversário não é com relação a ele senão um simples locatário, por conseqüência um simples detentor. O presumido locatário replicará provando que o arrendamento é nulo, isto é, alegando que ele é proprietário. O proprietário-locatário da L. 21, não vem afirmar: "Sou proprietário, logo sou possuidor", mas: "Sou possuidor e o contrato de arrendamento não põe obstáculo à minha posse porque é nulo dá-lo ao proprietário". A questão de propriedade não se apresenta aqui como no caso da L. 40, § 3°, cit., de um modo indireto e no segundo plano?

Quer-se uma prova ainda mais decisiva? É fácil construir hipóteses práticas, em que o proprietário locatário da L. 21, cit. oporia seu direito de propriedade, a título de réu e para fazer cair uma *exceptio vitiosæ possessionis*, exatamente como o faz o proprietário na hipótese da L. 40, § 3, cit. Suponhamos por exemplo, que o proprietário arrendador aliene o imóvel e que o presumido locatário recuse a entrada do imóvel ao adquirente, sem entretanto ter recorrido das armas, sem cometer uma *vis* armata. Por este modo ele acha-se exposto ao interdito de *vi cottidiana* do pretendido arrendador, ou mesmo ao interdito *Uti possidetis* em virtude da função recuperatória de que este goza. Ele repelirá a pretensão de seu adversário, alegando que sua posse não pode ser contaminada do vício de violência, visto que é proprietário.[288]

Esta prova do direito de propriedade será a resposta à própria pergunta, se o pretenso arrendador agir contra ele pelo interdito de *vi cottidiana*, ela será a resposta à *exceptio vitiosæ possessionis* se esta agir pelo interdito *Uti possidetis*.

A diferença que Ubbelohde crê descobrir entre a hipótese da L. 21, D. *de usurp.*, 41, 3 e da L. 40, § 3, D. *h. t.*, não nos parece existir. Concluímos daí, que o proprietário locatário da L. 21 pode agir imediatamente pelo interdito *uti possidetis* e aí confirmar a prova de sua posse, provando que o arrendamento é nulo, porque ele é proprietário.

Consoante o nosso modo de ver, a L. 3, C. *de int.*, 8, 1, não tem por fim modificar esta regra e separar em nossa hipótese a questão de propriedade e a questão de posse, para dividi-las em duas instâncias separadas. Este rescrito decide unicamente que se duas instâncias são empenhadas a respeito de uma mesma coisa, uma no possessório, outra no petitório, deve-se sobrestar no petitório enquanto não se resolva a questão possessória.

Não contestamos que a época de Deocleciano assinala uma evolução de idéias com relação a de Africano. Para este, a questão de propriedade pode ser agitada por motivos análogos e também decisivos em todos os casos, quer sobre a *actio locati* como no interdito *de Precário* e no interdito *Utrubi*. A L. 25, C. *de loc.*, 4, 65, abre uma brecha nesta regra afastando completamente a questão de propriedade da ação pessoal. O movimento inaugurado por Deocleciano e Maximiano foi continuado? Estendeu-se ele em seguida ao interdito *de Precário* e aos interditos possessórios? Não temos disso prova alguma. É, todavia, certo que a L. 3, C. *de int.*, § 1°, não assinala uma transformação geral comum aos interditos e a ação pessoal.

Quer se admita com Ubbelohde que o proprietário locatário da L. 21, cit., não tenha podido jamais exercer imediatamente o interdito possessório *Uti possidetis*, quer admita-se com Baron que ele não tivesse a faculdade senão até Deocleciano, ou admita-se finalmente, como o fizemos, que ele, ainda mesmo sob Deocleciano, possa exercer imediata-

---

288. Ubbelohde, *Ausführliche Erläuterung der Pandekten*, série cit., págs. 20 e segs.

mente o interdito *Uti possidetis,* a questão de saber se o proprietário, locatário presumido, recobra a posse e por isso mesmo recupera a detenção do imóvel, parece-nos ficar intacta.

Baron para provar que, mesmo ao tempo de Deocleciano, este proprietário torna-se imediatamente possuidor, argumenta com as palavras *possessionem... restituere* da L. 25, C. *de loc.,* 4, 65. Se o proprietário, diz-nos ele, deve restituir a posse, é que ele adquiriu esta posse. Não acreditamos que se possa ligar à palavra *possessio* na L. 25 cit., este sentido assim tão preciso. Ele é muito freqüentemente tomado no sentido de detenção que não tem nada de valor técnico senão por uma antítese ou graças a um epíteto. Parece-nos mesmo que ele não designa aqui outra coisa senão a simples detenção. A restituição, no texto em questão, não poderá ser voluntária, mas terá naturalmente lugar em virtude da *actio locati.* O objeto desta ação é precisamente permitir ao arrendador o meio de reaver a detenção da coisa alugada.

A nosso ver, deve-se admitir a conclusão de Ihering. O proprietário-locatário da L. 21, cit. recobra a posse logo que a detenção da coisa lhe é restituída. O contrato de arrendamento é nulo e ele possui o título de proprietário e não de locatário.

Toda a discussão que se agitou sobre a L. 21 cit. provém de uma confusão, muito aparente com Ubbelohde, entre a questão de existência da posse e da de seu reconhecimento em juízo. O argumento de Ubbelohde reduz-se a isto: o proprietário-locatário não será possuidor senão no dia em que ele puder exercer o interdito *Uti possidetis.* Ora, nesta época, ele terá conhecimento do verdadeiro estado de coisas e então o *animus possidendi* será possível.

A L. 21 cit. não está pois em contradição com a teoria subjetiva. Mas, é bom notá-lo, este argumento se aplica mesmo admitindo-se que o proprietário da L. 21 cit. pode agir diretamente pelo interdito *Uti possidetis,* sem aludir previamente a sua propriedade numa ação de reivindicação. Desde o momento em que ele exercesse este interdito, corrigir-se-ia de seu erro e teria então o *animus possidendi. A única* diferença é que a posse será adquirida desde que este erro desapareça, e no momento mesmo em que nasça o *animus possidendi.*

Ubbelohde não se apercebeu de que esta explicação é decisiva contra a L. 21, D. *de usurp.,* 31, 3, e ela o é igualmente contra a L. 44, § 4, D. *eod tít.,* que ele tem por inteiramente convincente em favor da teoria de Ihering. Com efeito, um *pater familias* que faz uma compra julgando-se ainda *filius familia* não poderá exercer os interditos possessórios, senão depois de ter conhecimento da morte de seu *pater familias;* isto é, na ocasião em que seu *animus alieno nomine possidendi* transforma-se num *animus suo nomine possidendi.*

A explicação de Ubbelohde deve, pois, ser rejeitada e mantemos por nossa parte a interpretação de Ihering sobre a L. 21 cit., como Ubbelohde a mantém para a L. 44, § 4 cit.

Esta última lei é admitida por todos os partidários de Ihering e nunca se tentou conciliá-la com a teoria subjetiva. Por mais que se faça, é impossível descobrir-se um *animus possidendi* no filho-família, tornado *pater familias* sem sua ciência. Notamos unicamente que se esse texto era a condenação absoluta da teoria do *animus possidendi* no terreno da posse *ad interdicta,* seria igualmente a condenação da teoria, certamente romana, da *opinio* ou da *cogitatio domini* no terreno da posse *ad usucapionem.* E é precisamente para permitir que este filho-família realize mais depressa a usucapião, que o jurisconsulto Papiniano remonta sua posse ao dia da tradição.

A L. 21, D, *de usup.,* 41, 3 e a L. 44, § 4, D. *eod. tít.,* aparecem pois como decisivas em favor da teoria de Ihering. Determinaremos depois em que medida as conclusões de Ihering são exatas.

Não nos iludimos, entretanto, sobre o alcance das respostas que deram aos textos Baron e Ubbelohde. As conciliações que eles previam como possíveis com a teoria subjetiva aparecem-nos como artificiais ou como pouco decisivas. Imagina-se aqui um *animus possidendi,* que raramente existirá na realidade dos fatos e que se apresenta como uma explicação de jurista (L. 2, § 2, D. *pro empt.,* 41, 4; L. 38, D. *h. t.;* L. 44, § 7, D. 41, 3); afasta-se ali o testemunho de Ulpiano porque Juliano e Paulo são de opinião contrária, mas sem estabelecer que esta opinião divergente seja provocada pelo desejo de respeitar a teoria do *animus possidendi,* 13, D. 39, 5. Em outra parte vê-se uma disposição imperativa do direito positivo. Admitindo-se ou não este caráter para a regra da L. 60, § 1°, D. *loc.,* 19, 2, é certo que ela não foi criada para afastar, ao menos em parte, a aplicação normal da regra do *animus possidendi.* Mais tarde, recusa-se a posse ao *homo liber bona fidei serviens,* desde que se lhe reconhecia a propriedade, não porque ele não tenha o *animus possidendi,* mas porque sendo possuído, não pode possuir. Compare-se estas diferentes aplicações e procure-se o seu liame com a teoria do *animus possidendi,* e ser-se-á obrigado a admitir ou que esta relação é forçada, ou que ela não existe. É que, para resolver a questão de saber em que caso haverá posse e em que caso haverá detenção, os jurisconsultos romanos não se deixam guiar pela teoria do *animus possidendi.*

Seu objetivo é ligar, para motivos diversos, a posse à tal situação jurídica e a detenção à tal outra situação jurídica, sem se preocupar de forma alguma da natureza da vontade do sujeito em cada caso concreto. Desta sorte, se explica porque eles concedem a posse ao *pater familias,* ainda mesmo que este se julgue filho-família; ao proprietário desde o momento que ele retém a detenção de sua coisa, mesmo a título de locatário; ao adquirente sob condição suspensiva desde o momento da tradição, desde que pela chegada da condição, se ache o seu título perfeitamente consolidado, mesmo no passado. Assim explica-se igualmente porque eles declaram detentor o herdeiro do arrendatário e do mandatário qualquer que seja sua vontade em tal ou qual hipótese. Ora, para se saber a que título uma pessoa sente-se possuir a detenção de uma coisa, é à *causa possessionis* que é preciso unir-se.

X – Discutiu-se muito o sentido dessas expressões.[289] Julgamos, com Ihering e a maior parte dos autores que depois abordam a questão, que as expressões *causa possessionis* não designam somente o "motivo jurídico da posse", mas o seu modo de estabelecimento previsto e caracterizado pelo direito positivo,[290] *o origo nanciscendæ possessionis.* A própria instalação injusta da posse constitui uma *causa possessionis* (L. 40, § 3, D. *h, t.).*

Para estabelecer a exatidão da teoria da *causa possessionis,* mostraremos desde já que ela se justifica perfeitamente nos próprios textos que indicamos como favoráveis à teoria subjetiva. Provaremos em seguida que a teoria da *causa possessionis* não é exclusiva da teoria subjetiva, em outros termos, que sob o invólucro da *causa* oculta-se um elemento intencional.

A posse liga-se à *causa possessionis* quando se trata de adquirir a posse de uma coisa de que nunca se teve a detenção, quando se trata de se tornar detentor de uma coisa de que é possuidor; ou se tornar possuidor de uma coisa de que se é detentor.

Quer a posse se ligue à qualidade de proprietário verdadeira ou presumida em conseqüência de uma venda, de uma doação ou de uma

---

289. Vide as diferentes definições que se deram da *causa possessionis,* Klein, *Sachbesitz und Ersitzung,* pág. 41.
290. Ihering, *A vontade na posse,* pág. 305, da tradução francesa.

ocupação, quer ela se ligue à qualidade do credor hipotecário, a questão não pode oferecer dúvida alguma. A vontade do adquirente, do donatário, ou do credor hipotecário não lhe é bastante para fazer nascer a posse; é preciso que o *tradens* tenha manifestado vontade de alienar a posse em certas condições jurídicas caracterizadas e que constituam o título de venda, de doação ou de hipoteca. Não é diferente o caso do precário ou do depósito-seqüestro. A única diferença é que por um acordo de vontades, as partes podem fazer aqui surgir por sua vontade a posse ou a detenção.

A vontade recupera uma maior liberdade de conduta, desde que se trata de uma prisão unilateral de posse (L. 41, D. *h. t.*).

A posse se ligará, entretanto, à *causa possessionis* e não à vontade. A aquisição apóia-se numa *res nullius* ou numa *res derelicta*. A posse não surgirá senão pela incorporação da vontade num ato juridicamente caracterizado e que se chama ocupação. Trata-se, ao contrário, de adquirir uma coisa atualmente na detenção do possuidor, ou cujo possuidor está ausente. O direito positivo vem ainda caracterizar esta aquisição de posse e determinar, consoante regras que variam com as épocas, que em tal caso a posse seria adquirida *vi* e em tal outro *clam*.[291] Este vício de posse caracteriza a posse e constitui uma *causa possessionis*.[292]

A posse liga-se ainda à *causa possesionis*, desde que se trate de um detentor tornar-se possuidor.

A posse não nasce senão pela substituição de uma *causa possesionis* pela *causa detentionis*. A vontade daquele que quer tornar-se possuidor é impotente para realizar esta transformação. O adágio *Nemo ipse sibi causam possessionis mutare potest* é a expressão mesma desta idéia. Para que esta transformação se realize, será preciso uma *mutatio causæ*. Esta *mutatio* poderá resultar de um acordo de vontades entre o precedente possuidor e seu detentor. A Lei 9ª, § 9° e a Lei 10, D. *de reb. cred.*, 12, 1, dão-nos dois exemplos dela:

Lei 9ª, § 9° (Ulpiano, Lib. 26, *ad. Ed.*): "*Deposui apud te decem, postea permisi tibi uti: Nerva Proculus etiam antequam moveantur, condicere quasi mutua tibi hæc posse aiunt, et est verum, ut et Marcello videtur animo enim cæpit possidere...* Lei 10 (Ulpiano *ad. Ed.*): *Quod si de initio, cum deponerem, uti tibi si voles permissero, creditam non esse antequam mota sit, quoniam debitu iri non est certum.*"

---

291. Ver Vermond, *Tratado da posse*, págs. 347 e 380.
292. Ver Lei 40, § 3, D. *h. t.*, e Ihering. *A vontade na posse*, pág. 305, n° 165.

O detentor se tornará possuidor pela substituição de seu título de tomador de empréstimo pelo de depositário. A única questão que preocupa os jurisconsultos é a de saber em que momento se forma o *mutuum*. Parece que em seu pensamento, o deslocamento dos objetos é menos requerido para transferência da propriedade do que como manifestação da vontade das partes. Desde que um acordo intervém entre o depositante e o depositário com o fim de transformar imediatamente o depósito em mútuo, Ulpiano, adotando a opinião de Nerva, de Proculus e de Marcellus, decide que o mútuo forma-se antes do *loco movere*, pelo único fato do concurso de vontades. Ele não exige o *loco movere* no caso da Lei 10, cit., senão para atualizar uma vontade anteriormente manifestada. O que importa notar é que, nos dois casos, a posse nascerá na ocasião em que uma *causa* se substitui por outra.

A mesma coisa dá-se se supusermos que a *mutatio causæ possessionis* resulta de uma inversão de título realizada pelo detentor, de seu próprio chefe. Os jurisconsultos romanos não se contentavam com a mudança de vontade. Eles exigiam, se se tratasse de um móvel, uma *contractatio* que fez do depositário ou do comodatário anterior um ladrão.

A linguagem de Paulo e de Celsus não deixa nenhuma dúvida à este respeito. A posse não se adquire senão depois de realizado o *furtum*.

Paulo, Lei 3, § 18, D. *h. t.*: "...*plerique veterum et Sabinus et Cassius recte responderunt* **possessionem me manere quia furtum sine contractatione fieri non potest**...".

Celsus, Lei 68 (67), D. *de furt.*, 47, 2: "*Infitiando depositum nemo facit furtum (nec enim furtum es ipsa infitiatio, licet prope furtum est): sed* **si possessionem ejus apiscatur interventendi causa: facit furtum**.".

Papiniano parece separar-se dos outros jurisconsultos e admite a aquisição de posse e a realização de *furtum* pelo fato somente da mudança de vontade:

"*Si rem mobilem apud te depositam aut ex commodato tibi, possidere neque nele redde constitueris, confestim amississe possessionem vel ignoratem responsum est: cujus reiforcitam illa ratio est, quod rerum mobilium neglecta atque omissa custodia, quamvis eas nemo alius invaserit, veteris possessionis damnum ad ferre consuevit: idque Nerva filius libris de usucapionibus retulit*" (Lei 47, D. *h. t.*).

É provável que Papiniano não se separe a respeito da nossa questão, dos outros jurisconsultos. Vermond[293] nota com muita razão que Papini-

---

293. *Tratado de posse*, págs. 264 e 268.

ano se preocupa, antes de tudo, em mostrar que há regras diferentes para a conservação da posse dos escravos e para a conservação da posse de outros móveis.

O texto não seria escrito "tendo em vista determinar em que condições um depositário começa a possuir por si mesmo."[294]

Esta explicação parece confirmar-se desde que se pese o motivo invocado por Papiniano para justificar a perda imediata da posse dos móveis com a dos escravos: *"cujus rei forsitam illa ratio est, quod rerum mobilium neglecta atque omissa custodia, quamvis eas nemo alius invaserit, veteris possessionis damnum adferre consuevit..."* se a regra para a conservação possessória desses móveis é mais rigorosa do que para a conservação possessória dos escravos, é que o possuidor é tido, a seu respeito, numa vigilância mais restrita. Toda negligência nesta *custódia* deve acarretar a perda da posse. Isso impõe a obrigação ao possuidor, que cedeu a coisa a título de depósito ou de comodato, de vigiar o depositário ou comodatário.

Mas poder-se-ia imputar-lhe a culpa de não ter-se apoderado de uma mudança de vontade do detentor, tanto mais quanto ele não se manifestou exteriormente? Haverá, pelo contrário, negligência e perda imediata da posse, se ele não modera e mesmo se ignora a mudança de vontade do detentor devidamente manifestada: *confestim anisisisse me possessionem vel ignorantem responsum est*. Há, pois, razão para se acreditar que Papiniano exigia, como os outros jurisconsultos, uma *contractio* da parte do depositário ou do comodatário.

Se se trata de imóveis, a detenção não se transformará em posse senão por uma inversão violenta da posse. O locatário, por exemplo, recusará a imissão do imóvel, ao arrendador ou a seu adquirente: ele se tornará possuidor *vi*, a menos que sua resistência não tenha uma *justa et rationabilis causa* (Paulo, L. 13, D. *de vi.*, 43, 16; Papiniano L. 18, D. eod., tít.; L. 3 C. *de loc.*, 4, 65). A posse repousará aqui numa *causa possessionis* constituída pelo vício de violência.

Finalmente, o nosso princípio de que a posse se liga à *causa possessionis* e não à própria vontade justifica-se igualmente, desde que se trata de uma transformação da posse em detenção. O possuidor não se torna detentor senão pela substituição de uma *causa detentionis* pela *causa possessionis*.

---

294. *Ibid.*, pág. 269.

Achamos contudo, nesta hipótese, textos que parecem atribuir uma onipotência à vontade do indivíduo. É em primeiro lugar a L. 3, § 6, D. h. t., em que o jurisconsulto Paulo decide que o possuidor torna-se imediatamente detentor desde que não queira mais demandar:

Itaque si in fundo sis et tamen nobis eum possidere, protinus amittes possessionem.

Este texto parece dizer que uma resolução puramente interna da vontade acarreta imediatamente a cessação da posse. Pensamos que não é necessário tomar-se ao pé da letra esta decisão puramente teórica do jurisconsulto. Enquanto o antigo possuidor não tenha manifestado realmente a sua vontade de abandonar a posse por um abono real ou por um ato jurídico acarretando esta vontade o desejo de não mais possuir, o direito positivo tê-lo-á por detentor, em virtude da causa, que lhe deu primitivamente a detenção material do imóvel. Há aí, cremos, uma solução de teórico perseguindo até o fim a aplicação rigorosa da regra de que a posse se perde *animo solo*. A detenção que subsiste no caso da L. 3, § 6 não é aliás senão uma simples relação de fato.

O jurisconsulto Paulo não é o único culpado destes desvios de linguagem, nesta matéria. Vamos encontrar o mesmo erro em outros juristas, examinando a hipótese em que o possuidor não se contenta mais com não querer possuir, mas, ao contrário, deseja deter a coisa em nome de outrem. Tomando-se ao pé da letra a linguagem de Celsus, seria bastante que o possuidor cessasse de querer possuir e formasse a resolução de deter para outrem. Tal possuidor perderia a posse *animo* e adquiriria a posse em nome de outrem.

Quod meo nomine possideo, possum alieno nomine possidere: nec enim muto mihi causam possessionis, sed desino possidere et alium possessorem ministerio meo facio (L. 18, pr. D. h. t.).

Quando se aproxima desta L. 18, uma passagem da L. 34 pr., D. h. t. *"Quia animo deponere et mutare nos possessionem posse et Celsus et Marcellus scribunt..."*; pode-se concluir dela que estamos aqui em presença de uma opinião comum à Celsus e à Marcellus.

Ora, parece-nos que para estes dois juristas esta *depositio* e esta *mutatio possessionis* não podem resultar de uma resolução puramente interna da vontade por parte do possuidor. Celsus, na L. 18 pr. cit., diz expressamente que sua solução não traz nenhuma ofensa à regra: *Nemo ipse sibi causam possessionis mutare potest*. Marcellus, a quem podemos pedir o esclarecimento das opiniões de Celsus, na questão que ora nos ocupa, indica-nos qual é o verdadeiro alcance deste famoso adágio:

Quod scriptum est apud veteres neminem sibi causam possessionis posse mutare, credibile est de eo cogitatum, qui et corpore et animo possessioni incumbens hoc solum statuit, ut alia ex causa ide possideret, non si quis dimissa possessione prima ejusdem rei denuo ex alia causa possessionem nancisci velit.

Esta regra opõe-se, pois, a que o possuidor se torne detentor somente pelo efeito de sua vontade. Ela não se opõe à que depois de ter abandonado a posse, queira adquirir em conseqüência de uma nova *coisa*. Não achamos pois na L. 18, pr. D. *h. t.* de Celsus, uma condenação do nosso princípio segundo o qual a posse não se liga somente à vontade, mas a certas condições exteriores juridicamente determinadas. Em que condições o direito liga a *demissio possessionis* ao aparecimento da detenção? É suficiente, em todos os casos, um simples acordo de vontades entre duas pessoas para que o antigo possuidor torne-se detentor em nome de um outro, ou permanece a regra de que o possuidor deve abrir mão da posse por uma tradição a fim de receber a detenção por uma tradição do novo possuidor? Ainda que se profira uma outra solução, haverá sempre substituição de uma qualidade jurídica por outra e não se admitirá a teoria da *causa possessionis*. A única questão é saber quais são as condições impostas pelo direito positivo para o estabelecimento desta nova posse.

Acreditamos, todavia, com a teoria hoje geralmente admitida,[295] que esta regra fundamental do direito romano: "*Traditionibus et usucapionibus non nudis pactis dominia rerum transferuntur.*" (L. 20, C. *de pact.*, 2, 3), reclama, a princípio, uma dupla tradição. Esta regra não sofreria exceção, senão no caso em que as duas tradições tivessem lugar imediatamente uma após outra na execução de dois atos jurídicos semelhantes (L. 77, D. *de rei vind.*, 6, 1 e L. 28, C. *de don.*, 8, 54).

A excursão que acabamos de fazer através dos textos convenceu-nos de que a posse liga-se a tal ou tal situação jurídica, caracterizada pela sua formação prevista e regulamentada pelo direito positivo, isto é, pela *causa possessionis*. Os juristas romanos preocupam-se principalmente com esta *causa possessionis*. É porque tal pessoa adquiriu a coisa a título de empréstimo, de ladrão ou de usurpador violento que ela se torna seu possuidor.

---

295. Ihering, *O papel da vontade na posse*, pág. 187; Saleiles, *Elementos constitutivos da posse*, nº 90; Vermond, *Tratado da posse*, págs. 184, 188.

Esta constatação não nos deve, contudo, fazer perder de vista a importância da vontade na nossa matéria. Vimos a cada passo, a vontade manifestar-se sob a forma de um contrato ou de um *loco movere*.

Note-se bem. Este contrato e o *loco movere* não são unicamente requeridos para exteriorizar uma resolução de vontade permanecida até ali de um modo inteiramente interno e até então, por conseqüência, sem valor para o direito positivo. Se tal fosse a razão de ser dessas condições exigidas para a aquisição da posse, seria preciso admitir que uma declaração expressa, verbal ou escrita, gozasse deste papel eficacíssimo e com muitas vantagens. Este contrato e este *loco movere* são requeridos para a formação da *causa possessionis*. O direito positivo determina em que condições surge a posse: a vontade humana deve-se mover nos quadros traçados.

XI – Feita esta reserva, devemos reconhecer que sob o invólucro da *causa* oculta-se um elemento intencional. Ainda que a posse tenha por base uma tradição, uma ocupação, um furto, uma usurpação violenta, a vontade se manifesta sempre. Concebe-se facilmente, desde então, o motivo porque os jurisconsultos romanos abandonaram este elemento intencional do invólucro jurídico em que o direito positivo o havia encerrado, e tivessem a idéia de diversificar as *causæ possessionis* segundo a natureza da vontade que elas recuperavam.

Ainda é cedo para examinar em que consiste esta diferença. É certo que ela existe, pois que achamo-la especialmente em certas hipóteses em que as partes tinham a faculdade de adquirir a posse ou a detenção e em todas as transformações da posse em detenção e de detenção em posse.

Mas a diferenciação da *causa possessionis* e do *animus* que ela encerra não é mais do que um trabalho de teórico, analisando certas situações jurídicas conexas a fim de subtrair-se dela um elemento comum e característico. Para servimo-nos das expressões de Ihering não há aí senão "uma construção jurídica". O *animus* que lhes desviaram da *causa* é a vontade que se encontra constantemente em tal ou qual situação jurídica. Resulta disso que a vontade do sujeito no caso concreto poderá não estar de conformidade com a vontade típica. A posse não ficará aí menos ligada à *causa possessionis*. É deste modo que é preciso explicar-se as soluções das L. 21, D. *de usurp.*, 41, 3 e L. 44, § 4, D. *eod. tít.*, pelas quais uma pessoa torna-se possuidora não obstante seu *animus alieno nomine possidendi*.

Em uma palavra, adotamos a teoria que von Ihering designa pelo nome de teoria da vontade abstrata ou típica.

XII – Se nos reportamos às objeções que von Ihering lhe dirige, vemos que ela suscita duas dificuldades: uma no terreno da história do direito romano e outra no terreno do processo.

A primeira dentre elas não nos deve afastar senão por pouco tempo. Ela desaparece quase inteiramente e por isso que não deduzimos historicamente a distinção da posse da detenção de uma diversidade da vontade.

Todavia, a objeção que von Ihering tira da evolução do direito romano sobre o mandato merece detido exame.

Sabemos que, primitivamente, a representação direta não sendo admitida em Roma, o mandatário adquiria a posse em seu próprio nome, para transferi-la em seguida ao mandante. No segundo século da nossa era, a representação direta foi admitida em matéria de posse e o mandatário não foi senão um detentor em nome do mandante e adquiria diretamente para este. Ora, se interrogamos o jurisconsulto Paulo, vemos que ele afirma de uma maneira absoluta (L. 1, § 20, D. h. t.) que o mandatário não pode ter a posse, porque ele não tem o *animus possidendi*.

Este argumento não nos parece decisivo. O mandatário tem, no primeiro período, *animus possidendi;* ele não o tem mais ao tempo de Gaius. Ihering conclui daí que o mandatário teve precisamente a posse sem ter o *animus possidendi*. Este não é, pois, necessariamente requerido para a existência da posse e por tal fato toda teoria subjetiva acha-se condenada.

Admitir que o mandatário pudesse sob a República ter um *animus alieno nomine possidendi* é desconhecer completamente as idéias reinantes nesse tempo. O homem livre que acreditasse poder agir em nome de outrem, numa época em que os espíritos estavam há séculos acostumados à impossibilidade da representação direta *per extraneam personam*, incorria num anacronismo. Com o tempo, as idéias modificaram-se e pouco a pouco foi-se admitindo que um homem livre pudesse representar diretamente um outro homem livre. A partir de então, o mandatário não tem senão um *animus alieno nomine possidendi*. Não há senão uma vontade inerente à qualidade de mandatário e que este teve em todos os tempos: é a de agir no interesse de outrem. Mas importa não confundir agir em seu nome e agir no interesse de outrem.

XIII – Resta a objeção que von Ihering tira das regras do processo. A posse, na teoria que adotamos, depende da existência de uma *causa possessionis*. Por conseqüência, o autor dos interditos possessórios deveria provar a existência desta *causa*. Ihering mostrou-nos a que dificuldades e mesmo a que impossibilidades práticas se chegaria impondo-se esta prova ao autor. Sua demonstração parece-nos, neste ponto, inteiramente convincente. A teoria da *causa possessionis* não se acha condenada por este fato. Resta-nos uma saída possível, aquela cuja prática sempre se aproveitou e que a legislação francesa consagra: é a presunção de posse em proveito do autor que deu a prova do *corpus*.

Segundo von Ihering, um texto de Paulo (*Sent. rec.* V, 11, § 2) põe obstáculo à admissão de uma tal presunção em direito romano.

Vimos acima como, para chegar a não impor ao autor senão a prova do *corpus,* este jurista distingue as condições positivas presumidas das condições negativas, e formula sua teoria da seguinte maneira: há sempre posse, a menos que não haja *causa detentionis*, isto é, que não se ache num desses casos excepcionais em que o direito positivo evita os efeitos da posse.

Cremos que esta suposta distinção das condições positivas presumidas e das condições negativas não existe e que o ponto de partida de von Ihering, de que não há presunção sem texto, é falso, quando se dá a este adágio um alcance absoluto.

Recordamos aqui uma demonstração já dada. A regra instituída por von Ihering, de que há sempre posse a menos que não se trate de um desses casos excepcionais, em que o direito afasta os efeitos da posse, não tem nenhum fundamento na história da legislação romana. Estamos pois aqui em presença de uma pura construção teórica.

Feita esta objeção, não é permitido perguntar-se que diferença separa estas duas fórmulas: "Há sempre posse a menos que...", "a posse será presumida...". Adotando-se uma ou outra dessas fórmulas, não se decide que não deve levar em conta obstáculos que podem se opor à existência da posse? Exonerando-se o autor da obrigação de provar que ele não se acha num desses casos excepcionais, não se presume que ele não se acha ali e que é, por conseguinte, possuidor?

Esta demonstração torna-se, por assim dizer palpável, desde que a experimentamos sob a fórmula, que Vermond nos deu da teoria de Ihering e de que ela não é senão uma reprodução fidelíssima, salvo a diferença, sem interesse para a questão que nos ocupa, de que o obstáculo à posse é para ele uma razão de direito e não uma regra jurídica.

Três condições, diz ele, são necessárias para que haja aquisição de posse. É preciso:

"1º) que aquele que adquirir a posse tenha o *corpus* da coisa;

2º) que tenha o *animus tenendi;*

3º) que nenhuma razão de direito impeça aquele que deve adquirir a posse de uma coisa de ser proprietário dela". (*loc. cit.* pág. 43).

Ora, Vermond não exige do autor senão a prova do *corpus*. Sabemos que, para ele como para Ihering, a prova do *corpus* acarreta a do *animus* que lhe é indissoluvelmente ligado. O autor acha-se deste modo desprovido da prova da terceira condição. Não faz isso presumir que nenhuma razão de direito impede aquele que deve adquirir a posse de uma coisa de ser proprietário dela?

Não se chega, pois, a banir a presunção do domínio da posse.

Não se escaparia a esta objeção dizendo-se que as negações não poderiam ser provadas.

O próprio von Ihering rejeita este argumento e refuta-o de um modo peremptório: "esta explicação não é uma, diz-nos ele. Com efeito, de uma parte, esta regra não é verdadeira em seus termos gerais. Não falta caso, em direito romano, onde todas as condições legais são concebidas de uma maneira absolutamente negativa, por exemplo o *non usus* das servidões. Além disso, esta regra não explica absolutamente a isenção de prova de certos elementos de natureza perfeitamente positiva. Assim a condição *lucri faciendi causa* no furto é de natureza positiva e não deve, todavia, ser provada pelo autor. O mesmo dá-se com a *culpa* no *damnum injuria datum*".[296]

Na realidade, toda a teoria de Ihering é provocada pela idéia de que não pode haver presunção sem texto. Semelhante preocupação descobre-se repetidas vezes em sua obra.

Este adágio, dissemos, é falso em seus termos gerais. Importa, com efeito, distinguir as simples presunções de fato ou presunções do homem, das presunções legais. Estas não podem existir por si, mas em virtude de um texto. As presunções de fato são inseparáveis do exercício da justiça. Elas entram no quadro dessas induções diárias, a que os magistrados são

---

296. *A vontade na posse*, págs. 136-137.

obrigados a recorrer. O nosso Código Civil[297] que regulamenta a ministração das provas não pôde bani-las. Devem elas, *a fortiori*, ser admitidas no direito romano em que reinava o sistema da liberdade das provas? O texto de Paulo, pensamos, não lhe opõe obstáculo. As palavras *ideoque sufficit* não indicam que Paulo tivesse a intenção de afastar a presunção de posse. Para dar-lhe este alcance, seria bom tornar verossímil, por um argumento qualquer, que Paulo sonhara com a presunção quando as escreveu.

Não cremos pois, que a existência do *animus possidendi* seja o objeto de uma presunção de fato.[298]

XIV – Temos assim por concluída a tarefa a que nos impusemos neste estudo. Mostramos nele o papel que é preciso atribuir-se à vontade. Sem influência alguma sobre a formação histórica de nossa distinção, isto é, sobre o fato social da atribuição ou da recusa dos interditos possessórios, sem influência imediata e decisiva na fixação pelo direito positivo das condições às quais ele une o benefício dos interditos possessórios, a vontade não tem outro papel senão de diversificar as diferentes *causa possessionis* e de permitir que o teórico as classifique numa ordem metódica. Por aí, respondemos ao assunto mesmo da tese desenvolvida por von Ihering em sua *Der Besitzwille (A vontade na posse)*. Achamo-nos agora em face do "eterno problema" do *animus possidendi*. Toda a dificuldade desaparecia, neste ponto, com a teoria de Ihering: a posse era a regra, a detenção a exceção; a anomalia não residia na atribuição dos interditos possessórios aos credores hipotecários, aos precaristas e aos seqüestros, mas em sua recusa aos depositários, locatários, comodatários e outros detentores.

Mostramos acima o quanto esta afirmação é contrária à teoria de Ihering sobre a origem histórica dos interditos possessórios. Completamos a nossa refutação alegando que a teoria objetiva da *causa detentionis* não tinha nenhuma razão de ser no terreno do processo. Para resolver a questão do *animus possidendi*, devemos, pois, abandonar Ihering e pedir a solução a outros mestres.

---

297. O autor refere-se ao Código Napoleônico. *(N.T.)*
298. Ver especialmente Randa, *Der Besitz*, 3ª ed., pág. 372 que Ihering (*ob. cit.*, págs. 163-164) não conseguiu refutar; ver igualmente Cug. *Investigações sobre a posse*, pág. 59.

Tivemos o cuidado de notar a tendência cada vez mais acentuada da doutrina para distinguir, em nossa matéria, estas duas questões que ela tem há muito tempo confundidas:

1°) Como e por que os interditos possessórios deram-se a tal categoria de pessoas e recusaram-se a tal outra?

2°) Como e em que época os jurisconsultos romanos chegaram a afastar buma noção teórica da posse e caracterizá-la por um *animus* especial, e qual a natureza deste *animus*?

Toda a primeira questão forma o objeto do nosso estudo. Ela nos induz a determinar qual é o fundamento histórico de nossa distinção.

A segunda questão excede bastante o plano do nosso trabalho. Ela nos obrigaria a fazer a história da dogmática do direito romano sobre a nossa questão e a investigar as diferentes fases pelas quais passou a noção de posse. Depois a obra de von Ihering fez, em seu conjunto, o objeto de dois estudos magistrais, concebidos em instituições muito diferentes, um de Karlowa[299] na Alemanha, e outro de Cuq[300] na França.

---

299. *Roemische Rechtsgeschichte*, II, págs. 528 e segs.
300. *Recherches sur la Possession*, págs. 34 e segs.

GRÁFICA PAYM
Tel. (011) 4392-3344
paym@terra.com.br